古典文獻研究輯刊

二四編

潘美月・杜潔祥 主編

第18冊

唐御史臺職官編年彙考（中唐卷）

霍志軍 著

國家圖書館出版品預行編目資料

唐御史臺職官編年彙考（中唐卷）／霍志軍 著 -- 初版 -- 新
北市：花木蘭文化出版社，2017〔民106〕
目 4+274 面；19×26 公分
（古典文獻研究輯刊 二四編；第 18 冊）
ISBN 978-986-485-008-2（精裝）
1. 職官表 2. 唐代
011.08   106001916

ISBN-978-986-485-008-2
9 789864 850082

古典文獻研究輯刊
二四編　第十八冊　　　　　　　ISBN：978-986-485-008-2

唐御史臺職官編年彙考（中唐卷）

作　　者　霍志軍
主　　編　潘美月　杜潔祥
總 編 輯　杜潔祥
副總編輯　楊嘉樂
編　　輯　許郁翎、王筑　美術編輯　陳逸婷
企劃出版　北京大學文化資源研究中心
出　　版　花木蘭文化出版社
社　　長　高小娟
聯絡地址　235 新北市中和區中安街七二號十三樓
　　　　　電話：02-2923-1455／傳眞：02-2923-1452
網　　址　http://www.huamulan.tw 信箱 hml 810518@gmail.com
印　　刷　普羅文化出版廣告事業
初　　版　2017 年 3 月
全書字數　196870 字
定　　價　二四編 32 冊（精裝）新台幣 62,000 元
版權所有 · 請勿翻印

唐御史臺職官編年彙考（中唐卷）

霍志軍　著

作者簡介

霍志軍，（1969～），甘肅天水人，文學博士，甘肅天水師範學院教授。2001 年考入江蘇師範大學師從著名學者孫映逵先生攻讀碩士學位，2004 年獲文學碩士學位。2007 年考入陝西師範大學師從傅紹良先生攻讀博士學位，2010 年獲得文學博士學位。主要研究方向爲唐代文學、隴右地方文學。迄今在《文藝研究》、《晉陽學刊》、《唐史論叢》、《光明日報》等刊物發表論文 50 餘篇。代表著作有《唐代御史制度與文人》、《唐代御史與文學》（上、下卷）等。代表論文有《唐代彈劾文文體及源流研究》、《陶藝與文藝——陶器製作與古代文論關係初探》、《涼州「賢孝」藝術的文化淵源及特色》等。

社會兼職有中國人文社會科學核心期刊評審專家、甘肅省古代文學學會常務理事、甘肅省唐代文學學會理事及中國韻文學會、遼金史研究會等多個學會會員。

提　要

御史臺是唐王朝中央監察機構，包括御史大夫，御史中丞，侍御史，殿中侍御史，監察御史及各種供奉、裏行官，留臺及外臺御史等。由於唐代御史的雄峻地位和在國家政治生活中的特殊作用，歷來受到研究者的重視。以考證精審、搜集史料宏富的《唐御史臺精舍題名考》收錄唐代御史總計題名 1100 餘人次，尤以武后至開元年間題名居多，向來被視爲研究唐代監察制度和唐代御史生平的重要文獻，是研治唐代文史必備的重要工具書之一。

本書在清人趙鉞、勞格《唐御史臺精舍題名考》及其它先賢時彥研究的基礎上，廣搜博取唐代歷史文獻、出土金石拓片、佛道二藏、詩文總集、作家別集等各方面資料，對中唐時期的御史資料詳加考證，新增中唐時期御史 600 餘人次；對中唐御史資料進行相應的排比、編年；對唐代御史的沿革、職能、品階、職權、兼官、別稱以及與中書門下、尚書六部的關係進行梳理闡發。本書使治唐代文史的學者免除遍檢典籍而不得之苦，爲學界提供便於檢索的工具書。同時，本書有助於新時期廉政文化的開展，有助於當代中國的民主、法制建設，彰顯出當代中國人文學者的學理感知所具有的人文氣息與正義質性。

目次

唐御史臺職官編年彙考
（中唐卷）

唐肅宗至德二載至代宗大曆十四年

唐肅宗至德二載（757）　丁酉

＊李光弼　御史大夫（兼）

《舊書》卷一一〇本傳：「（至德）二年，賊將史思明、蔡希德、高秀岩、牛廷玠等四偽帥率眾十餘萬來攻太原。……光弼率敢死之士出擊，大破之，斬首七萬餘級，軍資器械一皆委棄。……詔曰：「銀青光祿大夫、檢校司徒、兼戶部尚書、同中書門下平章事、兼御史大夫、鴻臚卿、太原尹、北京留守、河東節度副大使、薊國公光弼，……可守司空、兼兵部尚書、中書門下平章事，進封魏國公，食實封八百戶。」又見《全文》卷四三《收復兩京大赦文》：「銀青光祿大夫守司徒戶部尚書同中書門下平章事兼御史大夫鴻臚卿太原尹北京留守河東節度副大使薊國公李光弼……」

＊崔光遠　御史大夫

《通鑑》卷二一九：「至德二載，……辛未，御史大夫崔光遠破賊於駱谷。」

＊賀蘭進明　御史大夫（兼）

《通鑑》卷二一九：「至德二載，……初，房琯為相，惡賀蘭進明，以為河南節度使，以許叔冀為進明都知兵馬使，俱兼御史大夫。」《舊書》卷一〇《肅宗紀》：「十一月……庚午，戶部侍郎、同平章事第五琦貶忠州長史，

御史大夫賀蘭進明貶溙州司馬。」同書卷一一一《房琯傳》：「會北海太守賀
蘭進明自河南至，詔授南海太守，攝御史大夫，充嶺南節度使。中謝，……
進明曰：『晉朝以好尚虛名，任王夷甫爲宰相，祖習浮華，故至於敗。今陛
下方興復社稷，當委用實才，而琯性疏闊，徒大言耳，非宰相器也。陛下待
琯至厚，以臣觀之，琯終不爲陛下用。』上問其故，進明曰：『琯昨於南朝
爲聖皇制置天下，乃以永王爲江南節度，潁王爲劍南節度，盛王爲淮南節度，
制云：『命元子北略朔方，命諸王分守重鎮』。且太子出爲撫軍，入曰監國，
琯乃以枝庶悉領大藩，皇儲反居邊鄙，此雖於聖皇似忠，於陛下非忠也。琯
立此意，以爲聖皇諸子，但一人得天下，即不失恩寵。又各樹其私黨劉秩、
李揖、劉彙、鄧景山、竇紹之徒，以副戎權。推此而言，琯豈肯盡誠於陛下
乎？臣欲正衙彈劾，不敢不行奏。』上由是惡琯，詔以進明爲河南節度、兼
御史大夫。」《舊書》卷一八七《忠義傳下·許遠傳》：「……及琯爲宰相，
進明時爲御史大夫。」

＊許叔冀　御史大夫（兼）

《通鑑》卷二一九：「至德二載，……初，房琯爲相，惡賀蘭進明，以爲
河南節度使，以許叔冀爲進明都知兵馬使，俱兼御史大夫。」許叔冀　御史
大夫《舊書》卷一八七《忠義傳下·許遠傳》：「……及琯爲宰相，進明時爲
御史大夫。琯奏用進明爲彭城太守、河南節度使、兼御史大夫，代嗣虢王巨。
復用靈昌太守許叔冀爲進明都知兵馬、兼御史大夫，重其官以挫進明。」

＊李峘　御史大夫

《全文》卷四三《收復兩京大赦文》：「御史大夫越國公峘，總兼元戎，
克寧全蜀，可金紫光祿大夫。」

＊李峴　御史大夫（兼）

《舊書》卷五〇《刑法志》：「開元之際，刑政賞罰，斷於宸極，……及冢
臣懷邪，邊將內侮，乘輿幸於巴、蜀，儲副立於朔方。曾未逾年，載收京邑……
而兩京衣冠，多被脅從，至是相率待罪闕下。……置三司使，以御史大夫兼
京兆尹李峴……等五人爲之。」又同書卷一一二《李峘傳附弟峴傳》：「至德
初，朝廷務收才傑，以清寇難，峴召至行在，拜扶風太守、兼御史大夫。至
德二年十二月，制曰：『銀青光祿大夫、守禮部尚書李峴，饋軍周給，開物成

務。可光祿大夫，行御史大夫，兼京兆尹，封梁國公。』乾元二年，制曰：『李
峴朝廷碩德，宗室藎臣。可中書侍郎、同中書門下平章事。』」又見《新書》
卷一三一《李峴傳》，《全文》卷四三《收復兩京大赦文》。

＊韋陟　御史大夫（兼，八月前）

《通鑑》卷二一八：「至德元載，八月，……顏眞卿以蠟丸達表於靈武。
以眞卿爲工部尚書兼御史大夫。」又《舊書》卷九二《韋陟傳》：「……拾遺
杜甫上表論房琯有大臣度，眞宰相器，聖朝不容，辭旨迂誕，肅宗令崔光遠
與陟及憲部尚書顏眞卿同訊之。陟因入奏曰：『杜甫所論房琯事，雖被貶黜，
不失諫臣大體。』上由此疏之。……乃罷陟御史大夫，顏眞卿代，授吏部尚
書。」仇兆鰲《杜詩詳注・杜工部年譜》：「至德二載四月，（杜甫）脫賊，
謁上鳳翔，拜左拾遺。疏救房琯，上怒，詔三司推問。」知顏眞卿本年代韋
陟爲御史大夫。

＊顏眞卿　御史大夫（兼，八月後）

《通鑑》卷二一八：「至德元載，八月，……顏眞卿以蠟丸達表於靈武。
以眞卿爲工部尚書兼御史大夫。」又《舊書》卷九二《韋陟傳》：「……拾遺
杜甫上表論房琯有大臣度，眞宰相器，聖朝不容，辭旨迂誕，肅宗令崔光遠
與陟及憲部尚書顏眞卿同訊之。陟因入奏曰：『杜甫所論房琯事，雖被貶黜，
不失諫臣大體。』上由此疏之。……乃罷陟御史大夫，顏眞卿代，授吏部尚
書。」仇兆鰲《杜詩詳注・杜工部年譜》：「至德二載四月，（杜甫）脫賊，
謁上鳳翔，拜左拾遺。疏救房琯，上怒，詔三司推問。」知顏眞卿本年代韋
陟爲御史大夫。

＊來瑱　御史大夫（兼）

《舊書》卷一一四本傳：「瑱少尚名節，慷慨有大志，頗涉書傳。天寶
初，四鎭從職。十一載，爲左贊善大夫、殿中侍御史，充伊西、北庭行軍司
馬。……安祿山反，……以功加銀青光祿大大，攝御史中丞。……魯炅敗於
葉縣，退守南陽，乃以瑱爲南陽太守、兼御史中丞，充山南東道節度防禦處
置等使以代炅。尋以嗣虢王巨爲御史大夫、河南節度使。……收復兩京，與
魯炅同制加開府儀同三司、兼御史大夫。」《通鑑》卷二二〇：「至德二載，
……十一月，……張鎬帥魯炅、來瑱、吳王祇、李嗣業、李奐五節度徇河南、

河東郡縣，皆下之。」又見《全文》卷四三《收復兩京大赦文》。《通鑑》卷二二〇：「至德二載，……冬，十月，……丙寅，上至望賢宮，得東京捷奏。丁卯，上入西京。」

＊魯炅　御史大夫（兼）

《舊書》卷一一四《來瑱傳》：「……收復兩京，與魯炅同制加開府儀同三司、兼御史大夫。」《新書》卷一四七《魯炅傳》：「至德二載五月，乃率眾突圍走襄陽。承嗣履擊，炅殊死戰二日，斬獲甚眾，賊引去。俄拜御史大夫、襄鄧十州節度使。」《全文》卷四二《封魯炅岐國公詔》：「特進太僕卿南陽郡公兼御史大夫權知襄陽節度事上柱國金卿縣公魯炅，……可開府儀同三司兼御史大夫，封岐國公，食實封二百戶，兼京兆尹。」又見《全文》卷四三《收復兩京大赦文》。《通鑑》卷二二〇：「至德二載，……冬，十月，……丙寅，上至望賢宮，得東京捷奏。丁卯，上入西京。」

＊李巨　御史大夫（兼）

《舊書》卷一一二本傳：「李巨，曾祖父虢王鳳，高祖之第十四子也。鳳孫邕，嗣虢王，巨即邕之第二子也。剛銳果決，頗涉獵書史，好屬文。……及祿山陷東京，……尋授陳留譙郡太守、攝御史大夫、河南節度使。翌日，巨稱官銜奉謝，玄宗驚曰：『何得令攝？』即日詔兼御史大夫。……至德二年，為太子少傅。十月，收西京，為留京守、兼御史大夫。」

＊高適　御史大夫

《舊書》卷一一一本傳：「……（至德）二年，永王璘起兵於江東，欲據揚州。……上奇其對，以適兼御史大夫、揚州大都督府長史、淮南節度使。詔與江東節度來瑱率本部兵平江淮之亂。」

＊杜鴻漸　御史大夫（兼）

《舊書》卷一〇八本傳：「及至靈武，鴻漸與裴冕等勸即皇帝位，以歸中外之望，五上表，乃從。至德二年，兼御史大夫，為河西節度使、涼州都督。」

＊王思禮　御史大夫（兼）

《舊書》卷一一〇本傳：「……至德二年九月，制以思禮為太原尹、北京留守、河東節度使、兼御史大夫。……尋加守司空。自武德已來，三公不居

宰輔，唯思禮而已。」又見《全文》卷四三《收復兩京大赦文》。

*郭英乂　御史大夫（兼）至德二載（757）～上元元年（760）

《舊書》卷一一七本傳：「……至德初，肅宗興師朔野，英乂以將門子特見任用，遷隴右節度使、兼御史中丞。既收二京，征還闕下，掌禁兵。……朝廷方討史思明，選任將帥，乃起英乂爲陝州刺史，充陝西節度、潼關防禦等使，尋加御史大夫，兼神策軍節度。」《新書》卷一三二《郭知運傳》：「郭英乂，字符武，以武勇有名河、隴間，累遷諸衛員外將軍。歌舒翰見……祿山亂，拜秦州都督、隴右採訪使。……至德二年，加隴右節度使。」元載《故定襄王郭英乂碑》：「至德二載，詔公爲鳳翔太守，轉西平太守，加隴右節度，兼御史大夫。」吳廷燮《唐方鎮年表》考郭英乂至德二載（757）～上元元年（760）爲隴右節度使兼御史大夫，今從吳著。

*嚴莊　御史大夫（僞）

《通鑑》卷二一九：「至德二載，……安祿山自起兵以來，目漸昏，至是不復睹物；……既稱帝，深居禁中，大將希得見其面，皆因嚴莊白事。……慶緒日縱酒爲樂，兄事莊，以爲御史大夫、馮翊王。」《舊書》卷一〇《肅宗紀》：至德二載「十一月壬申朔，……僞御史大夫嚴莊來降。」嚴莊爲僞御史大夫，繫於此，以便學界檢索。

*張巡　御史中丞（兼）

《舊書》卷一八七《忠義傳下·張巡傳》：「至德二年，正月，玄宗聞而壯之，授巡主客郎中，兼御史中丞。……霽雲泣告之曰：『今婦人老幼，相食殆盡，張中丞殺愛妾以啖軍人……』」韓愈有《張中丞傳後序》。《新書》卷一九一《忠義傳上》：「河南節度副使、左金吾衛將軍、檢校主客郎中、兼御史中丞張巡。」

*許遠　御史中丞（兼）

《新書》卷一九一《忠義傳上》：「睢陽郡太守、兼御史中丞許遠。」

*崔器　御史中丞

《舊書》卷五〇《刑法志》：「開元之際，刑政賞罰，斷於宸極，……及冢臣懷邪，邊將內侮，乘輿幸於巴、蜀，儲副立於朔方。曾未逾年，載收京

邑……而兩京衣冠，多被脅從，至是相率待罪闕下。……置三司使，以御史大夫兼京兆尹李峴、兵部侍郎呂諲、戶部侍郎兼御史中丞崔器、刑部侍郎兼御史中丞韓擇木……等五人爲之。」《會要》卷三七「禮儀使」：「至德二載閏八月二十九日，御史中丞崔器除兼戶部侍郎，知禮儀事。」《通鑒》卷二二〇：「至德二載，十二月，……辛亥，以禮部尚書李峴、兵部侍郎呂諲爲詳理使，與御史大夫崔器共按陳希烈等獄。峴以殿中侍御史李棲筠爲詳理判官。」誤，崔器本年爲御史中丞，上元元年任御史大夫。

＊韓擇木　御史中丞

《舊書》卷五〇《刑法志》：「開元之際，刑政賞罰，斷於宸極，……及冢臣懷邪，邊將內侮，乘輿幸於巴、蜀，儲副立於朔方。曾未逾年，載收京邑……而兩京衣冠，多被脅從，至是相率待罪闕下。……置三司使，以御史大夫兼京兆尹李峴、兵部侍郎呂諲、戶部侍郎兼御史中丞崔器、刑部侍郎兼御史中丞韓擇木……等五人爲之。」《通鑒》卷二二〇：「至德二載……十二月，……崔器、呂諲上言：『諸陷賊官，背國從僞，準律皆應處死。』上欲從之。李峴以爲：『賊陷兩京，天子南巡，人自逃生。此屬皆陛下親戚或勳舊子孫，今一概以叛法處死，恐乖仁恕之道。且河北未平，群臣陷賊者尚多，若寬之，足開自新之路；若盡誅之，是堅其附賊之心也……』爭之累日，上從峴議，以六等定罪，重者刑之於市，次賜自盡，次重杖一百，次三等流、貶。壬申，斬達奚珣等十八人於城西南獨柳樹下，陳希烈等七人賜自盡於大理寺；應受杖者於京兆府門。」可以參證。

＊嚴武　御史中丞（兼）

《舊書》卷一一七本傳：「嚴武，中書侍郎挺之子也。神氣雋爽，敏於聞見。……弱冠以門蔭策名，隴右節度使哥舒翰奏充判官，遷侍御史。至德初，肅宗興師靖難，大收才傑，武杖節赴行在。……既收長安，以武爲京兆少尹、兼御史中丞，時年三十二。」《通鑒》卷二二〇：「至德二載，……冬，十月，……丙寅，上至望賢宮，得東京捷奏。丁卯，上入西京。」收復長安後，嚴武爲京兆少尹、兼御史中丞。仇兆鰲《杜詩詳注》卷八有杜甫《寄岳州賈司馬六丈、巴州嚴八使君兩閣老五十韻》，嚴八使君即嚴武。

許遠　侍御史

《題名考》卷三「碑左棱題名」載許遠資料如下：「許遠，又右側侍御兼

殿中，二見。《新表》：『許氏右羽林將軍望子遠，侍御史、睢陽太守。』《新·張巡傳》：『至德二載，詔拜睢陽太守許遠侍御史。』《舊·忠義傳下》：『玄宗召見，拜睢陽太守，累加侍御史、本州防禦使。』」

*張鎬　侍御史

《新書》卷六二《宰相表中》：「至德二載五月丁巳，諫議大夫兼侍御史張鎬爲中書侍郎、同中書門下平章事。」疑《新書》有誤。

*裴諝　侍御史

《舊書》卷一二六本傳：「裴諝字士明，少舉明經。安祿山盜陷二京，東都收復，遷太子司儀郎。無幾，虢王巨奏署侍御史、襄鄧營田判官。」

*鄭淑清　侍御史

《會要》卷九三：「至德三年七月，宣渝使，侍御史鄭淑清奏：『承前諸使下召納錢物，多給空名告身，雖假以官，賞其忠義，猶未盡才能。』」

*韋倫　侍御史

《舊書》卷一三八本傳：「會安祿山反，車駕幸蜀，拜倫監察御史、劍南節度行軍司馬，兼充置頓使判官，尋改屯田員外、兼侍御史。」安祿山反，車駕幸蜀在至德元載。

*蕭定　侍御史　至德元載（757）後～大曆元年（766）

《舊書》卷一八五《良吏傳下·蕭定傳》：「定以蔭授陝州參軍，金城丞，以吏事清幹聞。……給事中裴遵慶奏爲選補陝使判官，回改萬年主簿，累遷侍御史、考功員外郎、左右司二郎中。……出爲秘書少監，兼袁州刺史。」據《舊書》卷一一三《裴遵慶傳》：「肅宗即位，徵拜給事中。」裴遵慶至德元載任給事中，其奏蕭定爲選補陝使判官亦在至德元年。又據《唐刺史考全編》，蕭定大曆元年爲袁州刺史，可知蕭定任侍御史在至德元載至大曆元年期間。

*李棲筠　殿中侍御史

《通鑑》卷二二〇：「至德二載，十二月，……辛亥，以禮部尚書李峴、兵部侍郎呂諲爲詳理使，與御史大夫崔器共按陳希烈等獄。峴以殿中侍御史，李棲筠爲詳理判官。」

＊陳少游　殿中侍御史

《舊書》卷一二六本傳：「至德中，河東節度王思禮奏爲參謀，累授大理司直、監察、殿中侍御史、節度判官。寶應元年，入爲金部員外郎，尋授侍御史、迴紇糧料使，改檢校職方員外郎。」陳少游至德中任殿中侍御史，姑繫於此，具體任職年份待考。

＊第五琦　殿中侍御史

《舊書》卷一二三本傳：「第五琦，京兆長安人。……天寶初，事韋堅，堅敗貶官。累至須江丞，時太守賀蘭進明甚重之。會安祿山反，進明遷北海郡太守，奏琦爲錄事參軍。祿山已陷河間、信都等五郡，進明未有戰功，玄宗大怒，遣中使封刀促之曰：『收地不得，即斬明之首。』進明惶懼，莫知所出，琦乃勸令厚以財帛募勇敢士，出奇力戰，前收所陷之郡，令琦奏事，至蜀中，琦得謁見，……玄宗大喜，即日拜監察御史，勾當江淮租庸使。尋拜殿中侍御史。」第五琦至德元載爲監察御史，乾元元年兼御史中丞，其任殿中侍御史應在本年。

顏允臧　殿中侍御史

顏眞卿《朝請大夫行江陵少尹兼侍御史荊南行軍司馬上柱國顏君神道碑銘》：「君諱允臧，字季寧，京兆長安人。授延昌令。肅宗聞君誠，至德初，追赴彭原行在所，拜監察御史，賜緋魚袋。遂承任使，推劾不避強禦，中官邢延恩等皆得罪焉。尋充朔方兵健衣資使，郭公子儀請爲判官。二年秋八月，遷殿中侍御史，眞卿表謝。……」又見《題名考》卷三「碑左側題名」載顏允臧。

＊張延賞　殿中侍御史　至德二載（757）～乾元二年（759）

《舊書》卷一二九本傳：「肅宗在鳳翔，擢拜監察御史，賜緋魚袋，轉殿中侍御史。關內節度使王思禮請爲從事，思禮領河東，又爲太原少尹，兼行軍司馬，北都副留守。代宗幸陝，除給事中，轉御史中丞、中書舍人。」《新書》卷一二七《張延賞傳》：「延賞雖蚤孤，而博涉經史，通吏治，苗晉卿尤器許，以女妻之。肅宗在鳳翔，擢監察御史，辟署關內節度使王思禮府。思禮守北都，表爲副，入遷刑部郎中。始，元載被用，以晉卿力，故厚遇延賞，薦爲給事中、御史中丞。」肅宗在鳳翔爲至德元年，張延賞拜監察御史。《唐

方鎮文職僚佐考》考張延賞於至德二載（757）至乾元二年（759）在王思禮府，其轉殿中侍御史應在至德二載，帶憲職入王思禮幕府。

＊馬炫　殿中侍御史　至德二載（757）～乾元二年（759）

《隋唐五代墓誌彙編》洛陽卷第十二冊《唐故銀青光祿大夫、兵部尚書、上柱國、漢陽郡公、贈太子少保馬公（炫）墓誌銘並序》：「公諱炫，字抱元，……會大寶末，禍起河朔，因避地汾會間，於時故太尉李公光弼鎮太原，素聞其名，表授孝義尉，且爲戎幕管記。軍府之務，悉以咨之。其後太尉剪強寇於嘉山，扞大患於孟津，累遷殿中侍御史、太子中充，比部、刑部二郎中。」《冊府元龜》卷七二八《幕府部・辟署三》：「李光弼鎮太原，辟爲掌書記，累遷侍御史，常參軍府謀議，光弼益器之。」《舊書》卷一三四《馬燧傳・燧兄炫附傳》：「炫字弱翁，燧之仲兄，……至德中，李光弼鎮太原，辟爲掌書記、試大理評事、監察御史，歷侍御史。」《志》云「累遷殿中侍御史」，當從《志》。又戴偉華《唐方鎮文職僚佐考》「河東」條考李光弼至德元載（756）至乾元二年（759）鎮太原，馬炫至德元載在李光弼幕府任監察御史，則其任殿中侍御史應在至德二載（757）至乾元二年之間。

＊韓滉　殿中侍御史

《舊書》卷一二九本傳：「至德初，青齊節度鄧景山辟爲判官，授監察御史、兼北海郡司馬，以道路阻絕，因避地山南。……鄧景山移鎮淮南，又表爲賓佐，未行，除殿中侍御史，追赴京師。」鄧景山至德二載（757）至上元二年（761）鎮淮南，其移鎮淮南在至德二載，韓滉除殿中侍御史應在本年。

＊韓液　殿中侍御史

《冊府元龜》卷四四八《將帥部・敗釁三》：「我師不虞，賊之暴至，遂大潰。判官殿中侍御史韓液、監軍使內侍孫知古皆爲賊生得。」又據《通鑑》卷二一九至德二載：「上以郭子儀爲司空，天下兵馬副元帥，使將兵赴鳳翔。……官軍大潰，判官韓液、監軍孫知古皆爲賊所擒。」

＊杜濟　殿中侍御史

《全文》卷三四四顏眞卿《京兆尹兼中丞杭州刺史劍南東川節度使杜公墓誌銘》：「公諱濟，字應物，京兆杜陵人。……皇甫侁江西採訪，奏爲推官。授大理司直，攝殿中侍御史，賜緋魚袋。尋正除殿中。」據《舊書・肅宗紀》，

皇甫侁至德二載爲洪州刺史、江西採訪史。

＊崔祐甫　殿中侍御史

《隋唐五代墓誌彙編》洛陽卷第十二冊《崔祐甫墓誌銘》：「江西連帥皇甫侁表爲廬陵郡司馬，兼倅戎幕。時永王總統荊楚，搜訪雋傑，厚禮邀公。公以王心匪藏，堅臥不起，……轉洪州司馬，入拜起居舍人，……遂出佐江西廉使，改試著作郎殿中侍御史。」據《舊書·肅宗紀》，皇甫侁至德二載爲洪州刺史、江西採訪史。

＊李勉　監察御史

《通鑑》卷二二〇：「至德二載，……九月，……郭子儀引蕃、漢兵追賊至潼關，斬首五千級，克華陰、弘農二郡。關東獻俘百餘人，敕皆斬之。監察御史李勉言於上曰：『今元惡未除，爲賊所污者半天下，聞陛下龍興，咸思洗心以承聖化，今悉誅之，是驅之使從賊也。』上遽使赦之。」

＊柳渾　監察御史

《舊書》卷一二五本傳：「柳渾字夷曠，襄州人，……天寶初，舉進士，補單父尉。至德中。爲江西採訪使皇甫侁判官，累除衢州司馬。未至，召拜監察御史。臺中執法之地，動限儀矩，渾性放曠，不甚檢束，僚長拘局，忿其疏縱。渾不樂，乞外任，執政惜其才，奏爲左補闕。明年，除殿中侍御史，知江西租庸院事。」又見《新書》卷一四二《柳渾傳》：「柳渾字夷曠，……天寶初，擢進士第，調單父尉，累除衢州司馬。棄官隱武寧山。召拜監察御史，臺僚以儀矩相繩，而渾放曠不樂檢局，乃求外職。宰相惜其才，留爲左補闕。」柳渾至德中拜監察御史，姑繫於此，具體任職年份待考。

＊李承　監察御史

《舊書》卷一一五本傳：「李承，趙郡高邑人，吏部侍郎至遠之孫，國子司業畬之第二子也。承幼孤，兄曄鞠養之既長，事兄以孝聞。舉明經高第，累至大理評事，充河南採訪使郭納判官。……兩京克復，例貶撫州臨川尉。數月除德清令，旬日拜監察御史。淮南節度使崔圓請留充判官，累遷檢校刑部員外郎、兼侍御史。」又見《新書》卷一四三《李承傳》。《通鑑》卷二二〇：「至德二載，……冬，十月，……丙寅，上至望賢宮，得東京捷奏。丁卯，上入西京。」李承任監察御史應在本年。

＊馬炫　監察御史

《舊書》卷一三四《馬燧傳‧燧兄炫附傳》：「炫字弱翁，燧之仲兄，少以儒學聞於時，隱居蘇門山，不應辟召。至德中，李光弼鎮太原，辟爲掌書記、試大理評事、監察御史，歷侍御史。」貞元七年卒，時年七十九。

＊劉長卿　監察御史

《全詩》卷一四七小傳：「劉長卿，字文房，開元二十一年進士。至德中，爲監察御史。」又見《新書‧藝文志四》：「劉長卿……至德監察御史。」

＊毛若虛　監察御史

《舊書》卷一八六下本傳：「毛若虛，絳州太平人，眉毛覆於眼，其性殘忍。初爲蜀川縣尉，使司以推勾見任。天寶末，爲武功丞，年已六十餘矣。肅宗收兩京，除監察御史。」《通鑒》卷二二○：「至德二載，……冬，十月，……丙寅，上至望賢宮，得東京捷奏。丁卯，上入西京。」

＊陳少游　監察御史

《舊書》卷一二六本傳：「至德中，河東節度王思禮奏爲參謀，累授大理司直、監察、殿中侍御史、節度判官。寶應元年，入爲金部員外郎，尋授侍御史、迴紇糧料使，改檢校職方員外郎。」陳少游至德中任監察御史，姑繫於此，具體任職年份待考。

＊唐旻　御史

《舊書》卷一二八《顏眞卿傳》：「……（至德）二年四月，（顏眞卿）爲御史唐旻所構，貶饒州刺史。」

＊李齊運　監察御史

《舊書》卷一三五本傳：「李齊運者，蔣王惲之孫也。解褐寧王府東閣祭酒，七遷至監察御史。江淮都統李峘辟爲幕府，累轉工部郎中，爲長安縣令。」《新書》卷一六七《李齊運傳》：「李齊運者，蔣王惲孫。始補寧王府東閣祭酒，擢累監察御史，復辟江淮都統李峘府。由工部郎中爲長安令。」《舊書》卷一一二《李峘傳》：「……乾元初，兼御史大夫，持節都統淮南、江南、江西節度、宣慰、觀察處置等使。」李齊運任監察御史應在李峘都統江淮之前，故繫於本年。

＊楊諤　御史臺主簿

《墓誌彙編》至德○○二《唐故河南府壽安縣尉明府君志文並序》（中丞判官攝御史臺主簿楊諤撰）：「公諱希晉，……以至德二載十一月十日權殯於洛陽清風鄉。」

唐肅宗至德三載　乾元元年（758）戊戌

二月丁未，改至德三載爲乾元元年。復以載爲年。《舊書》本紀。

＊韋陟　御史大夫（六月前）

《舊書》卷九二《韋陟傳》：「二子陟、斌，並早知名。陟……開元初丁父憂，自此杜門不出八年，於時才名之士王維，崔顥、盧象等，常於陟唱和遊處。……潼關失守，肅宗即位於靈武，……會江東永王擅起兵，令陟招諭，除御史大夫，兼江東節度使。……因與淮南節度使高適、淮西節度使來瑱等同至安州，……陟……登壇誓眾曰：『淮西節度使、兼御史大夫瑱，江東節度使、御史大夫陟，淮南節度使、御史大夫適等，銜國威命，各鎮方隅，糾合三垂，翦除凶慝，……』陟等辭旨慷慨，血淚俱下，三軍感激，莫不隕泣。……無何，有詔令陟赴行在。……謁見肅宗，肅宗深器之，拜御史大夫。拾遺杜甫上表論房琯有大臣度，眞宰相器，聖朝不容，辭旨迂誕，肅宗令崔光遠與陟及憲部尚書顏眞卿同訊之。陟因入奏曰：『杜甫所論房琯事，雖被貶黜，不失諫臣大體。』上由此疏之。……乃罷陟御史大夫，顏眞卿代，授吏部尚書。……陟早有臺輔之望，間被李林甫、楊國忠所擠。及中原兵起，天下事殷，陟常自謂負經緯之器，遭後生騰謗，明主見疑，常郁郁不得志，……因遘疾，上元元年八月，卒於虢州，時年六十五，贈荊州大都督。」仇兆鰲《杜詩詳注·杜工部年譜》云：「乾元元年，杜甫任左拾遺，六月出爲華州司功。」韋陟罷御史大夫當在此時。

＊李瑀　御史大夫（攝）

《舊書》卷一九五《迴紇傳》：「乾元元年秋七月，……其降蕃日，仍以堂弟漢中郡王瑀爲特進、試太常卿、攝御史大夫，充冊命英武威遠毗伽可汗使。」

＊顏眞卿　御史大夫（六月後）

《舊書》卷九二《韋陟傳》：「……潼關失守，肅宗即位於靈武，……會江東永王擅起兵，令陟招諭，除御史大夫，兼江東節度使。……無何，有詔令陟赴行在。……謁見肅宗，肅宗深器之，拜御史大夫。拾遺杜甫上表論房琯有大臣度，眞宰相器，聖朝不容，辭旨迂誕，肅宗令崔光遠與陟及憲部尙書顏眞卿同訊之。陟因入奏曰：『杜甫所論房琯事，雖被貶黜，不失諫臣大體。』上由此疏之。……乃罷陟御史大夫，顏眞卿代，授吏部尙書。」仇兆鰲《杜詩詳注・杜工部年譜》云：「乾元元年，杜甫任左拾遺，六月出爲華州司功。」顏眞卿代韋陟任御史大夫當在此年。

＊崔光遠　御史大夫（兼）

《舊書》卷一一一本傳：「光遠即汪之子，雖無學術，頗有祖風，勇決任氣，……乾元元年，兼御史大夫。……襄州將士康楚元、張嘉延率眾爲亂，隱荊、襄、澧、朗等州，以光遠兼御史大夫，持節荊襄招討。……二年，兼成都尹，充劍南節度營田觀察處置使，仍兼御史大夫。」

＊李峴　御史大夫（兼）

《舊書》卷一一二《李峘傳附弟峴傳》：「至德二年十二月，制曰：『銀青光祿大夫、守禮部尙書李峴，饋軍周給，開物成務。可光祿大夫，行御史大夫，兼京兆尹，封梁國公。』」《新書》卷六二《宰相表中》：「乾元二年，御史大夫、京兆尹李峴爲吏部尙書，中書舍人李揆爲中書侍郎，戶部侍郎第五琦，並同中書門下平章事。」《全文》卷四二肅宗《授李峴吏部尙書李揆中書侍郎第五琦戶部侍郎並平章事制》：「……行御史大夫兼京兆尹李峴，……峴可行吏部尙書同中書門下平章事。」據《舊書》卷一一二《李峴傳》，李峴至德二載任御史大夫，又據《新書・宰相表中》，乾元二年，李峴仍任御史大夫，據此知本年李峴當在御史大夫任。

＊李峘　御史大夫（兼）

《舊書》卷一一二本傳：「……乾元初，兼御史大夫，持節都統淮南、江南、江西節度、宣慰、觀察處置等使。」

＊李巽　御史中丞

《舊書》卷一九五《迴紇傳》：「乾元元年秋七月，……其降蕃日，仍以

堂弟漢中郡王瑀爲特進、試太常卿、攝御史大夫，充冊命英武威遠毗伽可汗使。以堂侄左司郎中巽爲兵部郎中、攝御史中丞、鴻臚卿，副之，兼充寧國公主禮會使。」

＊第五琦　御史中丞（兼）

《舊書》卷一二三本傳：「第五琦，京兆長安人。……天寶初，事韋堅，堅敗貶官。累至須江丞，時太守賀蘭進明甚重之。會安祿山反，進明遷北海郡太守，奏琦爲錄事參軍。祿山已陷河間、信都等五郡，進明未有戰功，玄宗大怒，遣中使封刀促之曰：『收地不得，即斬明之首。』進明惶懼，莫知所出，琦乃勸令厚以財帛募勇敢士，出奇力戰，前收所陷之郡，令琦奏事，至蜀中，琦得謁見，……玄宗大喜，即日拜監察御史，勾當江淮租庸使。尋拜殿中侍御史。尋加山南等五道度支使，促辦應卒，事無違闕，遷司金郎中、兼御史中丞，使如故。……遷戶部侍郎、兼御史中丞。……寶應初，起爲郎州刺史，甚有能政，入遷太子賓客。屬吐蕃寇陷京師，代宗幸陝，關內副元帥郭子儀請琦爲糧料使、兼御史大夫，充關內元帥副使。同書卷四八《食貨志上》：「乾元元年七月，……御史中丞第五琦奏請改錢，以一當十，別爲新鑄，不廢舊錢，冀實三官之資，用收十倍之利，所謂於人不擾，從古有經。」又同書卷四九《食貨志下》：「肅宗初，第五琦始以錢穀得見。請於江、淮分置租庸使，市輕貨以救軍食，遂拜監察御史，爲之使。乾元元年，加度支郎中，尋兼中丞，爲監鐵使。」《全文》卷四二肅宗《授李峴吏部尚書李揆中書侍郎第五琦戶部侍郎並平章事制》：「……行戶部侍郎兼御史中丞第五琦，……琦可戶部侍郎同中書門下平章事。」

＊韋黃裳　御史中丞（兼）

見《題名名碑》卷三「碑右側題名」載韋黃裳。

霍按：《姓纂》卷二：「韋」：「黃裳，升州刺史兼中丞採訪使。《太白集》九有《贈韋侍御黃裳詩》。《舊紀》一○：『乾元元年，自升州刺史爲浙西節度。』」韋黃裳任御史中丞應在本年。

顏允臧　侍御史

顏眞卿《朝請大夫行江陵少尹兼侍御史荊南行軍司馬上柱國顏君神道碑銘》：「君諱允臧，字季寧，京兆長安人。授延昌令。肅宗聞君誠，至德初，

追赴彭原行在所，拜監察御史，賜緋魚袋。遂承任使，推劾不避強禦，中官邢延恩等皆得罪焉。尋充朔方兵健衣資使，郭公子儀請爲判官。二年秋八月，遷殿中侍御史，眞卿表謝，肅宗批答曰：……京城收，與崔禕銜命宣撫，都人大悅，出爲櫟陽令。遷侍御史，以當爲郎，以兄在南省，君遂撝揖牢讓，轉大理正。……」又見《題名考》卷三「碑左側題名」顏允臧。

霍按：肅宗至德二載十月，收復京城。顏允臧於京城收復後出爲櫟陽令。遷侍御史，應在本年。

＊柳渾　殿中侍御史

《舊書》卷一二五本傳：「柳渾字夷曠，襄州人，……天寶初，舉進士，補單父尉。至德中。爲江西採訪使皇甫侁判官，累除衢州司馬。未至，召拜監察御史。臺中執法之地，動限儀矩，渾性放曠，不甚檢束，僚長拘局，忿其疏縱。渾不樂，乞外任，執政惜其才，奏爲左補闕。明年，除殿中侍御史，知江西租庸院事。」

＊張鎰　殿中侍御史

《舊書》卷一二五本傳：「張鎰，蘇州人，朔方節度使齊丘之子也。……郭子儀爲關內副元帥，以嘗伏事齊丘，辟鎰爲判官。授大理評事，遷殿中侍御史。乾元初，……洪吉觀察張鎬辟爲判官，奏授殿中侍御史。」

霍按：郭子儀天寶十四載（755）至乾元二年（759）關內副元帥。又「乾元初，……洪吉觀察張鎬辟（張鎰）爲判官」，故張鎰在郭子儀幕任殿中侍御史應在乾元初，暫繫於此。

＊王延昌　監察御史

《墓誌彙編》乾元○○四《大唐興唐寺淨善和尙塔銘》（監察御史王延昌制，蒲州刺史顏眞卿書）：「和尙姓張氏，法號淨善，……以乾元元年二月六日告行於興唐寺。……以其年九月九日起塔於畢原高崗。」

＊李□　監察御史　乾元元年（758）～二年（759）

《墓誌彙編》乾元○一○《大唐宣議郎行左衛騎曹參軍攝監察御史賜緋魚袋四鎭節度判官崔君墓誌銘》：「維唐乾元二年七月八日，清河崔君諱夐字光遠，終於東京思恭里之私第。……天寶中，……以左衛騎曹參軍攝監察御史賜緋魚袋四鎭節度判官。與能也。乾元初，幣錢藏未殷，沃饒在鹽，監察御

史李公首薦君於相國第五公，省鹽池事。……尋以病歸，奄然不祿，司御李公臨哭淒慟，喪事資之。」

唐肅宗乾元二年（759）己亥

＊李峴　御史大夫

《舊書》卷一一二《李峘傳附弟峴傳》：「至德初，朝廷務收才傑，以清寇難，峴召至行在，拜扶風太守、兼御史大夫。乾元二年，制曰：『李峴朝廷碩德，宗室藎臣。可中書侍郎、同中書門下平章事。』」《新書》卷六二《宰相表中》：「乾元二年，御史大夫、京兆尹李峴爲吏部尙書，中書舍人李揆爲中書侍郎，戶部侍郎第五琦，並同中書門下平章事。」

＊僕固懷恩　御史大夫（兼）

《舊書》卷一二一本傳：「乾元二年，進封大寧郡王，遷御史大夫、朔方行營節度。」

＊崔光遠　御史大夫（兼）

《舊書》卷一一一本傳：「光遠即汪之子，雖無學術，頗有祖風，勇決任氣，……乾元……二年，兼成都尹，充劍南節度營田觀察處置使，仍兼御史大夫。」

＊裴冕　御史大夫（兼）

《舊書》卷一〇《肅宗紀》：乾元二年「六月乙未朔，右僕射裴冕爲御史大夫、成都尹，持節充劍南節度副大使、本道觀察使。」《舊書》卷一一三本傳：「（乾元二年）六月乙未朔，以右僕射裴冕爲御史大夫、成都尹，持節充劍南節度副大使、本道觀察使。」

＊賀蘭進明　御史大夫

《通鑑》卷二二一：「乾元二年……十一月，第五琦作乾元錢、重輪錢，與開元錢三品並行，民爭盜鑄，貨輕物重，穀價騰踊，餓殍相望。上言者皆歸咎於琦，庚午，貶琦忠州長史。御史大夫賀蘭進明貶溱州員外司馬，坐琦黨也。」《新書》卷一九二《忠義傳中》：「御史大夫賀蘭進明代巨節度，屯臨

淮，許叔冀、尙衡次彭城，皆觀望莫肯救。巡使霽雲如叔冀請師，不應，遺布數千端。霽雲嫚罵馬上，請決死鬪，叔冀不敢應。……本以牽制進明，亦兼御史大夫，勢相埒而兵精。進明懼師出且見襲，又忌巡聲威，恐成功，初無出師意。」

＊史翽　御史大夫

《舊書》卷一〇《肅宗紀》：乾元二年「十二月癸巳朔，神策將軍衛伯玉破賊於陝東彊子阪。甲寅，以御史大夫史翽爲襄州刺史，充山南東道節度、觀察處置等使。」

＊李通　御史中丞（攝）

《舊書》卷一九五《迴紇傳》：「乾元二年六月丙午，以左金吾衛將軍李通爲試鴻臚卿、攝御史中丞，充弔祭迴紇使。」

＊崔伯陽　御史中丞

《舊書‧李峴傳》：「乾元二年，鳳翔七馬坊押官，先頗爲盜，劫掠平人，州縣不能制，……詔令御史中丞崔伯陽、刑部侍郎李曄、大理卿權獻三司訊之。」

霍按：《題名考》卷三「碑左側題名」載崔伯陽，不載其任職御史中丞經歷。

＊崔寓　御史中丞

《舊書》卷一〇《肅宗紀》：「（乾元）二年春……正月乙丑，以御史中丞崔寓都統浙江、淮南節度處置使。」

＊李抱玉　御史中丞（攝）

《舊書》卷一三二本傳：「乾元……二年，自特進、右羽林軍大將軍、知軍事，遷鴻臚卿員外置同正員，持節鄭州諸軍事兼鄭州刺史、攝御史中丞、鄭陳潁亳四州節度。……固河陽，復懷州，皆功居第一，遷澤州刺史、兼御史中丞。……代宗即位，擢爲澤潞節度使、潞州大都督府長史、兼御史大夫，加領陳、鄭二州，遷兵部尙書。」

＊毛若虛　御史中丞（五月）

《通鑑》卷二二一：「乾元二年，……鳳翔馬坊押官爲劫，天興尉謝夷甫

捕殺之。其妻訟冤。李輔國素出飛龍廄，敕監察御史孫鎣鞫之，無冤。又使御史中丞崔伯陽、刑部侍郎李曄、大理卿權獻鞫之，與鎣同。妻猶不服。又使侍御史太平毛若虛鞫之。若虛傾巧士，希輔國意，歸罪夷甫。伯陽怒，召若虛詰責，欲劾奏之。若虛先自歸於上，上匿若虛於簾下。伯陽尋至，言若虛附會中人，鞫獄不直。上怒，叱出之。伯陽貶高要尉，獻貶桂陽尉，曄與鳳翔尹嚴向皆貶嶺下尉，鎣除名，長流播州。吏部尚書、同平章事李峴奏伯陽等無罪，責之太重；上以為朋黨，五月，辛巳，貶峴蜀州刺史。……若虛尋除御史中丞，威振朝廷。」

＊毛若虛　侍御史（五月前）

《舊書》卷一一二《李峴傳附弟峴傳》：「鳳翔七馬坊押官，先頗為盜，劫掠平人，州縣不能制，天興縣令知捕賊謝夷甫擒獲決殺之。其妻進狀訴夫冤。輔國先為飛龍使，黨其人，為之上訴，詔監察御史孫鎣推之。鎣初直其事。其妻又訴，詔令御史中丞崔伯陽、刑部侍郎李曄、大理卿權獻三司訊之，三司與鎣同。妻論訴不已，詔令侍御史毛若虛覆之。」

＊孫鎣　監察御史

《舊書》卷一一二《李峴傳附弟峴傳》：「鳳翔七馬坊押官，先頗為盜，劫掠平人，州縣不能制，天興縣令知捕賊謝夷甫擒獲決殺之。其妻進狀訴夫冤。輔國先為飛龍使，黨其人，為之上訴，詔監察御史孫鎣推之。鎣初直其事。其妻又訴，詔令御史中丞崔伯陽、刑部侍郎李曄、大理卿權獻三司訊之，三司與鎣同。妻論訴不已，詔令侍御史毛若虛覆之。」

＊權自挹　監察御史

《權載之文集》二十五權德輿《唐故朝議郎行尚書倉部員外郎集賢院待制權府君（自挹）墓誌銘》：「二京克復之歲，制授醴泉尉，尋擢監察御史，充河西、隴右宣慰使、崔中丞伯陽判官。歲中崔覆命，遷左馮翊，表為祠曹，且佐州帥。」

霍按：崔伯陽本年為御史中丞，權自挹以監察御史身份為崔伯陽判官，當在本年。

＊畢曜　監察御史

仇兆鰲《杜詩詳注》卷八杜甫《秦州見敕目薛三璩授司議郎畢四曜除監

察與二子有故遠喜遷官兼述索居凡三十韻》：「大雅何寥闊，斯人尙典型。交期余潦倒，材力爾精靈。二子聲同日，諸生困一經。……」畢四曜：人名，即畢曜，「四」是他的排行。當時任監察御史，與杜甫友善。除：授於官職。監察：官職名，即監察御史。杜甫此詩作於乾元二年寓居秦州期間。

＊吳郁　監察御史

《全詩》卷二一八杜甫《兩當縣吳十侍御江上宅》：「寒城朝煙澹，山谷落葉赤。……借問持斧翁，幾年長沙客。……於公負明義，惆悵頭更白。」同書卷二二六杜甫《范二員外邈、吳十侍御郁特枉駕闕展待聊寄此》。吳十侍御，即吳郁，時任監察御史。杜甫此詩作於乾元二年寓居秦州期間。

＊陽濟　監察御史

《墓誌彙編》貞元〇七〇《唐故鴻臚少卿貶明州司馬北平陽府君（濟）墓誌銘並序》：「少卿諱濟，字利涉。……故御史大夫尙衡，仰公碩量，辟祐其幕也。……請以入覲，一拜肅宗，起家除監察御史。……時方艱阻，天子思將帥之臣，乃轉殿中侍御史兼密州司馬。……公以徐方許蔡當天下之咽喉，控江淮之轉輸，表請名將匪忠勿居，由是元帥李公光弼領河南，御史大夫王仲升鎮許蔡，咸請佐幕，以公力也。後太尉表公爲密州刺史、加朝散大夫、攝侍御史。……後拜大理少卿。西戎叛換，又加御史中丞，持節和蕃。……以貞元元年八月廿九日薨於均州旅次，享年七十二。」《舊書・肅宗紀》：乾元二年「四月甲辰，以徐州刺史尙衡爲青州刺史，充青、淄、密、登、萊、沂、海等州節度使。」

唐肅宗上元元年（760）庚子

乾元……三年……閏四月……己卯，以星文變異，上御明鳳樓，大赦天下，改乾元爲上元。《舊書》卷一〇《肅宗紀》。

＊來瑱　御史大夫

《舊書》卷一一四本傳：「乾元三年四月十三日，襄州軍將張維瑾、曹玠率眾謀亂，殺刺史史翽。以瑱爲襄州刺史、兼御史大夫，充山南東道襄、鄧、均、房、金、商、隨、郢、復十州節度觀察處置使。」

＊崔器　御史大夫

《舊書》卷一○《肅宗紀》：「己卯，以星文變異，上御明鳳樓，大赦天下，改乾元為上元。……七月……丙辰，御史大夫崔器卒。」《舊書》卷一一五本傳「器有吏才，性介而少通，舉明經，歷官清謹。天寶六載，為萬年尉，逾月拜監察御史。……呂諲驟薦器為吏部侍郎、御史大夫，上元元年七月……卒。」

＊呂諲　御史大夫（兼）

《舊書》卷一八五《良吏傳下·呂諲傳》：「上元元年……七月，授諲荊州大都督府長史、兼御史大夫，充澧、朗、荊、忠、硤五州節度觀察處置等使。」

＊第五琦　御史大夫（兼）

《舊書》卷一一《代宗紀》：「冬十月……壬辰，以……朗州刺史第五琦為京兆尹、兼御史大夫。……七月己酉，……判度支第五琦兼京兆尹、御史大夫。」

＊李國貞（李若幽）　御史大夫（兼）

《舊書》卷一一二本傳：「……國貞本名若幽，性剛正，有吏才，……乾元中累遷長安令，尋拜河南尹。……上元初，改成都尹、兼御史大夫，充劍南節度使。」

＊蕭華　御史中丞（兼）

《舊書》卷一○《肅宗紀》：乾元三年「四月……以右丞蕭華為河中尹、兼御史中丞，充同、晉、絳等州節度、觀察處置使。」《舊書》卷九九《蕭嵩傳·子華附傳》：「上元元年十二月，制曰：『……正議大夫、前河中尹、兼御史中丞、充本府晉絳等州節度觀察等使、上柱國、嗣徐國公、賜紫金魚袋蕭華，……可中書侍郎、同中書門下平章事、集賢殿崇文館大學士，監修國史。』」《全文》卷四二肅宗《授蕭華中書侍郎同平章事制》：「正議大夫前河中尹兼御史中丞充本府晉絳等州節度觀察等使上柱國嗣徐國公蕭華，……可持節都督鄭州諸軍事鄭州刺史隴右節度營田等使，餘並如故。」

＊韋倫　御史中丞（兼）

《舊書》卷一三八本傳：「……乾元三年，襄州大將張瑾殺節度使史翽作

亂，乃以倫爲襄州刺史、兼御史大夫、山南東道襄鄧等十州節度使。……倫既爲朝廷公用，又不私謁輔國，倫受命未行，改秦州刺史、兼御史中丞、本州防禦使。」韋倫授襄州刺史、兼御史大夫，未赴命。

*任敷　御史中丞（兼）（未之任）

《全文》卷四三肅宗《命郭子儀充諸道兵馬都統詔》：「……宜令子儀都統諸道兵馬使，管崇嗣充副使，取邠慶朔方路過往，收大同橫野清夷，便收范陽及河北。……以兼御史中丞任敷、渾釋之同充使。」《舊書》卷一二〇《郭子儀傳》：「上元元年九月，以郭子儀爲諸道兵馬都統，管崇嗣充副之，令率英武、威遠等禁軍……徑抵范陽。詔下旬日，復爲魚朝恩所間，事竟不行。」

*渾釋之　御史中丞（兼）未之任

《全文》卷四三肅宗《命郭子儀充諸道兵馬都統詔》：「……宜令子儀都統諸道兵馬使，管崇嗣充副使，取邠慶朔方路過往，收大同橫野清夷，便收范陽及河北。……以兼御史中丞任敷、渾釋之同充使。」參本年「任敷」條。

*慕容兆　御史中丞（兼）未之任

《全文》卷四三肅宗《命郭子儀充諸道兵馬都統詔》：「……宜令子儀都統諸道兵馬使，管崇嗣充副使，取邠慶朔方路過往，收大同橫野清夷，便收范陽及河北。……以兼御史中丞慕容兆與新投降首領奴賴同統押充使。」參本年「任敷」條。

*杜冕　御史中丞（攝）未之任

《全文》卷四三肅宗《命郭子儀充諸道兵馬都統詔》：「……宜令子儀都統諸道兵馬使，管崇嗣充副使，取邠慶朔方路過往，收大同橫野清夷，便收范陽及河北。……以攝御史中丞杜冕充使。」參本年「任敷」條。

*桑如珪　御史中丞（攝）未之任

《全文》卷四三肅宗《命郭子儀充諸道兵馬都統詔》：「……宜令子儀都統諸道兵馬使，管崇嗣充副使，取邠慶朔方路過往，收大同橫野清夷，便收范陽及河北。……以攝御史中丞桑如珪充使。」參本年「任敷」條。

＊李銑　御史中丞

《通鑑》卷二二一：「上元元年……十一月，壬辰，……御史中丞李銑、宋州刺史劉殿皆領淮西節度副使。銑貪暴不法，展剛強自用，故爲其上者多惡之。」

＊陳希昂　侍御史

《舊書》卷一八五《良吏傳下・呂諲傳》：「上元元年……七月，授諲荊州大都督府長史、兼御史大夫，充澧、朗、荊、忠、硤五州節度觀察處置等使。……九月，敕改荊州爲江陵府，……以遏吳、蜀之衝。……及諲至，奏追（陳）希昂赴上都，除侍御史，出爲常州刺史、本州防禦使。」

＊李鈞　殿中侍御史

《舊書》卷一三一《李皋傳》：「上元初，京師旱，米鬥直數千，死者甚多。……皋行縣，見一嫗垂白而泣，哀而問之，對曰：『李氏之婦，有二子：鈞、鍔，宦遊二十年不歸，貧無以自給。』時鈞爲殿中侍御史，鍔爲京兆府法曹，俱以文藝登科，名重於時。皋曰：『入則孝，出則悌，行有餘力，然後可以學文。若二子者，豈可備於列位。』由是舉奏，並除名勿齒。」《舊書》卷一七一《李渤傳》：「父鈞，殿中侍御史，以母喪不時舉，流於施州。」

＊黎幹　殿中侍御史　上元元年（760）～寶應元年（762）

《墓誌彙編》貞元〇三四《唐故銀青光祿大夫尚書兵部侍郎壽春郡開國公黎公墓誌銘並序》：「公諱幹，字貞固，壽春人也。……河朔初梗，……建置南都，遂詔授殿中侍御史，荊南等十八州節度行軍司馬，江陵少尹，遷京兆少尹，尋拜諫議大夫。……寶應之後，……授公檢校京兆少尹兼御史中丞。……上嘉休公績，眞拜京兆尹兼御史大夫，加銀青光祿大夫，爵爲壽春縣開國男。以姦臣居權，遂改刑部侍郎，尋除桂州刺史，桂管觀察等使兼御史大夫，道中丁太夫人憂。……外除，復拜京兆尹兼御史大夫，……久之，改兵部侍郎。……大曆十四禩，詔徙端州，以素疾而終，享年六十四。……至貞元庚午歲十一月廿八日庚寅，遷宅於洛陽翟縣清風鄉……」

霍按：據《唐方鎮年表》麼上元元年九月，改爲江陵府，稱南都。又《舊書》卷一八五《呂諲傳》：「上元元年……七月，授諲荊州大都督府長史、兼御史大夫，充澧、朗、荊、忠、硤五州節度觀察處置等使。」黎幹任殿中侍御史當在此期。

＊陽濟　殿中侍御史

《墓誌彙編》貞元○七○《唐故鴻臚少卿貶明州司馬北平陽府君（濟）墓誌銘並序》：「少卿諱濟，字利涉。……故御史大夫尚衡，仰公碩量，辟祐其幕也。……請以入覲，一拜肅宗，起家除監察御史。……時方艱阻，天子思將帥之臣，乃轉殿中侍御史兼密州司馬。……公以徐方許蔡當天下之咽喉，控江淮之轉輸，表請名將匪忠勿居，由是元帥李公光弼領河南，御史大夫王仲升鎮許蔡，咸請佐幕，以公力也。……以貞元元年八月廿九日薨於均州旅次，享年七十二。」據《唐方鎮年表》，李光弼領河南在上元二年（761），陽濟在殿中侍御史任表請名將都統河南應在上元元年（760）。

＊劉期光　御史

《舊書》卷一二三《第五琦傳》：「乾元二年十月，貶忠州長史，既在道，有告琦受人黃金二百兩者，遣御史劉期光追按之。」《通鑑》卷二二一：「乾元三年……二月，……忠州長史第五琦既行，或告琦受人金二百兩，遣御史劉期光追按之。……庚戌，琦坐除名，長流夷州。」

＊元結　監察御史

《全詩》卷二四○小傳：「元結，字次山，河南人。少不羈，十七乃折節向學，擢上第，復舉制科。國子司業蘇源明薦之，結上時議三篇，……攝監察御史，爲山南西道節度參謀，以討賊功，遷監察御史裏行。代宗立，授著作郎，久之，拜道州刺史。」《全詩》卷二四一元結《與黨侍御》詩序：「庚子中，元子次山爲監察御史，黨茂宗罷大理評事。次山愛其高尚，曾作詩一篇與之。及次山未辭殿中，茂宗已授監察，探茂宗嘗相誚戲之意又作詩與之。」庚子即唐肅宗上元元年（760）。

＊嚴侁　監察御史

《舊書》卷一一一《崔光遠傳》：「（乾元）三年，（光遠）除鳳翔尹，充本府及秦隴觀察使。先是，岐、隴吏人郭愔等爲土賊，掠州縣，爲五堡，光遠使判官、監察御史嚴侁召而降之。」

＊嚴郢　監察御史　上元元年（760）～寶應元年（762）

《舊書》卷一八五《良吏傳下・呂諲傳》：「上元元年……七月，授諲荊

州大都督府長史、兼御史大夫，充澧、朗、荊、忠、硤五州節度觀察處置等使。……九月，敕改荊州爲江陵府，……以遏吳、蜀之衝。……又妖人申奉芝以左道事李輔國，……諲令判官、監察御史嚴郢鞫之。諲上疏論其事，肅宗怒，流郢於建州。」《新書》卷一四五《嚴郢傳》：「代宗初，……召郢爲監察御史，連署帥府司馬。郭子儀表爲關內、河東副元帥府判官，遷行軍司馬。」

唐肅宗上元二年（761） 辛丑

＊王嶼　御史大夫（兼）

《舊書》卷一三〇本傳：「開元末……遷太常博士、侍御史。……上元二年，兼揚州長史、御史大夫，充淮南節度使。肅宗南郊禮畢，以璵使持節都督越州諸軍事、越州刺史，充浙江東道節度觀察處置使，本官兼御史大夫，祠祭使如故。……大曆三年六月卒。」

＊田神功　御史大夫（兼）

《舊書》卷一二四本傳：「田神功，冀州人也。家本微賤。天寶末，爲縣里胥。……上元……二年二月，生擒逆賊劉展，送於闕下。以擒展功，累遷檢校工部尚書、兼御史大夫、汴宋等八州節度使。」

＊管崇嗣　御史大夫（兼）

《舊書》卷一〇《肅宗紀》：上元二年五月「辛丑，以鴻臚卿、趙國公管崇嗣爲太原尹、兼御史大夫，充北京留守、河東節度副大使。」

＊李國貞（李若幽）　御史大夫（兼）

《舊書》卷一一二本傳：「……國貞本名若幽，性剛正，有吏才，……上元初，改成都尹、兼御史大夫，充劍南節度使。……二年八月，遷戶部尚書、兼御史大夫，持節充朔方、鎮西、北庭、興平、陳鄭等節度行營兵馬及河中節度都統處置使，鎮於絳，賜名國貞。」《全文》卷四二肅宗《授李若幽朔方節度使制》：「中大夫守殿中監賜紫金魚袋李若幽，……可戶部尚書兼御史大夫持節充朔方鎮西北庭興平陳鄭等州行營兵馬及河東節度都統處置使，鎮於絳，仍賜名國貞。」

＊呂諲　御史大夫（兼）

呂諲本年仍在御史大夫任，參上元元年（760）、寶應二年（763）呂諲條。

＊敬羽　御史中丞

《舊書》卷一八六下《酷吏傳》：「敬羽，寶鼎人也，……天寶九載爲康成縣尉，……及肅宗於靈武即大位，羽尋擢爲監察御史，以苛刻徵剝求進。及收兩京後，轉見委任。……臥囚於地，以門關碾其腹，號爲『肉糟陀』。掘地爲坑，實以棘刺，以敗席敷上，領囚臨坑迅之，必墜其中，萬刺攢之。又捕逐錢貨，不減毛若盧。上元中，擢爲御史中丞。」《舊書》卷九五《惠文太子范傳》：「上元二年，……融乃誘崔昌、趙非熊等並中官六軍人同謀逆。融謂金吾將軍邢濟曰……，乃引以見珍。濟奏之，乃令御史中丞敬羽訊之。」

＊元載　御史中丞

《舊書》卷一一八本傳：「元載，鳳翔岐山人也，……天寶初，玄宗崇奉道教，下詔求明莊、老、文、列四子之學者。載策入高科，授邠州新平尉。監察御史韋鎰充使監選黔中，引載爲判官，載名稍著，選大理評事。……兩京平，入爲度支郎中。載智性敏悟，善奏對，肅宗佳之，委以國計，……尋加御史中丞。」《通鑒・肅宗紀》：「上元二年……冬，……戊子，御史中丞元載爲戶部侍郎，充勾當度支、鑄錢、鹽鐵兼江淮轉運等使。載初爲度支郎中，敏悟善奏對，上愛其才，委以江淮漕運，數月，遂代劉晏，專掌財利。」陳鐵民《王維集校注》卷六有《送元中丞轉淮江運》詩，元中丞，即元載。《全文》卷四二肅宗《授元載平章事制》：「朝議大夫行尚書戶部侍郎兼御史中丞上柱國許昌縣子賜紫金魚袋充度支等使元載……可中書門下平章事兼集賢殿崇文館大學士修國史。」《大唐傳載》：「乾元二年，御史中丞元載爲江淮五道租庸使。」「乾元」爲「上元」之誤。《唐僕尙丞郎表》卷三（第 134 頁）考元載上元二年（761）由御史中丞轉戶部侍郎，仍兼御史中丞。

＊令狐彰　御史中丞

《舊書》卷一〇《肅宗紀》：上元二年「五月甲午，思明僞將滑州刺史令狐彰以滑州歸朝，授彰御史中丞。」《舊書》卷一二四本傳：「安祿山叛逆，以本官隨賊黨張通儒赴京師。……王師收復二京，隨通儒等遁走河朔，又陷

逆賊史思明，僞署爲博州刺史及滑州刺史，令統數千兵戍滑臺。彰感激忠義，思立名節，乃潛謀歸順。……蕭宗得彰表，大悅，賜書慰勞。……拜御史中丞，兼滑州刺史、滑亳魏博等六州節度，仍加銀青光祿大夫，鎮滑州，委平殘寇。及史朝義滅，遷御史大夫，封霍國公，尋加檢校工部尚書。」《通鑒》卷二〇「上元二年……五月，……初，史思明以其博州刺史令狐彰爲滑鄭汴節度使，將數千兵戍滑臺。彰密因中使楊萬定通表請降，……思明疑之，遣其將薛炭圍之。彰與炭戰，大破之，因隨萬定入朝。甲午，以彰爲滑、衛等六州節度使。」又見《全文》卷四二《加令狐彰銀青光祿大夫鴻臚卿制》。

＊邢濟　侍御史　上元二年（761）～約廣德中（764 年）

《舊書》卷九五《惠文太子范傳》：「上元二年，……融乃誘崔昌、趙非熊等並中官六軍人同謀逆。融謂金吾將軍邢濟曰……，乃引以見珍。濟奏之，乃令御史中丞敬羽訊之。……乃以濟兼、桂州都督、侍御史，充桂管防禦都使。」《全詩》卷八一五皎然《酬邢端公濟春日蘇臺有呈袁州李使君兼書並寄辛陽王三侍御》：「大賢當佐世，堯時難退身。如何丹霄侶，卻在滄江濱。」又卷八一六皎然《因遊支寺寄邢端公》，自注：「自桂州除侍御史。」《唐刺史考全編》（第 3244 頁）考邢濟於上元二年（760）至約廣德中（764）任桂州刺史，其任侍御史在此期間。

＊馬炫　侍御史

《舊書》卷一三四《馬燧傳·燧兄炫附傳》：「炫字弱翁，燧之仲兄，少以儒學聞於時，隱居蘇門山，不應辟召。至德中，李光弼鎮太原，辟爲掌書記、試大理評事、監察御史，歷侍御史。……貞元七年卒，時年七十九。」馬炫至德元載任監察御史（見「至德元載」條），其任侍御史應在至德元載後，姑繫於此，待考。

＊穆寧　殿中侍御史

《舊書》卷一五五本傳：「穆寧，懷州河內人。……上元二年，累官至殿中侍御史，佐鹽鐵轉運使。」

＊董晉　殿中侍御史

《舊書》卷一四五本傳：「董晉，字混成，河中虞鄉人，明經及第。至德初，蕭宗自靈武幸彭原，晉上書謁見，授校書郎，翰林待制，……未幾，刺

史崔圓改淮南節度，奏晉以本官攝殿中侍御史，充判官。……尋歸臺，授本官，遷侍御史、主客員外郎、祠部郎中。」《韓昌黎文集校注》卷八《故金紫光祿大夫檢校尚書左僕射同中書門下平章事兼汴州刺史充宣武軍節度副大使知節度事管內支度營田汴宋亳潁觀察處置等使上柱國隴西郡開國公贈太傅董公行狀》：「出翰林，以疾辭，拜汾州司馬，崔圓爲揚州，詔以公爲圓節度判官。」

霍按：崔圓上元二年（761）至大曆三年（768）爲淮南節度使，「奏晉本官攝殿中侍御史，充判官」當在本年，參《唐方鎮文職僚佐考·淮南》。

＊元結　殿中侍御史

見孫望先生《元次山年譜》。

＊趙曄　殿中侍御史（兼）　上元二年（761）～大曆七年（772）

《舊書》卷一八七《忠義傳下·趙曄傳》：「趙曄，字雲卿，……乾元初，三司議罪，貶晉江尉。數年，改錄事參軍。……福建觀察使李承昭奏爲判官，授試大理司直、兼監察御史。試司議郎、兼殿中侍御史。入爲膳部、比部二員外，膳部、倉部二郎中，秘書少監。」李承昭上元二年（761）至大曆七年（772）爲福建觀察使，趙曄任殿中侍御史應在此期間。

＊黨曄（茂宗）　監察御史

《全詩》卷二四一元結《與黨侍御》詩序：「庚子中，元子次山爲監察御史，黨茂宗罷大理評事。次山愛其高尚，曾作詩一篇與之。及次山未辭殿中，茂宗已授監察，採茂宗嘗相誚戲之意又作詩與之。」詩云：「眾坐吾獨歡，或問歡爲誰。高人黨茂宗，復來官憲司。……嗟嗟黨茂宗，可爲識者規。」同卷另有元結《與黨評事並序》詩，序云：「大理評事黨曄，好閒自退，元子愛之，作詩贈焉。」

＊趙曄　監察御史（兼）　上元二年（761）～大曆七年（772）

《舊書》卷一八七《忠義傳下·趙曄傳》：「趙曄，字雲卿，……曄志學，善屬文。開元中，舉進士，連擢科第，補太子正字，累授大理評事，貶北陽尉，移雷澤、河東二丞。河東採訪使韋陟以曄履操清直，頗推敬之，表爲賓寮。陟罷，陳留採訪使郭納復奏曄爲支使。及安祿山陷陳留，因沒於賊。……乾元初，三司議罪，貶晉江尉。數年，改錄事參軍。……福建觀察使李承昭

奏爲判官，授試大理司直、兼監察御史。試司議郎、兼殿中侍御史。」

霍按：李承昭上元二年（761）至大曆七年（772）爲福建觀察使，趙曄任監察御史應在此期間。

唐肅宗寶應元年（762） 壬寅

上（肅宗）自仲春寢疾，聞上皇（玄宗）登遐，哀慕，疾轉劇，乃命太子監國。甲子，制改元（寶應），復以建寅爲正月，月數皆如其舊，赦天下。……己巳，代宗即位。《通鑑》卷二二二。

＊來瑱　御史大夫

《舊書》卷一一四本傳：「上元三年，肅宗召瑱入京。……遂以瑱檢校戶部尚書、兼御史大夫、安州刺史，充淮西申、安、蘄、黃、光、沔節度觀察，兼河南陳、豫、許、鄭、汴、曹、宋、潁、泗十五州節度觀察使，外示尊崇，實奪其權也。加裴茙兼御史中丞、襄鄧等七州防禦使以代之。」

＊李抱玉　御史大夫（兼）

《舊書》卷一三二本傳：「乾元……二年，遷鴻臚卿員外置同正員，持節鄭州諸軍事兼鄭州刺史、攝御史中丞、鄭陳潁亳四州節度。……固河陽，復懷州，皆功居第一，遷澤州刺史、兼御史中丞。……代宗即位，擢爲澤潞節度使、潞州大都督府長史、兼御史大夫，加領陳、鄭二州，遷兵部尚書。」

霍按：代宗即位在寶應元年，李抱玉本年任御史大夫。

＊尚衡　御史大夫（兼）

《舊書》卷一一《代宗紀》：「寶應元年……九月……戊戌，迴紇登里可汗率眾來助國討逆，令御史大夫尚衡宣慰之。」《新書》卷一九一《忠義傳上》：「左散騎常侍、檢校禮部尚書、兼御史大夫尚衡。」又見《會要》卷九八「回鶻」。

＊鄧景山　御史大夫（兼）

《新書》卷一九一《忠義傳上》：「太原尹、兼御史大夫、北都留守、河東節度副大使、南陽郡公鄧景山。」據《舊書》卷一一〇本傳，寶應元年，鄧景山爲太原尹，封南陽郡公，代管崇嗣。

＊郭英乂　御史大夫（兼）

《舊書》卷一一七本傳：「……至德二年，加隴右節度使。召還，改羽林軍大將軍，掌衛兵。……史思明陷洛陽，謀掠陳、蔡，詔英乂統淮南節度兵。賊叩陝、虢，又改陝西節度、潼關防禦使。進御史大夫，兼神策軍節度使。」《舊書》卷一一《代宗紀》：「寶應元年……冬十月辛酉，詔天下兵馬元帥雍王統領河東……等兵十餘萬討史朝義，……戊辰，元帥雍王率諸軍進發，留郭英乂、魚朝恩鎮陝州，乙酉，陝西節度使郭英乂權知東京留守。」

＊李鼎　御史大夫（兼）

《全文》卷四二肅宗《授李鼎隴右節度使制》：「……開府儀同三司行鳳翔尹兼御史大夫充本府及秦、隴、興、鳳、成等州節度觀察使保定郡開國公李鼎，……可持節都督鄯州諸軍事、鄯州刺史、隴右節度營田等使。」吳廷燮《唐方鎮年表》考李鼎本年遷隴右節度。

＊李峘　御史大夫

《舊書》卷一一《代宗紀》：「寶應……二年春正月丁亥朔。甲午，戶部尚書、兼御史大夫、都統淮南節度觀察等使、越國公李峘卒。」李峘寶應二年正月卒，其職兼御史大夫，則其於寶應元年應兼御史大夫之職。

＊李季卿　御史大夫（兼）

《舊書》卷九九《李适之傳·子季卿附傳》：「子季卿，弱冠舉明經，頗工文詞。應制舉，登博學宏詞科，再遷京兆府鄠縣尉。……代宗即位，……俄兼御史大夫。」《新書》卷一九六《隱逸傳》：「陸羽字鴻漸，一名疾，字季疵。……羽嗜茶，……御史大夫李季卿宣慰江南，次臨淮，知伯熊善煮茶，召之。」《唐國史補》「補遺」：「御史大夫李季卿宣慰江南，至臨淮。或言常伯熊善茶者，李公請之。」又見《類說》卷三二。

＊李國貞（李若幽）　御史大夫（兼）

本年李國貞仍任朔方節度使兼御史大夫，後郭子儀代之。

＊呂諲　御史大夫（兼）

呂諲本年仍在御史大夫任，參上元元年（760）、寶應二年（763）呂諲條。

＊李進　御史中丞

《舊書》卷一九五《迴紇傳》：「寶應元年，代宗初即位，……給事中李進兼御史中丞，充元帥行軍司馬，東會迴紇登里可汗營於陝州黃河北。」

＊嚴武　御史中丞

《舊書》卷一一七本傳：「嚴武，中書侍郎挺之子也。神氣儁爽，敏於聞見。……弱冠以門蔭策名，隴右節度使哥舒翰奏充判官，遷侍御史。至德初，肅宗興師靖難，大收才傑，武杖節赴行在。……既收長安，以武爲京兆少尹、兼御史中丞，時年三十二。以史思明阻兵不之官，優游京師，頗自矜大。出爲綿州刺史，遷劍南東川節度使。入爲太子賓客、兼御史中丞。」《錢注杜詩》卷七《八哀詩》注引趙抃《玉壘記》：「上元二年，東劍段子璋反，李奐走成都，崔光遠命花驚定平之。……冬十月，崔光遠恚死，其月，廷命嚴武。」《全詩》卷二二七杜甫有《奉和嚴中丞西城晚眺十韻》、《嚴中丞枉駕見過》、《中丞嚴公雨中垂寄見憶一絕，奉答二絕》、《謝嚴中丞送青城山道士乳酒一瓶》詩多首。均稱嚴武爲中丞。亦可證嚴武本年任御史中丞。（參見傅璇琮《唐五代文學編年史・中唐卷》「寶應元年」）《舊書》卷一一九《楊綰傳》：「天寶末，安祿山反，肅宗繼位於靈武，（綰）上疏奏貢舉之弊曰……詔左右丞、諸司侍郎、御史大夫、中丞、給、舍同議奏聞。給事中李廙、給事中李棲筠、尚書左丞賈至、京兆尹兼御史大夫嚴武所奏議狀與綰同。」此處記載誤，嚴武應爲「京兆尹兼御史中丞」。

＊王武俊　御史中丞（兼）

《舊書》卷一四二本傳：「寶應元年，王師入井陘。將平河朔，……寶臣除恒、定等州節度使，以武俊構謀，奏兼御史中丞。」

＊李涵　御史中丞（兼）

《舊書》卷一二六本傳：「李涵，高平王道立曾孫。……涵簡素恭愼，有名宗室，累授贊善大夫、兼侍御史。……寶應元年，初平河朔，代宗以涵忠謹洽聞，遷左庶子、兼御史中丞、河北宣慰使。」《元龜》卷一三六：「代宗寶應元年冬以初平河朔拜宗正少卿李涵左庶子兼御史中丞河北宣慰使。」

＊辛京杲　御史中丞（兼）

《新書》卷一四七《辛雲京傳》：「從弟京杲，……代宗立，封肅國公，

遷左金烏衛大將軍，進晉昌郡王。」《全文》卷四六《封辛京杲晉昌郡王制》：
「……關內河東副元帥左廂兵馬使同朔方節度副使開府儀同三司試太常卿兼
御史中丞上柱國庸國公京杲，……可封晉昌郡王。」

＊裴茙　御史中丞（兼）

《舊書》卷一一四本傳：「上元三年，肅宗……遂以瑱檢校戶部尚書、兼
御史大大、安州刺史，充淮西申、安、蘄、黃、光、沔節度觀察，兼河南陳、
豫、許、鄭、汴、曹、宋、潁、泗十五州節度觀察使，外示尊崇，實奪其權
也。加裴茙兼御史中丞、襄鄧等七州防禦使以代之。」《舊書》卷一一四《來
瑱傳》：「上元三年，肅宗召瑱入京。……加裴茙兼御史中丞、襄鄧等七州防
禦使以代之。」

＊王翊　御史中丞

《舊書》卷一五七《王翊傳》：「王翊，太原晉城人也。兄翊，乾元中累
官至京兆少尹。……代宗素重之，及即位，目爲純臣，遷刑部侍郎，御史中
丞。居憲司雖不能振舉綱條，然以謹重知名，大曆二年卒。」《舊書》卷一二
一《僕固懷恩傳》：「廣德元年……九月，……御史大夫王翊自迴紇使還。」
王翊任御史中丞應在本年。

＊李忠臣　御史中丞（兼）

《舊書》卷一四五本傳：「會淮西節度王仲升爲賊所擒，寶應元年七月，
拜忠臣太常卿同正、兼御史中丞、淮西十一州節義。……二年六月，就加御
史大夫。」

＊藥子昂　御史中丞（兼）

《通鑑》卷二二二：「寶應元年，……冬，十月……，以雍王適爲天下兵
馬元帥。以兼御史中丞藥子昂、魏琚爲左右廂兵馬使。」《芒洛遺文》卷中《唐
故朝散大夫臨晉縣令上柱國李府君（鼎）墓誌銘並序》：「寶曆二年正月一日
寢疾終於臨晉縣通達之精舍，享年六十有七。大人廣陵樂氏，關內節度御史
大夫子昂之媳女也。」《姓纂》卷一〇河內藥氏：「大曆有殿中監閣殿使兼御史
大夫藥子昂。」

＊魏琚　御史中丞（兼）

《舊書》卷一九五《迴紇傳》：「寶應元年，代宗初即位，……又以（藥）

子昂兼御史中丞，與前潞府兼御史中丞魏琚爲左右廂兵馬使，……給事中李進兼御史中丞，充元帥行軍司馬，東會迴紇登里可汗營於陝州黃河北。」

＊陳少游　侍御史

《舊書》卷一二六本傳：「至德中，河東節度王思禮奏爲參謀，累授大理司直、監察、殿中侍御史、節度判官。寶應元年，入爲金部員外郎，尋授侍御史、迴紇糧料使，改檢校職方員外郎。充使檢校朗官，自少游始也。明年，僕固懷恩奏爲河北副元帥判官、兵部郎中、兼侍御史。……無幾，澤潞節度使李抱玉表爲副使、御史中丞、陳鄭二州留後。……大曆五年，改越州刺史、兼御史大夫、浙東觀察使。」

顏允臧　侍御史

《題名考》卷三「碑左側題名」載顏允臧資料如下：「顏允臧，顏眞卿《朝請大夫行江陵少尹兼侍御史荊南行軍司馬上柱國顏君神道碑銘》：『君諱允臧，字季寧，京兆長安人。授延昌令。肅宗聞君誠，至德初，追赴彭原行在所，拜監察御史，賜緋魚袋。……二年秋八月，遷殿中侍御史，……京城收，與崔褘銜命宣撫，都人大悅，出爲櫟陽令，遷侍御史。……轉大理正。寶應中，復拜侍御史兼太子中允。……』石刻《顏惟貞廟碑銘》：『君生第八子。允臧，敦實孝悌，有吏能。制舉，延昌令、監察充朔方衣資使、殿中。三爲侍御史、中允、江陵少尹、荊南行軍。』陝西西安。」

＊穆寧　侍御史

《舊書》卷一五五本傳：「上元二年，累官至殿中侍御史，佐鹽鐵轉運使。……寶應初，轉侍御史，爲河南轉運租庸鹽鐵等副使。明年，遷戶部員外郎。無幾，加兼御史中丞，爲河南、江南轉運使。」《舊書》卷四九「食貨下」：「寶應元年五月，元載以中書侍郎代呂諲。是時淮、河阻兵，飛挽路絕，監鐵租賦，皆溯漢而上。以侍御史穆寧爲河南道轉運租庸監鐵使，尋加戶部員外，遷鄂州刺史，以總東南貢賦。」《會要》卷八七「轉運鹽鐵總敘」：「寶應元年五月，……以侍御史穆寧爲河南道轉運使。」

＊董晉　侍御史

《舊書》卷一四五本傳：「董晉，字混成，河中虞鄉人，明經及第。至德初，肅宗自靈武幸彭原，晉上書謁見，授校書郎，翰林待制，……未幾，

刺史崔圓改淮南節度，奏晉以本官攝殿中侍御史，充判官。……尋歸臺，授本官，遷侍御史、主客員外郎、祠部郎中。……德宗嗣位，改太常卿，遷右散騎常侍，兼御史中丞知臺事。……尋爲華州刺史、兼御史中丞、潼關防禦使。……久之，加兼御史大夫。」《舊書》本傳云「……未幾，刺史崔圓改淮南節度，奏晉以本官攝殿中侍御史，充判官。……尋歸臺，授本官，遷侍御史」，其任侍御史應在寶應元年或二年，暫繫於此。

＊盧杞　監察御史（攝）

《舊書》卷一三五本傳：「盧杞，字子良，故相懷慎之孫。父奕，天寶末爲東臺御史中丞；洛城爲安祿山所陷，奕守司而遇害。……朔方節度使僕固懷恩辟爲掌書記、試大理評事、監察御史，以病免。入補鴻臚丞，遷殿中侍御史、膳部員外郎，出爲忠州刺史。」《舊書》卷一二一《僕固懷恩傳》：「代宗即位，（僕固懷恩）拜隴右節度，未行，改朔方行營節度，以副郭子儀。」代宗即位在本年六月，僕固懷恩辟爲掌書記、監察御史在本年。盧杞因病，並未成行。

＊王掄　監察御史

《全詩》卷二二○杜甫《陪王侍御同登東山最高頂宴姚通泉，晚攜酒泛江》，同書卷二二七杜甫《陪王侍御宴通泉東山野亭》，《杜詩詳注》卷一○引黃鶴注「此寶應元年十一月往通泉時作。」卷二二六又有杜甫《王十七侍御掄許攜酒至草堂奉寄此詩便請邀高三十五使君同到》，高三十五使君，即高適，時任劍南西川節度使。王侍御，即王掄。

＊班宏　監察御史　寶應元年（762）～廣德元年（763）

《舊書》卷一二三本傳：「班宏，衛州汲人也。祖思簡，春官員外郎。父景倩，秘書監。宏少舉進士，授右司御胄曹，後爲薛景先鳳翔掌書記，又爲高適劍南觀察判官，累拜大理司直，攝監察御史。」

霍按：高適於寶應元年（762）至廣德元年（763）爲劍南節度使。

唐肅宗寶應二年　代宗廣德元年（763）癸卯

寶應……二年……秋七月壬寅朔，……壬子，改元曰廣德。《舊書》卷一一《代宗紀》。

＊劉晏　御史大夫（兼）

　　《舊書》卷一二三本傳：「劉晏字士安，曹州南華人。年七歲，舉神童，授秘書省正字。累授夏縣令，有能名。歷殿中侍御史，遷度支郎中、杭隴華三州刺史，尋遷河南尹。時史朝義盜據東都，寄理長水。入爲京兆尹，頃之，加戶部侍郎、兼御史中丞。……寶應二年，遷吏部尙書、平章事，領度支監鐵轉運租庸使。……尋授御史大夫，領東都、河南、江淮、山南等道轉運租庸監鐵使如故。」《舊書》卷一一《代宗紀》：「六月己酉朔，……壬申，以通州刺史劉晏爲戶部侍郎、兼御史大夫、京兆尹，充度支轉運監鐵諸道鑄錢等使。……二年春正月丁亥朔。……甲午，國子祭酒、兼御史大夫、京兆尹劉晏爲吏部尙書、同中書門下平章事，度支諸使如故。」《全文》卷四六《授劉晏吏部尙書平章事制》：「……銀青光祿大夫國子祭酒兼御史大夫京兆尹判度支充勾當度支等使上柱國彭城縣開國伯劉晏……」

＊李峘　御史大夫（兼）　寶應二年（763）

　　《舊書》卷一一《代宗紀》：「寶應……二年春正月丁亥朔。甲午，戶部尙書、兼御史大夫、都統淮南節度觀察等使、越國公李峘卒。」

＊呂諲　御史大夫（兼）

　　《墓誌彙編》寶應○○七《唐故中大夫趙王府諮議參軍呂府君墓誌銘並序》：「府君諱德俊，字壽，其先東平人，……江陵節度兼御史大夫諲，季也。……以元年四月四日，薨於私第。……以寶應二年閏正月二日同穴於首陽南原，禮也。」

＊李寶臣　御史大夫（兼）　寶應二年（763）

　　《舊書》卷一一《代宗紀》：「寶應……二年春……閏月戊申，以史朝義下降將李寶臣爲檢校禮部尙書、兼御史大夫、恒州刺史、清河郡王，充成德軍節度使。」

＊王仲昇　御史大夫（兼）　寶應二年（763）

　　《舊書》卷一一《代宗紀》：「寶應……二年……六月甲申，以前淮西節度使王仲昇爲右羽林大將軍，兼御史大夫。六軍將軍兼大夫，自仲昇始也。」

＊李之芳　御史大夫（兼）

《舊書》卷七六《蔣王惲傳》：「廣德元年，兵革未清，吐蕃又犯邊，侵軼原、會，乃遣之芳兼御史大夫，使吐蕃，被留境上二年而歸。」《舊書》卷一九六《吐蕃傳上》：「寶應二年三月，遣左散騎常侍兼御史大夫李之芳、左庶子兼御史中丞崔倫使於吐蕃，至其境而留之。」

＊僕固懷恩　御史大夫（兼）

《全文》卷四六《命僕固懷恩充朔方行營節度使詔》：「工部尙書兼御史大夫隴右節度觀察等使大寧郡王僕固懷恩，……可充朔方行營節度使，本官封如故。」據《舊書》卷一二一《僕固懷恩傳》，僕固懷恩廣德元年爲朔方節度使。

＊僕固瑒　御史大夫　（廣德元年）

《舊書》卷一一《代宗紀》：「秋七月壬寅朔，……改元廣德。……丁巳，僕固瑒兼御史人夫，充朔方行營節度。是月，吐蕃大寇河、隴，陷我秦、成、渭三州，入大震關。」《舊書》卷一二一《僕固懷恩傳》：「七月，改元廣德，冊勳拜太保，仍與一子三品、一子四品官並階，仍加實封五百戶。僕固瑒一子五品官，加實封一百戶。仍賜鐵券，以名藏太廟，畫像於淩煙閣。尋以瑒爲御史大夫、朔方行營節度。」《舊書》卷一一《代宗紀》：「秋七月壬寅朔。丁巳，僕固瑒兼御史大夫，充朔方行營節度。是月，吐蕃大寇河、隴，陷我秦、成、渭三州，入大震關。」《通鑑》卷二二三：「廣德元年秋，……初，僕固懷恩受詔與迴紇可汗相見於太原。……懷恩將朔方兵數萬屯汾州，使其子御史大夫瑒將萬人屯榆次。」僕固瑒爲僕固懷恩子。

＊第五琦　御史大夫（兼）

《舊書》卷一一《代宗紀》：「寶應……二年……秋七月壬寅朔，……壬子，改元曰廣德。……京兆尹、兼吏部侍郎嚴武爲黃門侍郎，朗州刺史第五琦爲京兆尹、兼御史大夫。」

＊嚴武　御史大夫（兼）

《舊書》卷一一七本傳：「嚴武，中書侍郎挺之子也。神氣雋爽，敏於聞見。……弱冠以門蔭策名，隴右節度使哥舒翰奏充判官，遷侍御史。至德初，肅宗興師靖難，大收才傑，武杖節赴行在。……既收長安，以武爲京兆

少尹、兼御史中丞，時年三十二。以史思明阻兵不之官，優游京師，頗自矜大。出為綿州刺史，遷劍南東川節度使。入為太子賓客、兼御史中丞。……上皇誥以劍、兩川合為一道，拜武成都尹、兼御史大夫，充劍南節度使。入為太子賓客，遷京兆尹、兼御史大夫。……無何，罷兼御史大夫，改吏部侍郎，尋遷黃門侍郎。」《會要》卷六二「雜錄」：「寶應二年二月二十六日，御史大夫嚴武奏：『應在外新除御史赴臺，停止店肆，事亦非宜。仍令所在給公乘發遣，以為永例。』敕旨依奏。」據《舊書》卷一一《代宗紀》載，廣德元年，「京兆尹、兼吏部侍郎嚴武為黃門侍郎。」嚴武任御史大夫在廣德元年再鎮劍南時。《全詩》卷二〇一岑參《送嚴黃門拜御史大夫再鎮蜀川兼觀省》：「授鉞辭金殿，承恩戀玉墀。……蒼生望已久，來去不應遲。」即作於此時。

＊王翊　御史大夫（兼）

《舊書》卷一二一《僕固懷恩傳》：「廣德元年八月二十三日，開府儀同三司、尚書左僕射、兼中書令、朔方節度副大使、河北副元帥、上柱國、大寧郡王懷恩……上疏寶應聖文神武皇帝陛下……。九月，……御史大夫王翊自迴紇使還，懷恩與可汗往來，恐泄其事，乃止之。遂令子瑒率眾攻雲京，雲京出戰，瑒大敗而旋，進圍榆次，朝廷患之。」《通鑑》卷二二三：「廣德元年……九月，御史大夫王翊使迴紇還，懷恩先與可汗往來，恐翊泄其事，遂留之。」《舊書》卷一九五《迴紇傳》：「（代宗）以散騎常侍兼御史大夫王翊充使，就可汗行營行冊命焉。」

＊衛伯玉　御史大夫（兼）

《舊書》卷一一五本傳：「廣德元年冬，吐蕃寇京師，乘輿幸陝。以伯玉有干略，可當重寄，乃拜江陵尹、兼御史大夫，充荊南節度觀察等使。尋加檢校工部尚書，封城陽郡王。大曆初，丁母憂，朝廷以王昂代其任，伯玉潛諷將吏不受詔，遂起復以本官為荊南節度等使，時議醜之。大曆十一年二月入覲，以疾卒於京師。」《全文》卷四六《封衛伯玉城陽郡王制》：「開府儀同三司檢校工部尚書兼江陵尹御史大夫充荊南節度觀察處置等使上柱國芮國公衛伯玉……」

＊李忠臣　御史大夫（兼）

《舊書》卷一四五本傳：「會淮西節度王仲升為賊所擒，寶應元年七月，

拜忠臣太常卿同正、兼御史中丞、淮西十一州節義。……二年六月，就加御史大夫。」

＊令狐彰　御史大夫（兼）

《舊書》卷一二四《令狐彰傳》：「及史朝義滅，遷御史大夫，封霍國公，尋加檢校工部尚書。」《通鑑》卷二二二：「廣德元年，……李懷仙遣兵追及之，朝義窮蹙，縊於林中，懷仙取其首以獻。」

＊韋倫　御史中丞（兼）

《舊書》卷一三八本傳：「代宗即位，……中官呂太一於嶺南矯詔募兵為亂，乃以倫為韶州刺史、兼御史中丞、韶連郴三州都團練使。」《元龜》卷六七○：「呂太一大曆初為嶺南矯詔募兵為亂，乃以台州韋倫為韶州刺史、兼御史中丞、韶連郴三州都團練使。」《新書》本傳略同。

＊周智光　御史大夫（兼）　廣德元年（763）～大曆二年（767）

《舊書》卷一一四本傳：「周智光，本以騎射從軍，……宦官魚朝恩為觀軍容使，鎮陝州，與之昵狎。朝恩以扈從功，恩渥崇厚，奏請多允，屢於上前賞拔智光，累遷華州刺史、同華二州節度使及潼關防禦使，加檢校工部尚書、兼御史大夫。」

＊梁崇義　御史中丞（兼）　寶應二年（763）

《舊書》卷一二一本傳：「梁崇義，長安人。……寶應二年三月，崇義殺昭與南陽，以脅眾心，朝廷因授其節度焉。以襄州薦履兵禍，屈法含容，姑務息人也。歷御史中丞、大夫、尚書。遂與田承嗣、李正己、薛嵩、李寶臣為輔車之勢，奄有襄、漢七州之地。」同書卷一一四《來瑱傳》：「寶應二年正月，貶播州縣尉員外置。翌日，賜死於鄠縣。……先是，瑱行軍司馬龐充統兵二千人赴河南，至汝州，聞瑱死，……朝廷授崇義節度使、兼御史中丞以代瑱。」又見《新書》卷二二四《叛臣傳》。

＊高輔成　御史中丞（兼）　寶應二年（763）

《舊書》卷一二一《僕固懷恩傳》：「代宗即位，（僕固懷恩）拜隴右節度，未行，改朔方行營節度，以副郭子儀。……二年三月，……河北悉平，懷恩

乃與諸將班師，春，⋯⋯又加（懷恩）太子少師，充朔方都知兵馬使、同節度副大使，食實封五百戶，莊宅各一所，仍與一子五品官。高輔成太子少傅、兼御史中丞，充河北副元帥都知兵馬使，加實封三百戶，仍與一子五品官。」代宗即位，改元寶應，高輔成兼御史中丞當在寶應二年。

＊崔倫　御史中丞（兼）　寶應二年（763）

《舊書》卷一九六《吐蕃傳上》：「寶應二年三月，遣左散騎常侍兼御史大夫李之芳、左庶子兼御史中丞崔倫使於吐蕃，至其境而留之。」《墓誌彙編》「元和〇七六」《唐故河南府司錄盧公夫人崔氏誌銘》（殿中侍御史內供奉竇從直撰）：「夫人諱績，⋯⋯父倫，代宗朝以前御史中丞使吐蕃，拜尚書左丞，歿諡敬公。」

＊穆寧　御史中丞　寶應二年（763）

《舊書》卷一五五本傳：「上元二年，累官至殿中侍御史，佐鹽鐵轉運使。⋯⋯寶應初，轉侍御史，為河南轉運租庸鹽鐵等副使。明年，遷戶部員外郎。無幾，加兼御史中丞，為河南、江南轉連使。廣德初，加庫部郎中。」

＊張延賞　御史中丞

《舊書》卷一二九本傳：「肅宗在鳳翔，擢拜監察御史，賜緋魚袋，轉殿中侍御史。⋯⋯代宗幸陝，除給事中，轉御史中丞、中書舍人。⋯⋯理行第一，入朝拜御史大夫。⋯⋯初，上封人李少良潛以元載陰事聞，載黨知之，奏少良狂妄，下御史臺訊鞫，欲有所屬。⋯⋯尋以母憂去職，終制授檢校禮部尚書、江陵尹、兼御史大夫、荊南節度觀察使。⋯⋯數年，改檢校兵部尚書、成都尹、劍南西川節度觀察使，依前兼御史大夫，尋就加吏部尚書。」

＊袁傪　御史中丞（廣德中）

《舊書》卷一五二《王栖曜傳》：「廣德中，草寇袁晁起亂台州，連接郡縣，積眾十二萬，盡有浙江之地。御史中丞袁傪東討，奏棲曜與李長為偏將，聊日十餘戰，生擒袁晁，收復郡邑十六。」《新書》卷一七〇《李靈曜傳》：「袁晁亂浙東，御史中丞袁傪討之。」

陽濟　侍御史（攝）

《墓誌彙編》貞元〇七〇《唐故鴻臚少卿貶明州司馬北平陽府君（濟）墓

誌銘並序》：「少卿諱濟，字利涉。……故御史大夫尚衡，仰公碩量，辟祐其幕也。……請以入覲，一拜肅宗，起家除監察御史。……時方艱阻，天子思將帥之臣，乃轉殿中侍御史兼密州司馬。……公以徐方許蔡當天下之咽喉，控江淮之轉輸，表請名將匪忠勿居，由是元帥李公光弼領河南，御史大夫王仲升鎮許蔡，咸請佐幕，以公力也。後太尉表公爲密州刺史、加朝散大夫、攝侍御史。……後拜大理少卿。西戎叛換，又加御史中丞，持節和蕃。」貞元元年八月廿九日卒，享年七十二。《唐刺史考全編》（第1032頁）考陽濟任密州刺史攝侍御史約在本年，可信，今從之。

*陳少游　侍御史（兼）

《舊書》卷一二六本傳：「至德中，河東節度王思禮奏爲參謀，累授大理司直、監察、殿中侍御史、節度判官。寶應元年，入爲金部員外郎，尋授侍御史、迴紇糧料使，改檢校職方員外郎。充使檢校朗官，自少游始也。明年，僕固懷恩奏爲河北副元帥判官、兵部郎中、兼侍御史。……無幾，澤潞節度使李抱玉表爲副使、御史中丞、陳鄭二州留後。……大曆五年，改越州刺史、兼御史大夫、浙東觀察使。」陳少游寶應元年爲侍御史，二年兼侍御史。

*鮑防　殿中侍御史　寶應元年（762）～大曆五年（770）

《舊唐書》卷一四六《鮑防傳》：鮑防在浙東「爲浙東觀察使薛兼訓從事，累至殿中侍御史。」劉長卿《劉隨州文集》卷九《發越州赴潤州使院留別鮑侍御》：「對水看山別離，孤舟日暮行遲。江南江北春草，獨向金陵去時。」鮑防於寶應元年（762）至大曆五年（770）在浙東觀察使薛兼訓幕府，其任殿中侍御史當在此期間，見《唐刺史考全編・越州》。劉長卿與鮑防唱和當在此時。

*張鎰　殿中侍御史

《舊書》卷一二五本傳：「張鎰，蘇州人，朔方節度使齊丘之子也。……郭子儀爲關內副元帥，以嘗伏事齊丘，辟鎰爲判官。授大理評事，遷殿中侍御史。乾元初，……洪吉觀察張鎬辟爲判官，奏授殿中侍御史。」《新書》卷一三九《張鎬傳》：「代宗初，起爲撫州刺史，遷洪州觀察使。」《唐方鎮年表》卷五「江西」：「廣德元年，張鎬。獨孤及《洪州張公遺愛碑》：『於是有洪州之拜。寶應元年冬十月，公朝服受命，至自臨川。』」

＊蔣晁　監察御史

《全詩》卷二〇六李嘉祐《潤州楊別駕宅送蔣九侍御收兵歸揚州》：「蔣九侍御，即蔣晁」。《全文》卷三五四齊光義（乂）《蔣澄碑》：「裔孫監察御史晁。」《通鑑》卷二二三：「永泰元年……三月，壬辰朔，命左僕射裴冕、右僕射郭英乂等文武之臣十三人於集賢殿待制。」胡三省注引宋白曰：「是年，……詔禮部侍郎賈至……集賢待制。」《全文》卷三六八賈至《送蔣十九丈奏事畢正拜殿中歸淮南幕府序》：「天子以淮海多虞，……命舊相崔公董之。公以封略所覆，澄清是圖，辟柱史蔣公佐之。……於茲五稔，方隅克定。乃朝天闕，將命述職，帝用嘉之，進其命秩。七月流火，言旋幕府，懿親良朋，寵行惜別。……時臨歧贈言，盍各有望，眾君子之志其詩乎？」崔公，即崔圓，上元二年二月鎮淮南，見《舊書·肅宗紀》。蔣晁時在淮南崔圓幕，助平袁晁，後收兵歸揚州。參傅璇琮《唐五代文學編年史·中唐卷》廣德元年三月李嘉祐條、永泰元年七月賈至條。

嚴　　御史

《全詩》卷一四七劉長卿《送嚴侍御充東畿觀察判官》：「洛陽征戰後，君去問凋殘。雲月臨南至，風霜向北寒。故園經亂久，古木隔林看。誰訪江城客，年年守一官。」《唐方鎮文職僚佐考》考此事在廣德元年，從之。

霍按：嚴侍御，其名失考。

＊李苊　監察御史（攝）

《舊書》卷一三二本傳：「李苊字茂初，趙郡人也。解褐上邽主簿，三遷試大理評事，攝監察御史、山南東道觀察支使。嚴武為京兆尹，舉為長安尉。李勉為江西觀察使，署奏秘書郎，兼監察御史，為判官。」

《唐方鎮年表》卷五：「廣德二年，李勉為江西觀察使。」李苊攝監察御史入任山南東道觀察支使在入李勉幕之前，故繫於此。

＊李萼　監察御史

《舊書》卷一九六《吐蕃傳上》：「廣德元年九月，吐蕃寇陷涇州。十月，寇邠州，又陷奉天縣。遣中書令郭子儀西御。……車駕幸陝州，京師失守。……初，車駕東幸，……行軍判官、中書舍人王延昌、監察御史李萼謂子儀曰……」

＊盧杞　監察御史（未之任）

《舊書》卷一三五本傳：「盧杞，字子良，故相懷愼之孫。父奕，天寶末爲東臺御史中丞；洛城爲安祿山所陷，奕守司而遇害。……朔方節度使僕固懷恩辟爲掌書記、試大理評事、監察御史，以病免。入補鴻臚丞，遷殿中侍御史、膳部員外郎，出爲忠州刺史。」

唐代宗廣德二年（764）甲辰

＊顏眞卿　御史大夫（兼）

《舊書》卷一一《代宗紀》：「廣德……二年春正月……癸卯，尚書右丞顏眞卿爲刑部尚書、兼御史大夫，充朔方宣慰使。」《元龜》卷一三六：「廣德二年正月以尚書右丞顏眞卿爲刑部尚書兼御史大夫充朔方宣慰使。」

＊裴冕　御史大夫（兼）

《舊書》卷一一《代宗紀》：廣德二年「二月己巳朔，以澧州刺史裴冕爲左僕射兼御史大夫，充東都、河南、江南、淮南轉運使。」

＊李峴　御史大夫（兼）

《舊書》卷一一《代宗紀》：「廣德二年……九月……辛西，以太子詹事李峴爲吏部尚書、兼御史大夫，知江南東西及福建道選事，並觀農宣慰使。」

＊王翊　御史大夫

據《通鑑》卷二二三，「廣德元年……九月，御史大夫王翊使迴紇還。」又「永泰元年……夏，四月，丁丑，命御史大夫王翊充諸道稅錢使。」王翊廣德元年（763）至永泰元年（765）任御史大夫，則其本年應在御史大夫任。

＊李光進　御史大夫（兼）

《舊書》卷一一○《李光弼傳》：「廣德初，吐蕃入寇京畿，……二年正月，……以光進爲太子太保、兼御史大夫、涼國公、渭北節度使。」

＊暢璀　御史大夫（兼）

《舊書》卷一一一本傳：「暢璀，河東人也。鄉舉進士。……至德初，肅宗即位，大收俊傑，或薦璀，召見悅之，拜諫議大夫。……廣德二年十二月，

爲散騎常侍、河中尹，兼御史大夫。」

＊郭晞　御史大夫（加）

《舊書》卷一二〇《郭子儀傳‧子晞附傳》：「晞，子儀第三子。少善騎射，常從父征伐。初以戰功授左贊善大夫，……廣德二年，僕固懷恩誘吐蕃、迴紇入寇，加晞御史中丞，領朔方軍以援邠州，與馬璘合勢，大破蕃軍。其年冬，……詔加御史大夫。」

＊郭晞　御史中丞（加）

《舊書》卷一二〇《郭子儀傳‧子晞附傳》：「晞，子儀第三子。少善騎射，常從父征伐。初以戰功授左贊善大夫，……廣德二年，僕固懷恩誘吐蕃、迴紇入寇，加晞御史中丞。」

＊王延昌　御史中丞

胡三省注《通鑑》卷二三九元和十一年十一月引宋白曰：「廣德二年九月，命御史中丞兼戶部侍郎王延昌充左巡使，御史中丞源休充右巡使。」

＊源休　御史中丞

胡三省注《通鑑》卷二三九元和十一年十一月引宋白曰：「廣德二年九月，命御史中丞兼戶部侍郎王延昌充左巡使，御史中丞源休充右巡使。」

＊杜冕　御史中丞（兼）　廣德二年（764）～永泰元年（765）

《墓誌彙編》大曆〇七八《大唐故試大理正兼河南府告成縣令河東裴公墓誌銘並序》：「公諱適，字通玄，……鄜坊節度使兼御史中丞杜冕奏知軍糧，蒙敕授試僕寺丞，轉左衛長史。……以大曆十三年戊午冬十一月癸卯八日庚戌遇疾，終於東都崇政坊之里第。」據《唐方鎮年表》，杜冕於廣德二年（764）至永泰元年（765）任鄜坊節度使兼御史中丞。

＊劉長卿　殿中侍御史

《全文》卷三四六劉長卿《祭蕭相公文》：「殿中侍御史劉長卿，……謹以清酌庶羞之奠，敬祭於故江州刺史相公蕭公之靈……」《劉長卿詩編年箋注》卷《奉使鄂渚至烏江道中作》：「滄洲不復戀魚竿，白髮那堪戴鐵冠。客路向南何處是，蘆花千里雪漫漫。」傅璇琮《唐五代文學編年史‧中唐卷》

「廣德二年」條考劉長卿本年爲淮南從事，官殿中侍御史，從之。

＊喬琳　殿中侍御史　廣德二年（764）～大曆三年（768）

《舊書》卷一二七本傳：「喬琳，太原人。……天寶初，舉進士，補成武尉，累授興平尉。朔方節度郭子儀辟爲掌書記，尋拜監察御史。……改殿中侍御史，充山南節度張獻誠行軍司馬。使罷，爲劍南東川節度鮮于叔明判官。改檢校駕部郎中、果綿逐三州刺史、兼御史中丞。」《唐方鎮文職僚佐考》考張獻誠廣德二年至大曆三年任山南西道節度使，殿中侍御史、充張獻誠行軍司馬在此期間。

＊李芃　監察御史（兼）

《舊書》卷一三二本傳：「李芃字茂初，趙郡人也。解褐上邽主簿，三遷試大理評事，攝監察御史、山南東道觀察支使。……李勉爲江西觀察使，署奏秘書郎、兼監察御史，爲判官。……永泰初，轉兼殿中侍御史。」《唐方鎮年表》卷五：「廣德二年，李勉爲江西觀察使。」李芃攝監察御史入李勉幕府。

唐代宗永泰元年（765）　　乙巳

廣德三年正月癸卯朔，改元永泰。《舊書》卷一一《代宗紀》。

＊第五琦　御史大夫（兼）

《會要》卷六一「館驛使」：「貞元二年三月，河南尹、充河南水陸運使薛玨奏：『當府館驛，准永泰元年三月京兆尹兼御史大夫第五琦奏，使人緣路。無故不得於館驛淹留……』」

＊王翊　御史大夫

《通鑑》卷二二三：「永泰元年……夏，四月，丁丑，命御史大夫王翊充諸道稅錢使。」

＊郭英乂　御史大夫（兼）

《舊書》卷一一《代宗紀》：「永泰元年……五月癸丑，以尚書右僕射、定襄郡王郭英乂爲成都尹、御史大夫，充劍南節度使。」

＊李涵　御史大夫（兼）

《元龜》卷一三六：「永泰元年七月，遣尚書左丞李涵以本官兼御史大夫於河北道宣慰。」

＊路嗣恭　御史大夫（兼）

《舊書》卷一二二本傳：「路嗣恭，京兆三原人。始名劍客，歷仕郡縣，有能名，累至神烏令，考績上上，爲天下最，以其能，賜名嗣恭。歷工部尚書、兼御史大夫、靈州大都督府長史，充關內副元帥郭子儀副使，知朔方節度營田押諸蕃部等使，嗣恭披荊棘以守之。大將御史中丞孫守亮握重兵，倔強不受制，嗣恭稱疾召至，因殺之，威信大行。」同書《代宗紀》：「（永泰元年）閏十月……戊申，以刑部侍郎路嗣恭檢校工部尚書、兼御史大夫、靈州大都督府長史，充關內副元帥，兼知朔方節度等使。」又同書卷一九五《迴紇傳》：「永泰元年秋，……時太子太保李光進、兼御史大夫路嗣恭戎裝介馬在子儀之側，子儀指視迴紇曰：『此是渭北節度李太保。』」《全詩》卷二二七杜甫《送路六侍御入朝》：「童稚情親四十年，中間消息兩茫然。……劍南春色還無賴，觸忤愁人到酒邊。」路六，即路嗣恭。《全文》卷四一二常袞《授路嗣恭京兆少尹制》：「中散大夫守太子左庶子兼御史中丞充關內副元帥判官路嗣恭，蘊其才略，資以幹能，中外累更，政聲尤異。……可兼京兆少尹。」云路嗣恭爲御史中丞，與《舊書》異，暫繫於此，以俟高明。

＊孫守亮　御史中丞

《舊書》卷一二二本傳：「路嗣恭，京兆三原人。……累至神烏令，考績上上，爲天下最，以其能，賜名嗣恭。歷工部尚書、兼御史大夫、靈州大都督府長史，充關內副元帥郭子儀副使，知朔方節度營田押諸蕃部等使，嗣恭披荊棘以守之。大將御史中丞孫守亮握重兵，倔強不受制，嗣恭稱疾召至，因殺之，威信大行。」

＊孟皞　御史中丞（兼）

《全文》卷四一二常袞《授孟皞京兆尹制》：「……正議大夫守汝州刺史兼御史中丞知本州營田上柱國平昌縣開國男賜紫金魚袋孟皞，端一簡亮，外寬內肅，兼文行忠信之美，達禮樂刑政之要。……可守京兆尹，依前兼御史中丞，仍充勾當神策軍糧料及木炭等使，散官勳封賜如故。」《元次山文集》

卷四《題孟中丞茅閣》：「小山爲郡城，隨水能縈紆。……請達謠頌聲，願公且踟躕。」孟中丞，即孟皞。孟皞，自廣德二年至大曆元年鎮湖南，參見岑仲勉《唐方鎮年表正補》（《唐方鎮年表》第 1531 頁）、《姓纂四校記》（《姓纂》卷九第 1339 頁）。

＊陳少游　御史中丞（兼）

《舊書》卷一二六本傳：「至德中，河東節度王思禮奏爲參謀，累授大理司直、監察、殿中侍御史、節度判官。寶應元年，入爲金部員外郎，尋授侍御史、迴紇糧料使，改檢校職方員外郎。充使檢校朗官，自少游始也。明年，僕固懷恩奏爲河北副元帥判官、兵部郎中、兼侍御史。遷晉州刺史、同州刺史，未視事，又歷晉、鄭二州刺史。……無幾，澤潞節度使李抱玉表爲副使、御史中丞、陳鄭二州留後。永泰二年，抱玉又奏爲隴右行軍司馬，拜檢校左庶子，依前兼中丞。」《舊書》卷一二六本傳云「永泰二年，抱玉又奏爲隴右行軍司馬」，則陳少游任澤潞節度副使、御史中丞在永泰二年（766）前。陳少游寶應元年（762）授侍御史，明年（廣德元年，763）「兼侍御史」，又歷晉、鄭二州刺史（764），依時間推算，其任澤潞節度副使、御史中丞應在永泰元年（765）。

＊渾瑊　御史中丞（加）　　永泰元年（765）～大曆元年（766）

《舊書》卷一三四本傳：「渾瑊，臯蘭州人也。……及懷恩謀亂，……爲朔方行營左廂兵馬使。從子儀討吐蕃於邠州，以功加御史中丞。」《舊書》卷一二○《郭子儀傳》：「永泰元年……八月，僕固懷恩誘吐蕃、迴紇、党項、羌、渾、奴剌，山賊任敷、鄭庭、郝德、劉開元等三十餘萬南下，先發數萬人掠同州。」

顏允臧　侍御史（兼）　廣德三年十月

顏眞卿《朝請大夫行江陵少尹兼侍御史荊南行軍司馬上柱國顏君神道碑銘》：「君諱允臧，字季寧，京兆長安人。授延昌令。肅宗聞君誠，至德初，追赴彭原行在所，拜監察御史，賜緋魚袋。……二年秋八月，遷殿中侍御史，……京城收，與崔禕銜命宣撫，都人大悅，出爲櫟陽令，遷侍御史。……轉大理正。寶應中，復拜侍御史兼太子中允。廣德三年冬十月，拜江陵少尹，又兼侍御史、荊南行軍司馬。」又見《題名考》卷三「碑左側題名」顏允臧。

*蔣晁　侍御史

　　獨孤及《毗陵集》卷一六《送蔣員外奏事畢還揚州序》：「揚州牧趙國崔公，使其部從事侍御史吳興蔣晁如京師，條奏官府之廢置、歲月之要會。其來也，吳楚之眾君子，酒而詩之，而薛水部弁、李司直翰雙爲之序，以冠篇首。既將命，趙公拜左僕射，蔣侯加尙書郎之位。」又《全詩》卷二四四韓翊《送蔣員外端公歸淮南》：「淮南芳草色，日夕引歸船。御史王元晲，郎官顧彥先。」員外，即尙書郎、尙書員外郎；端公，唐稱侍御史爲端公。《通鑑》卷二二三：「永泰元年……三月，壬辰朔，命左僕射裴冕、右僕射郭英乂等文武之臣十三人於集賢殿待制。」胡三省注引宋白曰：「是年，……詔禮部侍郎賈至……集賢待制。」《全文》卷三六八賈至《送蔣十九丈奏事畢正拜殿中歸淮南幕府序》：「天子以淮海多虞，……命舊相崔公董之。公以封略所覆，澄清是圖，辟柱史蔣公佐之。……於茲五稔，方隅克定。乃朝天闕，將命述職，帝用嘉之，進其命秩。七月流火，言旋幕府，懿親良朋，寵行惜別。……時臨歧贈言，盍各有望，眾君子之志其詩乎？」崔公，即崔圓，上元二年二月鎮淮南，見《舊書·肅宗紀》，至本年五年。綜上考，蔣晁廣德元年在淮南崔圓幕任監察御史，助平袁晁，後收兵歸揚州，永泰元年入朝奏事，授侍御史。《全文》卷三六八賈至《送蔣十九丈奏事畢正拜殿中歸淮南幕府序》云蔣晁拜「殿中」，然《毗陵集》言「侍御史吳興蔣晁」，韓翊《送蔣員外端公歸淮南》詩雲端公」，可知蔣晁應爲侍御史。

*李抱眞　侍御史

　　《毗陵集》卷一五《送澤州李使君兼侍御史充澤潞陳鄭節度副使赴本道序》：「今歲，皇帝擇可以守四方之臣，分命大司徒涼公作藩岐陽，平秩西夏。涼公季弟曰抱眞，……天子器之，……使宅高平，綏厥有眾，董次將之任，且以柱後惠文冠冠之。詔下之日，軍府胥悅。」《通鑑》卷二二三：「永泰元年……春正月，……戊申，加陳鄭、澤潞節度使李抱玉鳳翔、隴右節度使，以其從弟殿中少監抱眞爲澤潞節度副使。」涼公，即李抱玉，李抱眞爲其季弟。

*劉灣　侍御史

　　《唐詩紀事》卷二五：「劉灣，字靈源，彭城人，天寶進士。天寶之亂，以侍御史居衡陽。元結《送王契佐卿入蜀序》曰：『與佐卿去者有清河崔異，

與次山住者有彭城劉灣，相醉相留，幾日江畔。』」《元次山文集》卷七《劉侍御月夜宴會序》：「兵興以來，十一年矣，……乙巳歲，彭城劉靈源在衡陽，逢故人或有在者，……籲戲！文章道喪，蓋久矣。時之作者，煩雜過多，歌兒舞女，且相喜愛，繫之風雅，誰道是耶？諸公嘗欲變時俗之淫靡，爲後生之規範，今夕豈不能道達情性，成一時之美乎？」

*杜濟　侍御史（兼）

《全文》卷四一三常袞《授杜濟東川防禦使制》：「太中大夫檢校尚書駕部郎中兼侍御史充山南劍邛副元帥判官勾當劍南東川事賜紫金魚杜濟，……」杜濟大曆元年任梓州刺史兼御史中丞，其兼侍御史應在本年及稍前時間。

*張翃　殿中侍御史

《墓誌彙編》建中○○一《唐故郴州刺史贈持節都督洪州諸軍事洪州刺史張府君墓誌銘並序》：「公諱翃，字逸翰，安定人也。……天寶中，……屬中原喪亂，隨侍板輿，……時干戈未彌，……吏部侍郎王公特爲拜監察御史，轉殿中侍御史，遷屯田員外郎。」《唐僕尚丞郎表》卷三（第 137～139 頁）考王延昌永泰元年（765）至大曆三年（768）爲吏部侍郎，《墓誌》云王公，應爲王延昌。張翃任殿中侍御史應在大曆初。

*李芃　殿中侍御史（兼）

《舊書》卷一百三十二《李芃傳》：「李芃字茂初，趙郡人也。解褐上邽主簿，三遷試大理評事，攝監察御史、山南東道觀察支使。嚴武爲京兆尹，舉爲長安尉。李勉爲江西觀察使，署奏秘書郎、兼監察御史，爲判官。永泰初，轉兼殿中侍御史。」

*元偉　殿中侍御史　永泰元年（765）～大曆四年（769）

《全詩》卷一八七韋應物《早春對雪，寄前殿中元侍御》：「掃雪開幽徑，端居望故人。……聞閒且共賞，莫待繡衣新。」傅璇琮《韋應物繫年考證》考韋應物於永泰元年～大曆四年任洛陽丞，後散居洛陽。《全詩》卷一八七《同德寺雨後，寄元侍御、李博士》，同卷《同德閣期元侍御、李博士不至，各投贈二首》等。《韋應物集》卷五《酬元偉過洛陽夜宴》，知元侍御爲元偉，時任殿中侍御史。

＊盧杞　殿中侍御史

《舊書》卷一三五本傳：「盧杞，字子良，故相懷慎之孫。父奕，天寶末爲東臺御史中丞；洛城爲安祿山所陷，奕守司而遇害。……朔方節度使僕固懷恩辟爲掌書記、試大理評事、監察御史，以病免。入補鴻臚丞，遷殿中侍御史、膳部員外郎，出爲忠州刺史。……貌陋而色如藍，人皆鬼視之。不恥惡衣糲食，人以爲能嗣懷慎之清節，亦未識其心，頗有口辯。出爲虢州刺史。建中初，徵爲御史中丞。」

霍按：廣德元年，僕固懷恩辟盧杞爲掌書記、試大理評事、監察御史，未之任。其轉殿中侍御史約在永泰元年及稍後。又《舊書・盧杞傳》載，「遷殿中侍御史、膳部員外郎，出爲忠州刺史，至荊南，謁節度使衛伯玉，伯玉不悅。」衛伯玉於廣德元年至大曆十一年爲荊南節度使，故盧杞任殿中侍御史應在永泰元年，或大曆初。

＊王　御史

《全詩》卷一八七韋應物《贈王侍御》：「心同野鶴與塵遠，詩似冰壺見底清。……自歎猶爲折腰吏，可憐驄馬路傍行。」孫望先生《韋應物詩集繫年校箋》繫此詩爲韋應物廣德二年至大曆四年詩作，王侍御，名不詳。

＊張翃　監察御史

《墓誌彙編》建中○○一《唐故郴州刺史贈持節都督洪州諸軍事洪州刺史張府君墓誌銘並序》：「公諱翃，字逸翰，安定人也。……天寶中，……屬中原喪亂，隨侍板輿，……時干戈未彌，……吏部侍郎王公特爲拜監察御史，轉殿中侍御史，遷屯田員外郎。」

《唐僕尙丞郎表》卷三（第 137～139 頁）考王延昌永泰元年（765）至大曆三年（768）爲吏部侍郎，《墓誌》云王公，應爲王延昌。張翃任監察御史應在此期間。

＊趙涓　監察御史

《舊書》卷一三七本傳：「趙涓，冀州人也。幼有文學。天寶初，舉進士，補鄽城尉，累授監察御史、右司員外郎。河南副元帥王緒奏充判官，授檢校兵部郎中、兼侍御史，遷給事中、太常少卿，出爲衢州刺史。……永泰初，涓爲監察御史。……德宗時在東宮，常感涓之究理詳細，及刺衢州，年

考既深，又與觀察使韓滉不相得，滉奏免涓官，德宗見其名，謂宰臣曰：『豈非永泰初御史趙涓乎？』」

＊孫成　監察御史

《舊書》卷一九〇《文苑傳中·孫逖傳附子成傳》：「成字退思，以父蔭累授雲陽、長安尉，歷監察御史，轉殿中。」《毗陵集》卷一五《送孫侍御赴鳳翔幕府序》：「右扶風之地，枕跨隴蜀，扼秦西門，帝命司徒，爲唐方叔。開府之日，搜賢自貳，於是孫侯以監察御史領司徒掾。夫子卿族也，用文學纘緒，而兄弟皆材。……二月丙午，乘傳詣部，人謂扶風於是乎有三幸。獲白額而南山有採藜藋者，一幸也，（先是司徒於南山擒賊帥高玉）；今夫操兵者如虎，而司徒仁而愛人，二幸也；其府君則賢，其幕府多士，而孫侯懿之以文德，三幸也。」《千唐誌齋藏志》卷九五〇《孫成墓誌》：「烈考刑部侍郎、贈右僕射文公諱逖，……君即文公之第三子也，……拜監察御史，時李涼公作鎮汧岐，……遂辟爲隴右節度判官，兼掌書記。……尋轉殿中侍御史，依前充判官。」可知，司徒，即涼公李抱玉。孫侍御，即孫成。

＊裴胄　監察御史

《舊書》卷一二二本傳：「裴胄字胤叔，其先河東聞喜人，……胄明經及第，……隴右節度李抱玉奏授監察御史，不得意，歸免。陳少游爲宣歙觀察，復辟在幕府，抱玉怒，奏貶桐廬尉。」據《唐方鎮文職僚佐考》，李抱玉永泰元年（765）至大曆五年（770）任隴右節度使，陳少游大曆元年（766）爲宣歙觀察史。裴胄在李抱玉幕不得意，旋轉陳少游幕府，則裴胄任監察御史應在永泰元年。

唐代宗永泰二年　大曆元年（766）丙午

永泰二年……十一月……甲子，日長至，上御含元殿，下制大赦天下，改永泰二年爲大曆元年·《舊書》卷一一《代宗紀》。

＊王翊　御史大夫

據《通鑑》卷二二三：「永泰元年……夏，四月，丁丑，命御史大夫王翊充諸道稅錢使。」又據《舊書》卷一一《代宗紀》：「大曆……二年……六月……癸卯，御史大夫王翊卒。」知王翊本年在御史大夫任。

*崔圓　御史大夫（兼）

《舊書》卷一〇八《崔圓傳》：「肅宗即位，玄宗命圓同房琯、韋見素並赴肅宗行在所，……拜揚州大都督府長史、淮南節度觀察使，加檢校右僕射、兼御史大夫，轉檢校左僕射知省事。」《舊書》卷一一《代宗紀》：「永泰……二年……六月戊戌，以淮南節度使崔圓檢校尚書右僕射。」《舊書》本傳云崔圓「加檢校右僕射、兼御史大夫」應在此時。戴偉華《唐方鎮文職僚佐考》考崔圓上元二年（761）至大曆三年（768）任淮南節度觀察處置等使。

*陽濟　御史中丞（兼）

《舊書》卷一九六《吐蕃傳下》：「永泰二年二月，命大理少卿兼御史中丞楊濟修好於吐蕃。」《全詩》卷二一〇皇甫曾《送湯中丞和蕃》：「繼好中司出，天心外國知。已傳堯雨露，更說漢威儀。……春草鄉愁起，邊城旅夢移。莫嗟行遠地，此去答恩私。」同前卷二四八郎士元《送楊中丞和蕃》：「錦車登隴日，邊草正萋萋。……漢壘今猶在，遙知路不迷。」《墓誌彙編》貞元〇七〇《唐故鴻臚少卿貶明州司馬北平陽府君（濟）墓誌銘並序》：「後拜大理少卿。西戎叛擾，又加御史中丞，持節和蕃。」字作陽，楊、湯均形誤。參傅璇琮主編《唐五代文學編年史·中唐卷》「永泰二年」條。

*李進　御史中丞（兼）

《舊書》卷一二八《顏真卿傳》：「代宗嗣位，……真卿上疏曰：『御史中丞李進等傳宰相語，稱奉進止：緣諸司官奏事頗多，朕不憚省覽，但所奏多挾讒毀。自今論事者，諸司官皆須先白長官，長官白宰相，宰相定可否，然後奏聞者。』」《舊書》卷一九五《迴紇傳》：「寶應元年，代宗初即位，……給事中李進兼御史中丞，充元帥行軍司馬，東會迴紇登里可汗營於陝州黃河北。」《通鑒》卷二二四系李進事在大曆元年二月。

*陳少游　御史中丞

《舊書》卷一二六本傳：「……無幾，澤潞節度使李抱玉表為副使、御史中丞、陳鄭二州留後。永泰二年，抱玉又奏為隴右行軍司馬，拜檢校左庶子，依前兼中丞。」

*段秀實　御史中丞

《舊書》卷一二八本傳：「大曆元年，馬璘奏加（段秀實）開府儀同三

司，……璘城涇州，秀實掌留後，歸還，加御史中丞。」《新書》卷一五三《段秀實傳》：「始，璘城涇州，秀實爲留後，以勞加御史中丞。大曆三年，遂徙涇州。」

＊龐充　御史中丞

《舊書》卷一一四《周智光傳》：「永泰二年十二月，智光專殺前虢州刺史、兼御史中丞龐充。」

＊杜濟　御史中丞（兼）　大曆元年（766）～大曆二年（767）

《全文》卷三四四顏眞卿《京兆尹御史中丞梓遂杭三州刺史劍南東川節度使杜公神道碑銘》：「公諱濟，字應物，京兆杜陵人。……大曆初，杜鴻漸分蜀爲東西川，公爲副元帥判官，知東川節度。拜大中大夫、綿劍梓遂渝合龍普等州都防禦使、梓州刺史兼御史中丞。」又見《墓誌彙編》大曆○五五《唐京兆尹兼中丞杭州刺史劍南東川節度使杜公墓誌銘》（顏眞卿撰）。《全文》卷四一三《授杜濟東川防禦使制》：「太中大夫、檢校尚書駕部郎中兼侍御史、充山南劍邛副元帥判官、勾當劍南東川事、賜紫金魚杜濟，……可使持節梓州諸軍事、守梓州刺史兼御史中丞、充劍南東川防禦使，散官賜如故。」

＊黎幹　御史中丞（兼）

《墓誌彙編》貞元○三四《唐故銀青光祿大夫尚書兵部侍郎壽春郡開國公黎公墓誌銘並序》：「公諱幹，字貞固，壽春人也。……建置南都，遂詔授殿中侍御史，荊南等十八州節度行軍司馬，江陵少尹，遷京兆少尹，尋拜諫議大夫。……寶應之後，……授公檢校京兆少尹兼御史中丞。……上嘉休公績，眞拜京兆尹兼御史大夫，加銀青光祿大夫，爵爲壽春縣開國男。」《唐僕尚丞郎表》卷四（第267頁）考大曆二年（767）黎幹由京兆尹轉爲刑部侍郎，則其檢校京兆少尹兼御史中丞約在大曆元年（766）或稍前。

＊岑參　侍御史（兼）

《全文》卷四五九《岑嘉州集序》：「副元帥，相公杜公鴻漸，表公職方郎中兼侍御史，列於幕府。」《舊書·杜鴻漸傳》：「永泰元年十月，……西蜀大亂，明年二月，名鴻漸以宰相兼充山、劍副元帥，劍南西川節度使，以平蜀亂。」《岑嘉州集》卷三《奉和杜相公初發京城作》，杜鴻漸於二月受命，岑參詩題中「夏」當爲衍字。

＊甄濟　侍御史（兼）

《舊書》卷一八七《忠義傳下・甄濟傳》：「寶應初，拜刑部員外郎。魏少游奏授著作郎、兼侍御史，終於襄州。……元和中，襄州節度使袁滋奏其節行，詔曰：『……故朝散大夫、秘書省著作郎、兼侍御史甄濟，早以文雅，見稱於時。嘗因辟召，亦佐戎府。……可贈秘書少監。』」《新書》卷一九四《卓行》：「甄濟字孟成，……天寶十載以左拾遺召，未至而安祿山入朝，求濟於玄宗，授范陽掌書記。……大曆初，江西節度使魏少游表爲著作郎、兼侍御史，卒。」

＊韋光裔　殿中侍御史

《舊書》卷一一本紀一一《代宗紀》：「永泰二年……五月丙辰，稅青苗地錢使、殿中侍御韋光裔諸道稅地回，是歲得錢四百九十萬貫。自乾元已來，天下用兵，百官俸錢折，乃議於天下地畝青苗上量配稅錢，命御史府差使徵之，以充百官俸料。每年據數均給之，歲以爲例程。」同書卷四八「食貨上」：「永泰……二年五月，諸道稅地錢使、殿中侍御史韋光裔等自諸道使還，得錢四百九十萬貫。」

＊皇甫曾　監察御史

《新書》卷二〇二《文藝傳中》：「皇甫冉字茂政，十歲便能屬文，張九齡歎異之。與弟曾皆善詩。……曾字孝常，歷監察御史。其名與冉相上下，當時比張氏景陽、孟陽云。」《全詩》卷二一〇皇甫曾《送湯中丞和蕃》。《舊書・吐蕃傳》：「永泰二年二月，命大理少卿兼御史中丞楊濟修好於吐蕃。」知此詩作於永泰二年，參見傅璇琮《唐五代文學編年史・中唐卷》「大曆元年」條。唐代侍御史曰端公，殿中侍御史、監察御史曰侍御，《全詩》均稱皇甫曾爲侍御，可知皇甫曾應爲監察御史。又《全詩》卷二〇七李嘉祐《酬皇甫十六侍御曾見寄》詩，同卷另有皎然《送皇甫侍御曾還丹陽別業》、《同顏魯公泛舟送皇甫侍御曾》詩。同書卷七八八有顏眞卿、陸羽等《三言喜皇甫曾侍御見過南樓玩月》，同書卷七九四有皎然、李縱等《建安寺夜會，對雨懷皇甫侍御曾聯句》。同書卷八一八皎然《雜言重送皇甫侍御曾》：「人獨歸，日將暮。孤帆帶孤嶼，遠水連遠樹。難作別時心，還看別時路。」

＊孔巢父　監察御史

《舊書》卷一五四本傳：「大曆初，澤潞節度使李抱玉奏爲賓幕，累授監察御史，轉殿中、檢校庫部員外郎，出授歸州刺史。」

唐代宗大曆二年（767）　丁未

＊李勉　御史大夫

《舊書》卷一三一本傳：「至德初，從至靈武，拜監察御史。……勉不爲之屈，竟爲所抑，出歷汾州、虢州刺史，改京兆尹、檢校右庶子、兼御史中丞、都畿觀察使。……大曆二年，來朝，拜京兆尹、兼御史大夫，政尚簡肅。」《新書》卷一三一《李勉傳》：「李勉字玄卿，鄭惠王元懿曾孫。……勉少喜學，內沉雅，外清整。始調開封尉。……從肅宗於靈武，擢監察御史。時武臣崛興，無法度，大將管崇嗣背闕坐，笑語嘩縱，勉劾不恭，帝歎曰：『吾有勉，乃知朝廷之尊！』遷司膳員外郎。……入爲京兆尹兼御史大夫。」

＊魏少游　御史大夫（兼）

《舊書》卷一一本紀一一《代宗紀》：「大曆……二年……夏四月己亥，以江南西道都團練觀察等使、洪州刺史李勉爲京兆尹刑部侍郎魏少游爲洪州刺史，刑部侍郎魏少游爲洪州刺史、兼御史大夫、江西觀察團練等使。庚子，宰臣內侍魚朝恩與吐蕃同盟於興唐寺第。」同書卷一一五本傳：「魏少游，鉅鹿人也，早以吏幹知名。……大曆二年四月，出爲洪州刺史、兼御史大夫、充江南西道都團練觀察等使。」

＊王翊　御史大夫

《舊書》卷一一《代宗紀》：「大曆……二年……六月……癸卯，御史大夫王翊卒。」《舊書》卷一六五《王正雅傳》：「伯父翊，代宗朝御史大夫，以貞克鯁直名於當代，卒謚曰忠惠。」

＊敬括　御史大夫（兼）

《舊書》卷一一五本傳：「敬括，河東人也。少以文詞稱。鄉舉進士，又應制登科，再遷右拾遺、內供奉、殿中侍御史。……大曆初，叛臣周智光伏誅，詔選循良爲近輔，以括爲同州刺史。歲餘，入爲御史大夫。」又同書卷

一一四《周智光傳》：「大曆二年正月，……又以大理卿敬括爲同州刺史、兼御史大夫、長春宮等使。」又見《全文》卷三五四小傳。

*張仲光　御史大夫（兼）

《舊書》卷一一四《周智光傳》：「大曆二年正月，……乃以兵部侍郎張仲光爲華州刺史、兼御史大夫、潼關防禦使。又以大理卿敬括爲同州刺史、兼御史大夫、長春宮等使。……丁卯，梟智光首於皇城之南街，二子腰斬以示眾。判官監察御史邵貢、都虞候蔣羅漢並伏誅。」

*徐浩　御史大夫（兼）　大曆二年（767）～大曆三年（768）

《舊書》卷一三七本傳：「……代宗徵拜中書舍人、集賢殿學士，尋遷工部侍郎、嶺南節度觀察使、兼御史大夫，又爲吏部侍郎、集賢殿學士。坐以妾弟冒選，託侍郎薛邕注授京尉，爲御史大夫李棲筠所彈，坐貶明州別駕。」《唐僕尚丞郎表》卷四考徐浩大曆二年（767）五月二十五日由工部侍郎出爲嶺南節度使。同書卷三考大曆三年（768）冬徐浩由嶺南節度遷吏部侍郎。今從嚴先生之說。

*渾瑊　御史大夫（兼）

《舊書》卷一三四本傳：「華州周智光反，郭子儀奉詔討之，令瑊領步兵萬人攻下同州。智光平，……歲餘，加兼御史大夫。」《舊書》卷一二〇《郭子儀傳》：「大曆元年十二月，華州節度使周智光殺監軍張志斌謀叛。……同華將吏……乃斬智光父子。二年二月，子儀入朝，」

*薛景仙　御史大夫（兼）

《舊書》卷一九六《吐蕃傳上》：大曆二年「……十一月，和蕃使、檢校戶部尚書、兼御史大夫薛景仙自吐蕃使還。」

*黎幹　御史大夫（兼）

《墓誌彙編》貞元〇三四《唐故銀青光祿大夫尚書兵部侍郎壽春郡開國公黎公墓誌銘並序》：「公諱幹，字貞固，壽春人也，……建置南都，遂詔授殿中侍御史，荊南等十八州節度行軍司馬，江陵少尹，遷京兆少尹，尋拜諫議大夫。……寶應之後，……授公檢校京兆少尹兼御史中丞。……上嘉休公績，眞拜京兆尹兼御史大夫，加銀青光祿大夫，爵爲壽春縣開國男。」《唐

僕尙丞郎表》卷四（第 267 頁）考大曆二年（767）黎幹由京兆尹轉爲刑部侍郎。

＊崔寬　御史中丞

《通鑑》卷二二四：「大曆二年……秋，七月，丙寅，……旰復斂以賂權貴，元載擢旰弟寬至御史中丞，寬兄審至給事中。」《舊書》卷一一七《崔寧傳》：「大曆二年，……授寧西川節度使。……令弟寬留京師。元載及諸子有所欲，寬恣與之，故寬驟歷御史知雜事、御史中丞。」《舊書》卷一一九《楊綰傳》：「綰素以德行著聞，質性貞廉，車服儉樸，居廟堂未數月，人心自化。御史中丞崔寬，劍南西川節度使寧之弟，家富於財，有別墅在皇城之南，池館臺樹，當時第一，寬即日潛遣毀拆。」

＊李芃　侍御史（兼）

《舊書》卷一三二本傳：「李勉爲江西觀察使，署奏秘書郎、兼監察御史，爲判官。……永泰初，轉兼殿中侍御史。……芃攝行州事，無幾，乃兼侍御史。居無何，魏少游代勉爲使。……丁母憂，免喪，永平軍節度李勉署奏檢校工部郎中、兼侍御史，爲判官，尋攝陳州刺史。……德宗嗣位，授檢校太常少卿、兼御史中丞、河陽三城鎮遏使。」《唐方鎮年表》卷五載，大曆二年，魏少游代李勉爲江西觀察使。李芃兼侍御史在此稍前。

＊崔寬　侍御史知雜

《舊書》卷一一七《崔寧傳》：「大曆二年，……授寧西川節度使。……令弟寬留京師。元載及諸子有所欲，寬恣與之，故寬驟歷御史知雜事、御史中丞。」

＊王錫　殿中侍御史　大曆二年（767）～大曆十一年（776）

《全文補編》卷五五王錫《頓悟大乘正理決敍》，原署：前河西觀察判官朝散大夫殿中侍御史王錫撰。

＊李明達　御史　大曆二年（767）～大曆十一年（776）

《全文補編》卷一三八《唐宗子隴西李氏再修功德記》：「亡兄河西節度衙推兼觀察御史明達。」

＊邵賁　監察御史

　　《舊書》卷一一四《周智光傳》：「大曆二年正月，……又以大理卿敬括爲同州刺史、兼御史大夫、長春宮等使。……丁卯，梟智光首於皇城之南街，二子腰斬以示眾。判官監察御史邵賁、都虞候蔣羅漢並伏誅。」

唐代宗大曆三年（768）戊申

＊崔渙　御史大夫

　　《舊書》卷一一《代宗紀》：「大曆三年……八月……戊辰，邠寧節度使馬璘破吐蕃二萬於邠州。御史大夫崔渙爲稅地青苗錢使，給百官俸錢不平，詔尚書左丞蔣渙按鞫，貶崔渙爲道州刺史。」同書卷一〇八本傳：「肅宗靈武即位。八月，與左相韋見素、同平章事房琯、崔圓同齎冊赴行在。……乾元三年正月，轉大理卿。再遷吏部侍郎、檢校工部尚書、集賢院待詔。性尚簡澹，不交世務，頗爲時望所歸。遷御史大夫，加稅地青苗錢物使。……大曆三年十二月壬寅，以疾終。」《全文》卷七八四穆員《相國崔公墓誌銘》：「皇唐相國博陵公姓崔氏，諱渙字某。……以大曆三年冬十有二月二日薨於道州刺史之寢。……天寶中歷屯田左司二員外郎，出爲歙州刺史，換綿州，錫金印紫綬。大駕南巡，……擢拜門下侍郎平章事。靈武接位，與上宰房公奉冊書國璽，唯新景命。是時也，中原有羿浞之亂，東南有吳濞之釁。……公仗節督護河南、山南、江南、淮南之地。……望高寄重。怙寵者排之，降左常侍，領杭州刺史，俄轉常州，徵拜秘書監、太子賓客、大理卿。坐失繫囚移信王府傅，轉尚書左右丞、吏部侍郎、御史大夫。」又見《新書》卷一二〇《崔渙傳》。

＊馬璘　御史大夫（兼）

　　《全文》卷四六《加馬璘實封制》：「四鎮北庭行軍兼涇原等州節度使開府儀同三司檢校工部尚書兼御史大夫上柱國扶風郡王馬璘，……可加實封二百戶。」

＊崔寧（旰）　御史大夫（兼）

　　《舊書》卷一一《代宗紀》：「大曆……三年……夏四月……壬寅，……劍南西川節度使、兼御史大夫崔旰來朝。……五月……戊辰，以劍南西川節

度使崔旰檢校工部尚書，改名寧。」崔旰，即崔寧。

＊韋元甫　御史大夫

《舊書》卷一一《代宗紀》：大曆三年閏六月「……庚申，宰臣充河南副元帥王縉兼幽州節度使。以尚書右丞韋元甫揚州大都督府長史、兼御史大夫，充淮南節度觀察等使。」《舊書》卷一一五本傳：「韋元甫，少修謹，敏於學行。初任滑州白馬尉，以吏術知名。……大曆初，宰臣杜鴻漸首薦之，徵為尚書右丞。會淮南節度使缺，鴻漸又薦堪當重寄，遂授揚州長史、兼御史大夫、淮南節度觀察等使。」

＊李涵　御史大夫（兼）

《舊書》卷一一《代宗紀》：大曆三年閏六月「……丁卯，以幽州節度副使、試太常卿朱希彩知幽州留後，遣兵部侍郎李涵兼御史大夫，使河北宣慰，以幽州亂故也。」

＊李棲筠　御史中丞（兼）

《舊書》卷一一《代宗紀》：「大曆……三年……二月己卯，以常州刺史李棲筠為蘇州刺史、兼御史中丞、浙西團練觀察使。」

＊歸崇敬　御史中丞

《會要》卷九五「新羅」：「大曆二年，憲英卒，冊立其子幹運為王。三年二月。命倉部郎中歸崇敬兼御史中丞。持節冊命。」《全詩》卷二一〇皇甫曾《送歸中丞使新羅》：「南幰銜恩去，東夷泛海行。天遙辭上國，水盡到孤城。」同書卷二五〇有皇甫冉《送歸中丞使新羅》、卷二六九有耿湋《送歸中丞使新羅》（一本題下有冊立弔祭四字）、卷二九五有吉中孚《送歸中丞使新羅冊立弔祭》詩。《毗陵集》卷一五《送歸中丞使新羅弔祭冊立序》。歸中丞，即歸崇敬。

＊張獻恭　御史中丞（兼）

《舊書》卷一一《代宗紀》：「大曆……三年……夏四月戊寅，以山南西道節度使、鄧國公張獻誠為檢校戶部尚書，以疾辭位也。右羽林將軍張獻恭為梁州刺史、兼御史中丞，充山南西道節度觀察使，兄獻誠所薦也。」《舊書》卷一二二《張獻誠傳·弟獻恭附傳》：「獻恭，守珪之弟守瑜子。累以軍

功官至試太常卿，兼右羽林將軍，代獻誠爲梁州刺史、兼御史中丞，充山南西道節度觀察使。」

＊李　御史中丞

《杜詩詳注》卷二一《暮春陪李尙書李中丞過鄭監湖亭泛舟》，鶴注：湖在峽州，公往江陵，時過此而同遊也。」杜甫往江陵在大曆三年，當是大曆三年作。李中丞，不詳其名。

＊獨孤愐　侍御史（兼）

《墓誌彙編》大曆○六九《河東節度使檢校尙書左僕射同中書門下平章事金城郡王辛公妻隴西郡夫人贈蕭國夫人李氏墓誌銘並序》（朝散大夫檢校尙書倉部員外郎兼侍御史賜魚袋獨孤愐撰）：「夫人……以大理三年閏六月十五日寢疾於太原順天寺。」

＊李衍　殿中侍御史

《舊書》卷一八四《宦官傳》：「大曆……三年，章敬太后忌日，百僚於興唐寺行香，……朝恩恣口談時政，公卿惕息，戶部郎中相里造、殿中侍御史李衍以正言折之。朝恩不悅，乃罷會。」又見《元龜》卷五一五《憲官部·剛正二》。

＊陸珽　監察御史

《新書·新羅傳》：「大曆初，憲英死，子幹運立，……詔倉部郎中歸崇敬往弔，監察御史陸珽、顧愔爲副冊授之，並母金爲太妃。」《錢考功集》卷五《送陸侍御使新羅二首》，陸侍御，即陸珽。《會要》卷九五「新羅」：「大曆二年，憲英卒，冊立其子幹運爲王。三年二月。命倉部郎中歸崇敬兼御史中丞。持節冊命。」知歸崇敬、陸珽等使新羅在本年。

＊顧愔　監察御史

《新書·新羅傳》：「大曆初，憲英死，子幹運立，……詔倉部郎中歸崇敬往弔，監察御史陸珽、顧愔爲副冊授之，並母金爲太妃。」《全詩》卷二六六顧況《送從兄使新羅》，從兄，即顧愔。《會要》卷九五「新羅」：「大曆二年，憲英卒，冊立其子幹運爲王。三年二月。命倉部郎中歸崇敬兼御史中丞。持節冊命。」知歸崇敬、顧愔等使新羅在本年。

*崔　御史

《杜詩詳注》卷二一《夏日楊長寧宅送崔侍御常正字入京得深字韻》，鶴注：當是大曆三年作。崔侍御，不詳其名，亦不詳其具體任職，錄於此，以俟高明。

*胡　御史

《杜詩詳注》卷二一《宴胡侍御書堂》，原注：李尚書之芳、鄭秘監審同集，得歸字韻。仇注：此大曆三年春江陵作。胡侍御，不詳其名。

*嚴郢　監察御史

《杜詩詳注》卷二一《江陵節度使陽城郡王新樓成，王請嚴侍御判官賦七字句同作》，鶴注：當是大曆三年夏至江陵作。《元龜》卷四一三《將帥部·薦賢》：「李峴爲江陵節度使，監察御史嚴郢坐按申泰芝事，貶建州，後徵復舊官，道由江陵，峴乃署奏行軍司馬，兼領留府。」參見《唐方鎮文職僚佐考》「荊南」條。

*鄭洵　監察御史

《考古》一九九六年第十二期《河南偃師市杏園村唐墓的發掘》載「河東柳識述」《唐故朝議郎行監察御史上柱國鄭府君（洵）墓誌銘並序》：「王師西備犬戎，軍儲是切，詔授太子舍人、兼監察御史，充京西軍糧使。無何，監察正名，使務仍舊。居數月，以直道爲讒巧所嫉，貶岳州阮江縣尉。……以大曆四年三月……終於岳州官舍。」《全詩》卷一四七劉長卿《巡去岳陽卻歸鄂州使院留別鄭洵侍御侍御先曾謫居此州》：「何事長沙謫，相逢楚水秋。暮帆歸夏口，寒雨對巴丘。帝子椒漿奠，騷人木葉愁。惟憐萬里外，離別洞庭頭。」

《新書·藝文志四》：「劉長卿……至德監察御史，以檢校祀部員外郎爲轉運使判官，知淮西鄂岳轉運留後。」詩題云「侍御先曾謫居此州」，且詩云「相逢楚水秋」，知此詩作於大曆三年秋，鄭洵任監察御史約在大曆二年或三年。

唐代宗大曆四年（769）　己酉

*韋之晉　御史大夫

《全文》卷四一三《韋之晉御史大夫制》云「言合精理，文多雅興。學

以潤政，當孔氏之徒；忠而好謀，得兵家之要。百城強猾，服其威懷，薄刑名以宣慈，均賦役而恤隱。」《杜詩詳注》卷二二《哭韋大夫之晉》，鶴注：「此當是大曆四年夏作。題云大夫，則韋在湖南加御史大夫矣。韋卒於潭州，公在衡而作詩哭之。」《杜詩詳注》卷二三《送盧十四弟侍御護韋尚書靈櫬歸上都二十韻》，韋尚書，即韋之晉。《題名考》「碑左側題名」：「韋之□　御史。」疑即其人。

＊李抱眞　御史中丞（兼）

《全詩》卷二一〇皇甫曾《送李中丞歸本道》：「上將還專席，雙旌復出秦。關河三晉路，賓從五原人。孤戍雲連海，平沙雪度春。酬恩看玉劍，何處有煙塵。」《全文》卷七八四穆員《相國義陽郡王李公墓誌銘》：「……公諱抱眞，字太眞。本姓安氏，世爲涼州盛族。……代宗器公之才，……詔兼御史中丞充陳鄭澤潞節度留後。公……罷請留府，願效列郡。優詔從之。拜澤州，換覃懷。……未幾，復統留府之政，累加御史中丞左散騎常侍。」《舊書》卷一三二本傳：「復爲懷澤路觀察使留後，凡八年，抱玉卒，抱眞仍領留後。」據《舊書》卷一三二《李抱玉傳》：「李抱玉……大曆十二年卒。」抱眞「兼御史中丞充陳鄭澤潞節度留後」當在本年。

＊韋之晉　御史中丞

《杜詩詳注》卷二二《奉送韋中丞之晉赴湖南》：「寵渥徵黃漸，權宜借寇頻。湖南安背水，峽內憶行春。王室仍多故，蒼生倚大臣。還將徐孺子，處處待高人。」《舊書》卷一一《代宗紀》：「大曆……四年……二月，以湖南都團練觀察使、衡州刺史韋之晉爲潭州刺史。」韋之晉當帶御史中丞銜。

＊崔瓘　御史中丞

《全詩》卷二七〇戎昱《上湖南崔中丞》：「山上青松陌上塵，雲泥豈合得相親。舉世盡嫌良馬瘦，唯君不棄臥龍貧。千金未必能移性，一諾從來許殺身。莫道書生無感激，寸心還是報恩人。」《中興間氣集》上：「蘇渙累遷至御史，佐湖南幕，崔中丞遇害，渙遂逾嶺扇動。」《舊書》卷一一《代宗紀》：「大曆……四年……七月己巳，以澧州刺史崔瓘爲潭州刺史、湖南督團練觀察使。」可知，崔中丞，即崔瓘。

＊喬琳　御史中丞（兼）　大曆三年（768）後～約大曆十二（777）

《舊書》卷一二七本傳：「喬琳，太原人。……天寶初，舉進士，補成武尉，累授興平尉。朔方節度郭子儀辟爲掌書記，尋拜監察御史。……改殿中侍御史，充山南節度張獻誠行軍司馬。使罷，充劍南東川節度鮮于叔明判官。改檢校駕部郎中、果綿遂三州刺史、兼御史中丞。」鮮于叔明鎮劍南東川在大曆三年，《廣記》卷一五〇引《前定錄》：「喬琳大曆中，除懷州刺史。」《舊書德宗紀上》云大曆十四年「以懷州刺史喬琳爲御史大夫。」

＊令狐建　御史中丞（兼）

《舊書》卷一二四《令狐彰傳·子建附傳》：「建，大曆四年十二月，彰遣入朝，特加兼御史中丞。」

＊米乘　侍御史

《墓誌續編》大曆〇一二《大唐故右領軍衛倉曹參軍杜府君墓誌銘並序》（吏部郎中兼侍御史米乘撰）：「……府君諱級，字釗。……以天寶二年五月八日怛化於東都建春之私第。……次子監察御史穎、易州司馬永、鄉貢進士季倫、大理評事順休，……建塔□龍門西原，以大曆四年十月廿七日□遷舊塋鄰於塔次。」

＊崔祐甫　侍御史（兼）

《墓誌彙編》大曆〇一四《唐濮州臨濮縣尉竇公故夫人崔氏墓誌銘並序》（季父檢校禮部郎中兼侍御史祐甫述）：「夫人諱緼，博陵安平人也。衛尉少卿暄之曾孫，監察御史渾之孫，向城縣令孟孫之長女。……以寶應二年四月終，……大曆四年，……改窆於北邙陶村之北原。」《郎考》「吏部郎中」：「《新表》博陵二房崔氏：子祐甫，相德宗。」又見《郎考》「吏部員外郎」、「司勳員外郎」條。《舊書》卷一一九不言其任侍御史。

＊嚴震　侍御史（加）　大曆四年（769）～大曆十三年（778）

《舊書》卷一一七本傳：「嚴震，字遐聞，梓州監亭人。……至德、乾元已後，震屢出家財以助邊軍，授州長史、王府諮議參軍。山南西道節度使又奏爲鳳州刺史，加侍御史，丁母憂罷。起複本官，仍充興、鳳兩州團練使，累加開府儀同三司、兼御史中丞。……在鳳州十四年。……建中三年，代賈耽爲梁州刺史、兼御史大夫、山南西道節度觀察等使。」《全文》卷五〇五權

德興唐故山南西道節度營田觀察處置等使兼興元尹嚴公（震）墓誌銘並序》：「遷鳳翔刺史，充本道節度副使。⋯⋯建中三年⋯⋯拜梁州刺史。」《金石萃編》卷六六《佛頂尊勝陀羅尼石幢讚並序》：「開府儀同三司試秘書監使持節鳳州諸軍事兼鳳州刺史、兼御史中丞、充興鳳兩州度團練使、同山南西道節度副使、上柱國、□□縣開國侯□（嚴）震敬造並撰文及書。」大曆十三年二月十八日立。建中三年（782）嚴震代賈耽爲梁州刺史，以此逆推十四年，則大曆四年（769）嚴震爲鳳州刺史。又大曆十三年（778），嚴震爲鳳州刺史、兼御史中丞、充興鳳兩州度團練使，則其加侍御史應在建中三年至大曆十三年之間。

＊裴虯　侍御史（兼）

《杜詩詳注》卷二二《湘江宴餞裴二端公赴道州》，鶴注：「此當是四年夏所作，若五年，公已去潭而之衡矣。」朱注：「《溪觀唐賢題名》：河東裴虯，字探源，大曆四年爲著作郎，兼侍御史，道州刺史。」《舊書》卷一一一《代宗紀》：「大曆三年十二月，道州刺史崔渙卒。」虯蓋代渙爲刺史。《杜詩詳注》云「大曆二年十二月，道州刺史崔渙卒。」誤，今移正。

＊孫成　殿中侍御史內供奉

《墓誌續編》大曆○○八《唐故大同軍使雲麾將軍左武衛大將軍寧朔縣開國伯慕容公墓誌銘並序》（朝請郎殿中侍御史內供奉孫成撰）：「公諱曦皓，字曦皓。以寶應元年九月十二日遇疾終於任，⋯⋯以大曆四年歲次己酉二月十日自太原啓殯，卜宅於長安縣高陽原。」《千唐誌齋藏志》卷九五○《孫成墓誌》：「烈考刑部侍郎、贈右僕射文公諱逖，⋯⋯君即文公之第三子也，⋯⋯拜監察御史，時李涼公作鎮汧岐，⋯⋯遂辟爲隴右節度判官，兼掌書記。⋯⋯尋轉殿中侍御史，依前充判官。」

＊杜穎　監察御史

《墓誌續編》大曆○一二《大唐故右領軍衛倉曹參軍杜府君墓誌銘並序》（吏部郎中兼侍御史米乘撰）：「⋯⋯府君諱級，字釗。⋯⋯以天寶二年五月八日怛化於東都建春之私第。⋯⋯次子監察御史穎、易州司馬永、鄉貢進士季倫、大理評事順休，⋯⋯建塔□龍門西原，以大曆四年十月廿七日□遷舊塋鄰於塔次。」

＊穆寧　監察御史

《舊書》卷一五五本傳：「上元二年，累官至殿中侍御史，佐鹽鐵轉運使。……寶應初，轉侍御史，爲河南轉運租庸鹽鐵等副使。明年，遷戶部員外郎。無幾，加兼御史中丞，爲河南、江南轉連使。廣德初，加庫部郎中。是時河運不同，……詔以寧爲鄂州刺史，……沔州別駕薛彥偉坐事忤旨，寧杖之致死，寧坐貶虔州司馬，重貶昭州平集尉。……大曆四年，起授監察御史，領轉運留後事於淄青。……間一年，改檢校司封郎中、兼侍御史，領轉運留後事於江西。」穆寧原任御史中丞，貶爲昭州平集尉，復出，任監察御史。

＊戴叔倫　監察御史

陳尚君《全文補編》卷五四梁肅《唐故朝散大夫都督容州諸軍事容州刺史本管經略招討處置使兼御史中丞封譙縣開國男賜紫金魚袋戴公神道碑》：「公諱融，字叔倫，譙國人。……有相國彭城公劉晏聞而嘉之，表授秘書正字，載遷廣文博士。劉典司國賦，藉公清廉，公命主運於湖南，拜監察御史。建中初，府廢，出補東陽令。嗣曹王皋鎮衡湘、鍾陵，聊參二府軍事，由大理寺直遷殿中侍御史，換檢校尙書禮部郎中，兼侍御史。李希烈以淮夷叛，元侯董師征伐，公嘗以持重領留府事。……貞元四年七月起家除都督容州諸州事容州刺史本管經略招討處置使兼御史中丞。」《舊書》卷一二二《劉晏傳》：「大曆四年，與右僕射裴遵慶同赴本曹視事。」

＊蔡　御史

《全詩》卷二七三戴叔倫《南賓送蔡侍御遊蜀》：「巴江秋欲盡，遠別更淒然。月照高唐峽，人隨賈客船。積雲藏嶮路，流水促行年。不料相逢日，空悲尊酒前。」戴叔倫本年官監察御史，秋，主運於湖南，其送蔡侍御當在主運荊南時。參傅璇琮《唐五代文學編年史·中唐卷》「大曆四年」條。蔡侍御，不詳其名。《杜詩詳注》卷二三《晚秋長沙蔡五侍御飲筵，送殷八參軍歸澧州覲省》，蔡五侍御，與戴叔倫所送蔡侍御，或即一人。

＊盧岳　監察御史

《杜詩詳注》卷二三《送盧十四弟侍御護韋尙書靈櫬歸上都二十韻》：「素幕渡江遠，朱幡登陸微。悲鳴駟馬顧，失涕萬人揮。」鶴注：「當是大

曆四年冬潭州作，韋尙書，即之晉。」同卷又有《舟中夜雪有懷盧十四侍御弟》：「朔風吹桂水，朔雪夜紛紛。暗度南樓月，寒深北渚雲。燭斜初近見，舟重竟無聞。不識山陰道，聽雞更憶君。」《全文》卷七八四穆員《陝虢觀察使盧公墓誌銘》：「唐貞元四年夏六月，陝虢都防禦觀察轉運等使陝州刺史兼御史中丞范陽盧公壽六十中疾於位。……府君諱岳，字周翰。……以大理評事兼監察御史始佐湖南觀察之政。前帥韋之晉倚之以清，後帥辛京杲藉之以立。既眞拜，又稍遷殿中侍御史。」據《陝虢觀察使盧公墓誌銘》，盧岳帶監察御史憲銜在韋之晉幕，盧十四弟侍御，即盧岳，仇注失考。

＊張滂　監察御史（兼）

《墓誌彙編》「貞元一〇三《唐故中大夫戶部侍郎兼御史大夫諸道鹽鐵轉運等使清河張公墓誌銘並序》（朝散大夫守尙書虞部郎中李灝撰）：「公諱滂，字孟博，貝州清河人也。……大曆……四年，加兼監察御史。……（貞元）十六年十月十九日寢疾終於位，時年七十六。」

＊崔渙　御史

《杜詩詳注》卷二二《江閣臥病走筆寄呈崔盧兩侍御》，仇注：「崔乃崔大渙，盧乃盧十四弟也。」鶴注：「大曆五年，潭州有臧玠之亂，公已去潭，則江閣不在潭州也，詩云『長夏想爲情』，又云『滑憶雕胡飯』，則是四年秋作。」《舊書》卷一一《代宗紀》：「大曆三年十二月，道州刺史崔渙卒。」仇注「崔乃崔大渙」，顯係誤記。又《杜詩詳注》卷一八《別崔渙因寄薛據孟雲卿》原注：「內弟渙，赴湖南幕職。」崔侍御，應爲崔渙，今移正。

＊蘇渙　御史

《杜詩詳注》卷二三《蘇大侍御訪江浦賦八韻記異》序云：「蘇大侍御渙，靜者也，旅於江側。」同又有《暮秋枉裴道州手箚率爾遣興寄近呈蘇渙侍御》詩。《新書》卷六〇《藝文志四》：「湖南崔瓘辟從事，瓘遇害，渙走交廣，與哥舒晃反，伏誅。」《中興間氣集》上：「蘇渙累遷至御史，佐湖南幕，崔中丞遇害，渙遂逾嶺扇動。」

唐代宗大曆五年（770）庚戌

＊王昂　御史大夫

《舊書》卷一一八《元載傳・王昂附傳》：「王昂者，出自戎旅，以軍功累遷河中尹，充河中節度使。貪縱不法，務於聚斂，以貨藩身。永泰元年正月，檢校刑部尙書知省事，改殿中少監。元載秉政，與載深相結託。大曆五年六月，爲江陵尹、兼御史大夫，充刑南節度觀察使，代衛伯玉。」

＊張延賞　御史大夫

《舊書》卷十一《代宗紀》：「大曆……五年春正月……壬申，河南尹張延賞兼御史大夫，充東都留守。罷河南、淮西、淮南、山南東道副元帥，所管軍隸東都留守。」

＊薛兼訓　御史大夫

《舊書》卷一一《代宗紀》：「大曆……五年……秋七月丁卯，以浙東觀察使、越州刺史、御史大夫薛兼訓爲檢校工部尙書、太原尹、北都留守，充河東節度使。」

＊敬括　御史大夫

《舊書》卷一一《代宗紀》：「大曆……六年……二月乙酉，御史大夫敬括卒。」

敬括大曆六年二月卒，則本年敬括應仍在御史大夫任上。

＊陳少游　御史大夫（兼、九月後）

《舊書》卷一二六本傳：「大曆五年，改越州刺史、兼御史大夫、浙東觀察使。」

參本年「陳少游御史中丞」條。

＊辛京杲　御史大夫（兼）

《劉隨州文集》卷九《奉酬辛大夫喜湖南臘月連日降雪見示之作》。《舊書》卷一一《代宗紀》：「大曆……五年……五月……以羽林大將軍辛京杲爲潭州刺史、湖南觀察使。」劉長卿云「辛大夫」，知其爲湖南觀察使、兼御史大夫。

*黎幹　御史大夫（兼）

《墓誌彙編》貞元〇三四《唐故銀青光祿大夫尚書兵部侍郎壽春郡開國公黎公墓誌銘並序》：「公諱幹，字貞固，壽春人也，……建置南都，遂詔授殿中侍御史，荊南等十八州節度行軍司馬，江陵少尹，遷京兆少尹，尋拜諫議大夫。……寶應之後，……授公檢校京兆少尹兼御史中丞。……上嘉休公績，眞拜京兆尹兼御史大夫，加銀青光祿大夫，爵爲壽春縣開國男。以姦臣居權，遂改刑部侍郎，尋除桂州刺史，桂管觀察等使兼御史大夫，道中丁太夫人憂。……外除，復拜京兆尹兼御史大夫。」《唐僕尚丞郎表》卷四（第268頁）考大曆五年（770）黎幹由刑部侍郎出爲桂管觀察使兼御史大夫，道中丁憂。

*陳少游　御史中丞（兼、九月前）

《舊書》卷一一《代宗紀》：「大曆……五年……九月丁丑，以宣歙池等州都團練觀察使、宣州刺史、兼御史中丞陳少游充浙江東道團練觀察使。」

*劉希暹　御史中丞

《通鑒》卷二二四：「大曆……五年……三月，丁丑，加劉希暹、王駕鶴御史中丞，以慰安北軍之心。」

*王駕鶴　御史中丞

《通鑒》卷二二四：「大曆……五年……三月，丁丑，加劉希暹、王駕鶴御史中丞，以慰安北軍之心。」

*陽濟　御史中丞（兼）

《杜詩詳注》卷二三《舟中苦熱遣懷奉呈陽中丞通簡臺省諸公》，鶴注：「此亦避亂之衡州時作，中丞即陽濟。臺省諸公，兼言裴虬、揚子琳、李勉。」

*裴虬　侍御史

《杜詩詳注》卷二三《江閣對雨有懷行營裴二端公》，鶴注：「當是大曆五年初夏衡州作，裴時爲道州刺史，與討臧玠之亂，故有行營。」《溪觀唐賢題名》：「河東裴虬，字探源，大曆四年爲著作郎，兼侍御史，道州刺史。」

唐呼侍御史曰端公。

＊穆寧　侍御史（兼）

《舊書》卷一五五本傳：「上元二年，累官至殿中侍御史，佐鹽鐵轉運使。……寶應初，轉侍御史，爲河南轉運租庸鹽鐵等副使。……無幾，加兼御史中丞，爲河南、江南轉運使。廣德初，加庫部郎中。是時河運不同，……詔以寧爲鄂州刺史，……沔州別駕薛彥偉坐事忤旨，寧杖之致死，寧坐貶虔州司馬，重貶昭州平集尉。……大曆四年，起授監察御史，領轉運留後事於淄青。……間一年，改檢校司封郎中、兼侍御史，領轉運留後事於江西。」

＊張鎰　侍御史

《舊書》卷一二五本傳：「張鎰，蘇州人，朔方節度使齊丘之子也。……郭子儀爲關內副元帥，以嘗伏事齊丘，辟鎰爲判官。授大理評事，遷殿中侍御史。乾元初，……洪吉觀察張鎬辟爲判官，奏授殿中侍御史。……大曆五年，……加侍御史、沿淮鎮守使。尋遷壽州刺史。」

＊寇錫　監察御史

《墓誌彙編》大曆〇六四《有唐朝議郎守尚書工部郎中寇公墓誌銘並序》：「寇錫，字子賜，……天寶季年，虜馬飲於灃澗，公拔身無地，守羈僞職，乘輿返正，以例播遷，遷於虔州，爲法囗屈也。復以才能授高安令，俄轉大曆司直，擢爲監察御史，風憲克舉，受命監嶺南選事，藻鑒惟精，遷殿中侍御史。」《杜詩詳注》卷二三《奉酬寇十侍御錫見寄四韻，復寄寇》：「往別郇瑕地，於今四十年。來簪御府筆，故泊洞庭船。詩憶傷心處，春深把臂前。南瞻按百越，黃帽待君偏。」鶴注：「詩云『故泊洞庭船』，當是大曆五年潭州作。」從詩意來看，杜甫《奉酬寇十侍御錫見寄四韻復寄寇》當時寇寄赴嶺南監選途中所作。

唐代宗大曆六年（771）辛亥

＊敬括　御史大夫

《舊書》卷一一《代宗紀》：「大曆……六年……二月乙酉，御史大夫敬括卒。」

*李棲筠　御史大夫

《舊書》卷一一《代宗紀》：「大曆……六年……八月丙午，以蘇州刺史、浙江觀察使李棲筠爲御史大夫。」《舊書》卷一七四《李德裕傳》：「祖棲筠，御史大夫。」《新書》卷一四六《李棲筠傳》：「李棲筠字貞，……會御史大夫敬括卒，即召棲筠與河南尹張延賞，擇可爲大夫者。延賞先至，遂代括。會李少良、陸珽等上書劾載陰事，詔御史問狀，……出延賞爲淮南節度使，引拜棲筠爲大夫。」《通鑑》卷二二四：「大曆……六年……八月……丙子，內出制書，以浙西觀察使李棲筠爲御史大夫，宰相不知，載由是稍絀。」《全文》卷三七七柳識《琴會記》：「大曆六年，浙西觀察使蘇州刺史兼御史大夫贊皇公祗命朝於京闕。春正月，夕次朱方，刺史樊公……以厄酒侑勝。居無何，贊皇公弦琴，樊公和之。」贊皇公，即李棲筠，見《唐刺史考全編·蘇州》。

*張延賞　御史大夫

《舊書》卷一一《代宗紀》：「大曆……六年……五月癸卯，以河南尹張延賞爲御史大夫。……八月……庚午，以御史大夫張延賞爲揚州大都督府長史、淮南節度使。」《舊書》卷一二九本傳：「肅宗在鳳翔，擢拜監察御史，賜緋魚袋，轉殿中侍御史。……代宗幸陝，除給事中，轉御史中丞、中書舍人。……理行第一，入朝拜御史大夫。……初，上封人李少良潛以元載陰事聞，載黨知之，奏少良狂妄，下御史臺訊鞫，欲有所屬。……尋以母憂去職，終制授檢校禮部尚書、江陵尹、兼御史大夫、荊南節度觀察使。……數年，改檢校兵部尚書、成都尹、劍南西川節度觀察使，依前兼御史大夫，尋就加吏部尚書。」

*李涵　御史大夫

《舊書》卷一二六本傳：「李涵，高平王道立曾孫。……涵簡素恭愼，有名宗室，累授贊善大夫、兼侍御史。……寶應元年，初平河朔，代宗以涵忠謹洽聞，遷左庶子、兼御史中丞、河北宣慰使。……大曆六年正月，爲蘇州刺史、兼御史大夫，充浙江西道都團練觀察等使。……十一年，來朝，拜御史大夫。」

*李懷光　御史中丞（兼）

《舊書》卷一二一本傳：「李懷光，渤海靺鞨人也。本姓茹，其先徙於幽

州，父常爲朔方列將，以戰功賜姓氏，更名嘉慶。懷光少從軍，以武藝壯勇稱，朔方節度使郭子儀禮之益厚。上元中，累遷試太僕、太常卿，主右衛兵將，積功勞至開府儀同三司，爲朔方軍都虞候。永泰初，實封三百戶。大曆六年，兼御史中丞，間一年，兼御史大夫，加爲軍都虞候。」

＊馬燧　御史中丞　大曆六年（771）～九年（774）

　　《舊書》卷一三四本傳：「馬燧，……歷太子通事舍人，遷著作郎、營田判官。無幾，遷秘書少監、兼殿中侍御史，爲節度判官、承務郎，遷鄭州刺史。……抱玉移鎮鳳翔，以汧陽被邊，署奏隴州刺史、兼御史中丞。……久之，代宗知其能，召見，拜商州刺史、兼御中丞、防禦水陸運使。」《唐刺史考全編・關內道》考馬燧於大曆六年（771）至十年（775）爲隴州刺史。實則馬燧大曆十年檢校左散騎常侍、御史大夫、河陽三城使。見《舊書》卷一三四《馬燧傳》，故其兼御史中丞應在大曆六年至九年間。

＊陸琁　殿中侍御史

　　《新書》卷六《代宗紀》：「大曆六年……五月戊申，殺殿中侍御史陸琁、成都府司錄參軍事李少良、大理評事韋頌。」

＊皇甫曾　殿中侍御史

　　《毗陵集》卷一三《皇甫冉集序》：「君母弟殿中侍御史曾，字孝常。」《全文》卷五二二梁肅《獨孤及行狀》：「除濠州刺史。……三年……移拜舒州刺史。」《毗陵集》卷五《謝舒州刺史兼加朝散大夫表》：「今以九月二十七日到州上訖。」知獨孤及於大曆五年九月蒞舒州。《全詩》卷二四六獨孤及《酬皇甫侍御望天灊山見示之作》，同書卷二四七獨孤及《暮春於山谷寺上方遇恩命加官賜服酬皇甫侍御見賀之作》。《唐才子傳校箋》卷三：「皇甫曾，……後坐事貶舒州司馬，量移陽翟令。」則獨孤及於大曆五年九月蒞舒州，皇甫曾貶舒州司馬，故二人有贈詩。又《全詩》卷二四七獨孤及《暮春於山谷寺上方遇恩命加官賜服酬皇甫侍御見賀之作》，詩題云「暮春」，當是次年（即大曆六年）春所作。

＊庾　　殿中侍御史

　　《金石萃編》卷七九《華嶽題名》：「華州刺史兼御（缺），殿中侍御史庾

（缺），大曆六年。」《全詩》卷二四二韓翃《華州（一作「亭」）夜宴庾侍御宅》：「世故他年別，心期此夜同。千峰孤燭外，片雨一更中。……自憐驅匹馬，拂曙向關東。」庾侍御，名不詳。

＊崔漢衡　殿中侍御史　上元二年（761）～大曆六年（771）

《舊書》卷一二二本傳：「崔漢衡，博陵人也。性沉厚寬博，善與人交。釋褐，授沂州費令。滑州節度使令狐彰奏署掌記，累遷殿中侍御史。大曆六年，拜檢校禮部員外郎，爲和吐蕃副使。還，遷右司郎中，改萬年令。建中三年，爲殿中少監、兼御史大夫，充和蕃使，與吐蕃使區頰贊至自蕃中。」《新書》卷一四三《崔漢衡傳》略同。令狐彰上元二年（761）至大曆八年（773）任滑州節度使，崔漢衡約在上元二年（761）至大曆六年（771）間任殿中侍御史。

＊崔儒　殿中侍御史

《墓誌彙編》大曆〇二四《唐故大理評事王府君墓誌銘並序》（殿中侍御史崔儒撰）：「……公諱晉肅，……以大曆六年辛亥五月乙未，改葬王父。」

＊寇錫　殿中侍御史

《墓誌彙編》大曆〇六四《有唐朝議郎守尚書工部郎中寇公墓誌銘並序》：「寇錫，字子賜，……天寶季年，虜馬飲於灞澗，公拔身無地，守羈僞職，乘輿返正，以例播遷，遷於虔州，爲法□屈也。復以才能授高安令，俄轉大曆司直，擢爲監察御史，風憲克舉，受命監嶺南選事，藻鑒惟精，遷殿中侍御史。」寇錫大曆五年赴嶺南監選，途中與杜甫會於潭州，其轉殿中侍御史當在本年及稍後。

＊陸贄　監察御史

《通鑑》卷二二八：「建中四年，……初，上在東宮，聞監察御史嘉興陸贄名，即位，召爲翰林學士。」《陸贄集》附錄一清江榕輯《陸宣公年譜輯略》：「代宗大曆六年辛亥，公十八歲。『……是年登進士博學弘詞科，授鄭縣尉；又以書判拔萃科，調渭南尉。尋改監察御史。』《權序》（指權德輿《陸宣公全集序》，霍注。）」

＊盧綸　監察御史　大曆六年（771）～十一年（776）

《新書》卷二〇三《文藝傳下》：「盧綸字允言，河中蒲人。……大曆初，數舉進士不入第。元載取綸文以進，補閿鄉尉。累遷監察御史，……坐與王縉善，久不調。……綸與吉中孚、韓翃、錢起、司空曙、苗發、崔峒、秋淖、夏侯審、李端皆能詩齊名，號大曆十才子。」傅璇琮主編《唐才子傳校箋》卷四「盧綸」：「大曆六年（771）或稍前綸任閿鄉尉。」大曆十一年（776）王縉貶括州刺史，盧綸亦受到牽連，《全詩》卷二八〇盧綸《罪所送苗員外上都》等即敘其事。盧綸任監察御史應在此期間。

唐代宗大曆七年（772）　壬子

＊李棲筠　御史大夫

《會要》卷二四「朔望朝參」：「大曆七年六月，御史大夫李棲筠奏：伏以朝廷之儀，義當祗肅……」

＊路嗣恭　御史大夫

《舊書》卷一一《代宗紀》：「（永泰元年）閏十月……戊申，以刑部侍郎路嗣恭檢校工部尚書、兼御史大夫、靈州大都督府長史，充關內副元帥，兼知朔方節度等使。……（大曆）七年春正月……庚子，以檢校戶部尚書路嗣恭為洪州刺史、兼御史大夫、江西觀察使。」

＊李懷光　御史大夫（兼）

《舊書》卷一二一本傳：「李懷光，渤海靺鞨人也。本姓茹，其先徙於幽州，父常為朔方列將，以戰功賜姓氏，更名嘉慶。懷光少從軍，以武藝壯勇稱，朔方節度使郭子儀禮之益厚。上元中，累遷試太僕、太常卿，主右廂兵將，積功勞至開府儀同三司，為朔方軍都虞候。永泰初，實封三百戶。大曆六年，兼御史中丞，間一年，兼御史大夫，加為軍都虞候。」

＊蔣渙　御史大夫（兼）

《全詩》卷二六九耿湋《奉送蔣尚書兼御史大夫東都留守》：「副相威名重，春卿禮樂崇。錫珪仍拜下，分命遂居東。……誰云千載後，周召獨為公。」

《舊書》卷一一《代宗紀》：大曆七年五月，「癸亥，以檢校禮部尚書蔣渙充東都留守。」蔣尚書，即蔣渙，時兼御史大夫。

＊朱泚　御史中丞（兼）

《舊書》卷二〇〇本傳：「大曆七年……十月，拜檢校左散騎常侍、兼御史中丞、幽州盧龍節度等使。」

＊李昌巎　御史中丞（兼）

《全詩》卷二四四韓翃《送李中丞赴辰州》：「暮雨山開少，秋江葉落遲。功成益地日，應見竹郎祠。」同書卷二四四韓翃《李中丞宅夜宴送丘侍御赴江東便往辰州》：「積雪臨階夜，重裘對酒時。中丞違沈約，才子送丘遲。」《舊書》卷一一《代宗紀》：大曆八年九月，「戊戌，以辰錦觀察使李昌巎爲桂州刺史、桂管防禦觀察使。」李昌巎在辰錦觀察使任上兼御史中丞，當在大曆八年之前，姑繫於此。

＊袁高　殿中侍御史　大曆七年（772）～大曆八年（773）

《顏魯公文集》卷七：「大曆七年，眞卿蒙刺是邦，時浙江西觀察判官、殿中侍御史袁高巡部至州，會於此土，眞卿遂立亭於東南。陸初士以癸丑歲冬十月癸卯朔二十一日癸亥建，因名之曰三癸亭。」袁高巡視湖州，與顏眞卿、皎然、李萼、殷左明、陸士修等有《三言擬五雜組聯句》，《全詩》卷八一五皎然《杼山上峰和顏使君眞卿、袁侍御五韻賦得印字仍期明日登開元寺樓之會》：「道情寄遠嶽，放曠臨千仞。香路延絳騎，華泉寫金印。」參《唐五代文學編年史·中唐卷》大曆八年條。

＊齊映　監察御史　大曆七年（772）～大曆九年（774）

《舊書》卷一三六本傳：「滑亳節度使令狐彰辟爲掌書記，累授監察御史。……彰卒後兵亂，映脫身歸東都，河陽三城使馬燧辟爲判官，奏殿中侍御史。……建中初，……尋轉行軍司馬、兼御史中丞。」《新書》卷一五〇本傳：「齊映，瀛州高陽人。舉進士，博學宏詞，中之，補河南府參軍。滑亳節度使令狐彰辟署掌書記，彰疾甚，引映託後事。映因說彰納節，歸諸子京都。彰從之，即以女妻映。彰卒，軍亂，映間歸東都。……會德宗出奉天。……奔奉天，授御史中丞。」

據《舊書》卷一二二《崔漢衡傳》:「……滑州節度使令狐彰奏署掌記，累遷殿中侍御史。大曆六年，拜檢校禮部員外郎，爲和吐蕃副使。」知崔漢衡大曆六年去令狐彰幕，齊映爲掌書記當代崔漢衡。又據《舊書》卷一三四《馬燧傳》:「大曆十年，河陽三城兵亂，……以燧檢校左散騎常侍、御史大夫、河陽三城使。」大曆十年，齊映在河陽三城使馬燧幕任殿中侍御史。故齊映在令狐彰幕任掌書記兼監察御史應在大曆七年（772）至大曆九年（774）之間。

＊丘　　御史

《全詩》卷二四四韓翃《李中丞宅夜宴送丘侍御赴江東便往辰州》:「積雪臨階夜，重裘對酒時。中丞違沈約，才子送丘遲。」丘侍御，名不詳。韓翃以「丘遲」比之，當爲能詩者。見本年「李昌巙」條考證。

＊王緯　　御史

《舊書》卷一四六《王緯傳》:「王緯字文卿，太原人也。……緯舉明經，又書判入等，歷長安尉，出佐使府，授御史郎官，入朝爲金部員外郎、劍南租庸使、檢校司封郎中、彭州刺史。……初，大曆中，路嗣恭爲江西觀察使，陷害判官李泌，將誅之。緯亦爲路嗣恭判官，說喻解救，獲免。」《新書》卷一五九《王緯傳》:「大曆中與李泌俱爲路嗣恭江西觀察判官。」《全詩》卷二四三韓翃《送王侍御赴江西兼寄李袁州》:「雄筆佐名公，虛舟應時輩。」據傅璇琮主編《唐才子傳校箋》卷三，李袁州，即李嘉祐，約在大曆六、七年爲袁州刺史。此即王緯任御史之時。

唐代宗大曆八年（773）　癸丑

＊黎幹　御史大夫（兼）　大曆八年（773）～十三年（778）

《舊書》卷一一《代宗紀》:「大曆……九年……夏四月丁丑，月入太微。己卯，以桂管觀察使黎幹爲京兆尹、兼御史大夫。」《舊書》卷一一八本傳:「黎幹者，戎州人。始以善星緯數術進，待詔翰林，累官至諫議大夫。尋遷京兆尹，以嚴肅爲理，人頗便之，而因緣附會，與時上下。大曆……八年，復拜京兆尹、兼御史大夫。幹自以得志，無心爲理，貪暴益甚，徇於財色。十三年，除兵部侍郎。性險，挾左道，結中貴，以希主恩，代宗甚惑之。」

又見《墓誌彙編》貞元○三四《唐故銀青光祿大夫尚書兵部侍郎壽春郡開國公黎公墓誌銘并序》：「公諱幹，字貞固，壽春人也。……河朔初梗，……建置南都，遂詔授殿中侍御史，荊南等十八州節度行軍司馬，江陵少尹，遷京兆少尹，尋拜諫議大夫。……寶應之後，……授公檢校京兆少尹兼御史中丞。……上嘉休公績，眞拜京兆尹兼御史大夫，加銀青光祿大夫，爵爲壽春縣開國男。以姦臣居權，遂改刑部侍郎，尋除桂州刺史，桂管觀察等使兼御史大夫，道中丁太夫人憂。……外除，復拜京兆尹兼御史大夫，……久之，改兵部侍郎。……大曆十四祀，詔徙端州，以素疾而終，享年六十四。」《唐僕尚丞郎表》卷四（第 269 頁）考黎幹大曆十三年（778）由京兆尹改兵部侍郎。

＊李棲筠　御史大夫

《舊書》卷一一《代宗紀》：「大曆……八年春……二月甲子，御史大夫李棲筠彈吏部侍郎徐浩。」《舊書》卷一二二《裴冑傳》：「代宗以元載隳紊朝綱，徵棲筠入朝，內制授御史大夫。」《全文》卷四九三有權德輿《唐御史大夫贈司徒贊皇文獻公李棲筠文集序》。

＊李勉　御史大夫

《舊書》卷一一《代宗紀》：「大曆……八年……三月丙子，以工部尚書李勉兼御史大夫、滑州刺史，充永平軍節度、滑亳觀察等使。」

＊朱泚　御史大夫（兼）

《舊書》卷二○○本傳：「大曆……八年三月，遷幽州盧龍節度等使、幽州長史、兼御史大夫。」

＊杜濟　御史中丞（兼）

《全文》三四四顏眞卿《京兆尹兼中丞杭州刺史劍南東川節度使杜公墓誌銘》：「杜鴻漸分蜀爲東西川，以公爲副元帥判官，知東川節度。拜大中大夫、綿劍梓遂都防禦使、梓州刺史兼中丞。……尋拜東川節度使，俄而移軍，復爲遂州都督。徵拜給事中，間歲拜京兆少尹，明日遷京兆尹。出爲杭州刺史。」又見《會要》卷七九。《舊書·代宗紀》：大曆八年五月，「貶京兆尹杜濟杭州刺史。」

*崔祐甫　御史中丞（兼）　大曆八年（773）～興元元年（784）

《舊書》卷一一九本傳：「崔祐甫字貽孫。祖晊，懷州長史。父沔，黃門侍郎，諡曰孝公。家以清儉禮法，爲士流之則。祐甫舉進士，歷壽安尉。安祿山陷洛陽，士庶奔迸，祐甫獨崎危於矢石之間，潛入私廟，負木主以竄。歷起居舍人、司勳吏部員外郎，累拜兼御史中丞、永平軍行軍司馬，尋知本軍京師留後。」李勉大曆八年至興元元年爲義成軍節度使，崔祐甫爲御史中丞行軍司馬。

*李苉　侍御史（兼）

《舊書》卷一三二本傳：「李勉爲江西觀察使，署奏秘書郎、兼監察御史，爲判官。……永泰初，轉兼殿中侍御史。……苉攝行州事，無幾，乃兼侍御史。居無何，魏少游代勉爲使。……丁母憂，免喪，永平軍節度李勉署奏檢校工部郎中、兼侍御史，爲判官，尋攝陳州刺史。……德宗嗣位，授檢校太常少卿、兼御史中丞、河陽三城鎮遏使。」《舊書》卷一一《代宗紀》：「大曆……八年……三月丙子，以工部尙書李勉兼御史大夫、滑州刺史，充永平軍節度、滑亳觀察等使。」署奏李苉校工部郎中、兼侍御史，爲判官。

*楊護　殿中侍御史

《舊書》卷一一《代宗紀》：「大曆……八年……貶左巡使、殿中侍御史楊護，以其抑郜諹而不上聞也。」《舊書》卷一一八《元載傳》：「大曆中，元載弄權自恣，人皆惡之。八年七月，晉州男子郜諹以麻辮髮，持竹筐與葦席哭於東市。……殿中御史楊護職居左巡，郜諹哭市，護不聞奏，上以爲蔽匿，貶連州桂陽縣丞員外置。」

唐代宗大曆九年（774）甲寅

*田神功　御史大夫（兼）

《舊書》卷一一《代宗紀》：「大曆……九年春正月庚子朔。壬寅，汴宋節度使、太子少師、檢校尙書右僕射、兼御史大夫、汴州刺史田神功卒。」

*皇甫溫　御史大夫（兼）

《舊書》卷一一《代宗紀》：人曆九年八月，「戊寅，以陝州大都督府長

史皇甫溫爲越州刺史，充浙東觀察使。」《全詩》卷二四四有韓翃《送皇甫大夫赴浙東》詩。又《墓誌彙編》貞元〇五一《唐東都安國寺故臨壇大德塔下銘並序》：「律師號澄空，……姓皇甫氏，……元兄浙東觀察使兼御史大夫贈太子太師邠國公曰溫。」

唐代宗大曆十年（775） 乙卯

＊李棲筠　御史大夫

《舊書》卷一一《代宗紀》：「大曆……十一年……二月，辛亥，御史大夫李棲筠卒。」《舊書》云大曆十一年二月李棲筠卒，其本年仍應在御史大夫任。

＊馬燧　御史大夫

《舊書》卷一三四本傳：「大曆十年，河陽三城兵亂，……以燧檢校左散騎常侍、御史大夫、河陽三城使。」

＊李正己　御史大夫（兼）

《舊書》卷一二四本傳：「李正己，高麗人也，本名懷玉。……朝廷因授平盧淄青節度觀察使、海運押新羅渤海兩蕃使、檢校工部尚書、兼御史大夫、青州刺史，賜今名。尋加檢校尚書右僕射。……大曆十一年十月，檢校司空、同中書門下平章事。十三年，請入屬籍，從之。爲政嚴酷，所在不敢偶語。初有淄、青、齊、海、登、萊、沂、密、德、棣等州之地，與田承嗣、令狐彰、薛嵩、李寶臣、梁崇義更相影響。大曆中，薛嵩死，及李靈曜之亂，諸道共攻其地，得者爲己邑，正己復得曹、濮、徐、兗、鄆，共有十五州，內視同列，貨市渤海名馬，歲歲不絕。法令齊一，賦稅均輕，最稱強大。嘗攻田承嗣，威震鄰敵。歷檢校司空、左僕射、兼御史大夫，加平章事、太子太保、司徒。」《舊書》卷一一《代宗紀》：大曆十年二月，「甲申，以平盧淄青節度觀察海運押新羅渤海兩蕃等使、檢校工部尚書、青州刺史李正己檢校尚書左僕射。」

＊李昌巙　御史大夫（兼）

《全詩》卷二七〇戎昱《上桂州李大夫》：「今日辭門館，情將眾別殊。

感深翻有淚，仁過曲憐愚。……唯於方寸內，暗貯報恩珠。」

霍按：《舊書》卷一一《代宗紀》：大曆八年九月，「戊戌，以辰錦觀察使李昌巙爲桂州刺史、桂管防禦觀察使。」又卷一二《德宗紀上》：建中二年二月乙未，「以桂管觀察使李昌巙爲江陵尹，兼御史大夫，荊南節度等使。」據此知李昌巙大曆八年（773）九月至建中二年（781）二月在桂州任。《唐才子傳校箋》卷三《戎昱》云：「昱，湖南人，……時李巙廉察桂林，寓官舍，月夜聞鄰居行吟之音清麗，遲明訪之，乃昱也，即延爲幕賓，待之甚厚。」戎昱《上桂州李大夫》，知此李大夫即李昌巙，蓋以桂管防禦觀察使兼御史大夫。又《全詩》卷二七〇戎昱有《再赴桂州先寄李大夫》詩，譚優學《戎昱行年考》定爲大曆十一年作，則其《上桂州李大夫》詩作於大曆十年，故繫本年李昌巙爲御史大夫。參譚優學《戎昱行年考》、傅璇琮《唐代詩人叢考·戎昱考》。

＊朱滔　御史大夫（兼）

《舊書》卷二〇〇《朱泚傳》：「大曆……九年，……授其弟滔兼御史大夫、幽州節度留後。」

＊何運　御史中丞（兼）

《會要》卷六〇《御史臺上》「東都留臺」：「大曆十年，以檢校駕部郎中、兼侍御史何運，出納使蔣沇兼爲御史中丞，仍東都留臺。」

＊蔣沇　御史中丞（兼）

《舊書》卷一八五《良吏傳下·蔣沇傳》：「以孝廉累授洛陽尉、監察御史。……稍遷長安令、刑部郎中、兼侍御史，領渭橋河運出納使。……大曆十二年，常袞以群議稱沇屈，擢拜御史中丞、東都副留守。」又見《會要》卷六〇「御史臺上」：「大曆十年，以檢校駕部郎中、兼侍御史何運，出納使蔣兼爲御史中丞，仍東都留臺。」

＊田神玉　御史中丞（兼）

《舊書》卷一二四《田神功傳·弟神玉附傳》：「弟神玉，自曹州刺史權汴州留後。大曆十年正月，加檢校兵部郎中、兼御史中丞，爲汴州刺史，知汴州節度觀察留後事並河陽、澤潞等兵馬，直據淇門，會李承昭討魏博田承嗣。十一年卒，詔滑州李勉代之。」

＊何運　侍御史（兼）

《會要》卷六○《御史臺上》「東都留臺」：「大曆十年，以檢校駕部郎中、兼侍御史何運……兼爲御史中丞，仍東都留臺。」

＊皇甫政　侍御史（兼）

《全文》卷三九○獨孤及《福州都督府新學碑銘》：「大曆十年，歲在甲寅，秋九月，公（李琦）薨於位。……判官、膳部員外郎、兼侍御史安定皇甫政率……門人、部從事、州佐、縣尹相與議，以公之功績，明示後世。」

＊盧岳　殿中侍御史

《全文》卷七八四穆員《陝虢觀察使盧公墓誌銘》：「唐貞元四年夏六月，陝虢都防禦觀察轉運等使、陝州刺史、兼御史中丞范陽盧公壽六十中疾於位。……府君諱岳，字周翰。……以大理評事兼監察御史始佐湖南觀察之政。前帥韋之晉倚之以清，後帥辛京杲藉之以立。既眞拜，又稍遷殿中侍御史。京杲入覲，咨以留府。……初朝廷之任京杲也，以恩舊用，不責之以冀、黃之績。至是還之不可，易之不能。留之京師，以盡府君之美。若是者五載。累錫銀印朱紱，金章紫綬，加侍御史。……建中初，今上嗣位。……未一年，黜陟使奏課爲五嶺之表，轉桂府觀察經略等使，就加御史中丞。」據《墓誌》，盧岳建中前，即大曆十四年加侍御史銜，《墓誌》又云「若是者五載。累錫銀印朱紱，金章紫綬，加侍御史。」則盧岳於大曆十年遷至殿中侍御史。《全詩》卷二七四戴叔倫《同辛兗州巢父盧副端岳相思獻酬之作因抒歸懷兼呈辛魏二院長楊長寧》，唐稱侍御史爲「臺端」、「端公」，殿中侍御史爲「副端」，盧副端岳，即盧岳，時任殿中侍御史。傅璇琮云此詩當在大曆十一年或稍前，實應爲大曆十年。見傅璇琮《唐五代文學編年史・中唐卷》「大曆十一年」條。

＊齊映　殿中侍御史

《舊書》卷一三六本傳：「滑亳節度使令狐彰辟爲掌書記，累授監察御史。……彰卒後兵亂，映脫身歸東都，河陽三城使馬燧辟爲判官，奏殿中侍御史。……建中初，……尋轉行軍司馬、兼御史中丞。」《舊書》卷一三四《馬燧傳》：「大曆十年，河陽三城兵亂，……以燧檢校左散騎常侍、御史大夫、河陽三城使。」《通鑑》卷二二五：「大曆十一年……八月……甲申，詔

淮西節度使李忠臣、永平節度使李勉、河陽三城使馬燧……」

＊戴叔倫　監察御史

《權德輿文集》卷一四《唐故朝散大夫持節都督容州諸軍事守容州刺史兼侍御史充本管經略招討處置等使譙縣開國男賜紫金魚袋戴公墓誌銘並序》：「維貞元五年夏四月，容州刺史、經略使、侍御史、譙縣男戴公全部之三月，以疾受代，……六月甲申，次於清遠峽而薨，春秋五十八。……公諱叔倫，字幼國。……自秘書正字三遷至監察御史。」《全詩》卷二七四戴叔倫《同辛兗州巢父盧副端岳相思獻酬之作因抒歸懷兼呈辛魏二院長楊長寧》，作於大曆十年，其時戴叔倫任監察御史，參本年「盧岳」條。

＊張建封　監察御史

《舊書》卷一四○本傳：「建封素與馬燧友善，大曆十年，燧爲河陽三城鎮遏使，辟爲判官，奏授監察御史，賜緋魚袋。」

＊苗丕　監察御史

《會要》卷五九「刑部員外郎」條：「……近大曆中，鄂岳觀察使吳仲孺與轉運判官劉長卿紛竟。仲孺奏長卿犯贓三千萬貫，時監察御史苗丕就推……」《舊書·苗晉卿傳》：「十子：發、丕、堅、粲、垂、向、呂、稷、望、咸。」傅璇琮《唐五代文學編年史·中唐卷》繫此事在大曆十年，從之。《劉長卿詩編年箋注》有《按覆後歸睦州贈苗侍御》：「直氏偷金枉，於家決獄明。一言知己重，片議殺身輕。」

＊朱　御史

《全詩》卷二六九耿湋《晚登虔州即事寄朱侍御》：「春光浮曲浪，暮色隔連潭。」傅璇琮《唐五代文學編年史·中唐卷》考耿湋大曆十年在虔州，今從之。

唐代宗大曆十一年（776）丙辰

＊李棲筠　御史大夫

《舊書》卷一一《代宗紀》：「大曆……十一年……二月，辛亥，御史大

夫李棲筠卒。《權德輿文集》卷二三有《唐故銀青光祿大夫御史大夫贈司徒贊皇文獻公李公文集序》。

＊張延賞　御史大夫（兼）

《舊書》卷一一《代宗紀》：「大曆……十一年……夏四月……己卯，以前淮南節度使、揚州大都督府長史、御史大夫張延賞爲江陵尹、兼御史大夫，充荊南節度使。」

＊段秀實　御史大夫（兼）

《舊書》卷一二八本傳：「大曆元年，馬璘奏加（段秀實）開府儀同三司，……璘城涇州，秀實掌留後，歸還，加御史中丞。……十一年，璘疾甚，不能視事，請秀實攝節度副使兼左廂兵馬使，……尋拜秀實涇州刺史、兼御史大夫，四鎮北庭行軍涇原鄭穎節度使。」

＊李涵　御史大夫（兼）

《舊書》卷十一《代宗紀》：「大曆……十一年……夏四月戊午朔。丙子，以浙西觀察使、蘇州刺史、御史大夫李涵知臺事，充京畿觀察使。……十三年四月……己丑，以前浙西觀察使李涵爲御史大夫。」《毗陵集》卷三《奉和李大夫同呂評事太行苦熱行兼寄院中諸公》，《劉隨州文集》卷七《奉和李大夫同呂評事太行苦熱行兼寄院中諸公仍呈王員外》，李大夫，即李涵。

＊李昌巙　御史大夫（兼）

《全詩》卷二七○戎昱《上桂州李大夫》：「今日辭門館，情將衆別殊。感深翻有淚，仁過曲憐愚。……唯於方寸內，暗貯報恩珠。」《舊書》卷一一《代宗紀》：大曆八年九月，「戊戌，以辰錦觀察使李昌巙爲桂州刺史、桂管防禦觀察使。」又卷一二《德宗紀上》：建中二年二月乙未，「以桂管觀察使李昌巙爲江陵尹，兼御史大夫，荊南節度等使。」據此知李昌巙大曆八年（773）九月至建中二年（781）二月在桂州任。《唐才子傳校箋》卷三《戎昱》云：「昱，湖南人，……時李巙廉察桂林，寓官舍，月夜聞鄰居行吟之音清麗，遲明訪之，乃昱也，即延爲幕賓，待之甚厚。」戎昱《上桂州李大夫》，知此李大夫即李昌巙，蓋以桂管防禦觀察使兼御史大夫。又《全詩》卷二七○戎昱有《再赴桂州先寄李大夫》詩，譚優學《戎昱行年考》定位大

曆十一年作，則其《上桂州李大夫》詩作於大曆十年，故繫本年李昌巙爲御
史大夫。參譚優學《戎昱行年考》、傅璇琮《唐代詩人叢考·戎昱考》。

＊崔昭　御史大夫（兼）

《全詩》卷二六○秦係《山中崔大夫有書相問》，崔大夫，即崔昭。本年
七月至大曆十四載爲浙東觀察使，兼御史大夫，參《唐刺史考全編·越州》。

＊鮑防　御史中丞

《全詩》卷二三八錢起《送鮑中丞赴太原軍營》：「將略過南仲，天心寄
北京。雲旗臨塞色，龍笛出關聲。」《全詩》卷二八○盧綸《送鮑中丞赴太
原》：「專幕臨都護，分曹制督郵。積冰營不下，盛雪獵方休。」《全文》卷
七八三穆員《鮑防碑》：「公諱防，字子慎。河南洛陽人。徵尚書郎，優游公
卿間……無何，薛兼訓寢疾太原。上以北門寄重，軫念於薛，思所以貳而代
之者，莫與公比。召對勞賜，寵而遣之。……三載朝覲，屬今上嗣位，惟新
大政。授公紀律，俾作典刑，拜御史大夫。」《舊書》卷一一《代宗紀》：大
曆十一年十二月，「北都留守薛兼訓病故也。」時年鮑防代之，兼御史中丞。

＊張建封　監察御史

據《舊書》卷一四○《張建封傳》及《唐監察御史張公夫人彭城劉氏墓
誌銘並序》，張建封於大曆十年至十三年任監察御史，知本年張當在監察御
史任。

唐代宗大曆十二年（777）丁巳

＊李涵　御史大夫

《舊書》卷一一八《元載傳》：「……大曆十二年三月庚辰，……敕御史
大夫李涵、右散騎常侍蕭昕、兵部侍郎袁傪、禮部侍郎常袞、諫議大夫杜亞
同推究其狀。」《舊書》卷一二三《劉晏傳》：「大曆……十二年三月，誅宰臣
元載，晏奉詔訊鞫。晏以載居任樹黨，布於天下，不敢專斷，請他官共事。
敕御史大夫李涵、右散騎常侍蕭昕、兵部侍郎袁傪、禮部侍郎常袞、諫議大
夫杜亞同推，載皆款伏。」

＊段秀實　御史大夫（兼）

《舊書》卷一一《代宗紀》：「（大曆）十二年春正月……辛酉，以四鎮北庭涇原節度副使、知節度使事、張掖郡王段秀實爲涇州刺史、兼御史大夫，充本州團練使。」

＊韓滉　御史大夫（兼）

《舊書》卷一二九本傳：「……大曆十二年秋，……分巡御史趙計複檢行，奏與滉合。代宗覽奏，以爲水旱咸均，不宜渭南獨免，申命御史朱敖再檢，渭南損田三千餘頃。……弄權樹黨，皆此類也。俄改太常卿、議未息，又出爲晉州刺史、數月，拜蘇州刺史、浙江東西都團練觀察使。尋加檢校禮部尚書、兼御史大夫、潤州刺史、鎮海軍節度使。」《新書》卷一二六《韓滉傳》。

＊鮑防　御史大夫（兼）

《舊書》卷一四六本傳：「鮑防，幼孤貧，篤志好學，善屬文，天寶末舉進士，爲浙東觀察使薛兼訓從事，累至殿中侍御史。……入爲御史大夫，歷福建、江西觀察使，徵拜左散騎常侍。」《新書》卷一五九本傳略同。《舊書》卷一一《代宗紀》：「大曆……十二年……三月……癸亥，以太原少尹、河東節度行軍司馬、權知河東留後鮑防爲太原尹、御史大夫，充北都留守、河東節度使。」《全文》卷七八三穆員《鮑防碑》：「公諱防，字子慎，河南洛陽人。徵尚書郎，優游公卿間……三載朝覲，屬今上嗣位，惟新大政。授公紀律，俾作典刑，拜御史大夫。」

＊張伯儀　御史大夫（兼）

《舊書》卷一一《代宗紀》：大曆十二年五月「甲戌，以前安南都護張伯儀爲廣州刺史、兼御史大夫，充嶺南節度使。」

＊嚴郢　御史中丞

《全詩》二六三嚴維《贈別劉長卿時赴河南嚴中丞幕府》，同書卷一四八劉長卿《送嚴維赴河南充嚴中丞幕府》。嚴中丞，即嚴郢，大曆十二年至十四年爲河南尹，兼御史中丞，參《唐刺史考全編·河南府》。嚴維、劉長卿詩作當在本年。

＊趙計　監察御史

《通鑒》卷二二五：「大曆十二年……冬，十月，……京兆尹黎幹奏秋霖損稼，韓滉奏幹不實；上命御史按視，丁未，還奏，『所損凡三萬餘頃。』渭南令劉澡阿附度支，稱縣境苗獨不損；御史趙計奏與澡同。上曰：『霖雨溥溥，豈得渭南獨無！』更命御史朱敖視之，損三千餘頃。上歎息久之，曰：『縣令，字人之官，不損猶應言損，乃不仁如是乎！』貶澡南浦尉，計澧州司戶，而不問滉。」唐監察御史主巡視州縣，趙計應爲監察御史。

＊朱敖　監察御史

《通鑒》卷二二五：「大曆十二年……冬，十月，……京兆尹黎幹奏秋霖損稼，韓滉奏幹不實；上命御史按視，丁未，還奏，『所損凡三萬餘頃。』渭南令劉澡阿附度支，稱縣境苗獨不損；御史趙計奏與澡同。上曰：『霖雨溥溥，豈得渭南獨無！』更命御史朱敖視之，損三千餘頃。上歎息久之，曰：『縣令，字人之官，不損猶應言損，乃不仁如是乎！』貶澡南浦尉，計澧州司戶，而不問滉。」

霍按：依唐制，監察御史主巡視州縣，朱敖應爲監察御史。

＊張建封　監察御史

據《舊書》卷一四〇《張建封傳》及《唐監察御史張公夫人彭城劉氏墓誌銘並序》，張建封於大曆十年至十三年任監察御史，知本年張當在監察御史任。

＊劉從一　監察御史

《舊書》卷一二五本傳：「劉從一，中書侍郎林甫之玄孫也。……從一少舉進士，大曆中宏詞，授秘書省校書郎，以調中第，補渭南尉，雅爲常袞所推重。及袞爲相，遷監察御史。居無何，丁母憂。服除，宰相盧杞薦之，超遷侍御史。」《通鑒》卷二二五：「大曆十二年……夏，四月壬午，以……禮部侍郎常袞爲門下侍郎，並同平章事。」劉從一本年任監察御史。

唐代宗大曆十三年（778）戊午

＊鮑防　御史大夫（兼）

《舊書》卷一九五《迴紇傳》：「（大曆）十三年正月，迴紇寇太原，過榆

次、太谷，河東節度留後、太原尹、兼御史大夫鮑防與迴紇戰於陽曲，我師敗績，死者千餘人。」

*李涵　御史大夫

《舊書》卷一一《代宗紀》：大曆十三年四月己丑，「以前浙西觀察使李涵爲御史大夫。」

*李道昌　御史中丞（兼）

《舊書》卷一一《代宗紀》：大曆十三年四月丁亥，「以浙西觀察留後李道昌爲蘇州刺史、兼御史中丞，充浙西都團練觀察使。」

*杜亞　御史中丞（兼）

《舊書》卷一一《代宗紀》：大曆十三年十二月丙戌，「……以給事中杜亞爲洪州刺史、兼御史中丞，充江西觀察使。」《舊書》卷一四六本傳：「至德初，於靈武獻封章，言政事，授校書郎。其年，杜鴻漸爲河西節度，辟爲從事，累授評事、御史。……宰相常衮亦不悅亞，歲餘，出不洪州刺史、兼御史中丞、江西都團練觀察使。……興元初，詔拜刑部侍郎，出爲揚州長史、兼御史大夫、淮南節度觀察使。」《全詩》卷二八七暢當《奉送杜中丞赴洪州》：「詔出鳳凰宮，新恩連帥雄。江湖經戰陣，草木待仁風。豪右貪威愛，紆繁德簡通。多慚君子顧，攀餞路塵中。」杜中丞，即杜亞。

*嚴震　御史中丞（兼）

《舊書》卷一一七本傳：「嚴震，字遐聞，梓州鹽亭人。……至德、乾元已後，震屢出家財以助邊軍，授州長史、王府諮議參軍。山南西道節度使又奏爲鳳州刺史，加侍御史，丁母憂罷。起複本官，仍充興、鳳兩州團練使，累加開府儀同三司、兼御史中丞。」《金石萃編》卷六六《佛頂尊勝陀羅尼石幢讚並序》：「開府儀同三司試秘書監使持節鳳州諸軍事兼鳳州刺史、兼御史中丞、充興鳳兩州度團練使、同山南西道節度副使、上柱國、□□縣開國侯□（嚴）震敬造並撰文及書。」大曆十三年二月十八日立。

*張建封　監察御史

《文物》2011 年第 4 期梁永照《唐劉氏墓誌考》載《唐監察御史張公夫人彭城劉氏墓誌銘並序》：「夫人諱□，兵部尚書武陵公贍之曾孫，齊州錄事

參軍曰祈之長女也。……年二十六，終於吳之旅舍。粵大曆戊午歲冬十一月
廿七日，始獲旋窆於河陽北原，以金革未夷，緩也。……是時也，張公方戴
鐵冠，……撫寧梁鄭，遐邇欽矚。」清乾隆年間《孟縣志·地理下·墓葬》
錄張建封墓誌全文：「公諱建封，字本立，姓張氏，南陽人。……大曆中，河
陽三城使馬燧躬爲之介奏，除監察御史……（貞元十六年）五月三日庚戌，
薨於鎮，享齡六十有五。勑贈司空。……公重婚，皆彭城劉氏，其初，齊州
錄事參軍曰祈之女。」則劉氏爲張建封妻無疑。大曆戊午歲爲大曆十三年，《墓
誌》云「監察御史張公夫人彭城劉氏」，知張建封時任監察御史。

*張翔　監察御史

《墓誌彙編》建中○○二《大唐故朝議郎行殿中侍御史賜緋魚袋安定張府
君墓誌銘並序》：「維大唐大曆十四年龍集己未十二月三日，朝議郎行殿中侍
御史張公以官終於長安宣陽里之私第。……公諱翔，字子翼，安定人也。……
天寶初，自前齋郎調補濟王府參軍，……改左金吾衛兵曹參軍，太常寺協律
郎攝監察御史，又改大理評事，特授監察御史。自夏縣尉以後，皆在名公方
鎮之幕，每一人延請，陞拜一官，又爲近密薦聞，授太子司議郎，改京兆府
功曹參軍，……眞拜監察御史，轉殿中侍御史，前後十任，歷十一官，終時
年五十六。……公乃四持憲邦，而年不登耳順。」張翔大曆十四年爲殿中侍
御史，則其任監察御史在大曆十三年及前段時間。

唐代宗大曆十四年（779）己未

大曆十四年五月辛酉，代宗崩，癸亥，（德宗）即位於太極殿。《舊書》
卷一二《德宗紀上》。

*喬琳　御史大夫

《舊書》卷一二《德宗紀上》：大曆十四年「八月甲辰，……以懷州刺史
喬琳爲御史大夫、同平章事、京畿觀察使。」……（十四年）十一月……御
史大夫、平章事喬琳爲工部尙書，罷知政事。加劍南西川節度觀察度支營田
等使、檢校司空、平章事。」《舊書》卷一一七《崔寧傳》：「先時，張獻誠數
與旰戰，獻誠屢敗，旌節皆爲旰所奪。朝廷……仍賜名曰寧。……寧在蜀十
餘年，……大曆十四年入朝，遷司空、平章事，兼山陵使，尋代喬琳爲御史

大夫、平章事。」《新書》卷六二《宰相表中》：「大曆十四年八月甲辰，懷州刺史喬琳爲御史大夫，道州司馬楊炎爲門下侍郎，並同中書門下平章事。」

＊崔寧（旰）　御史大夫

《舊書》卷一一七《崔寧傳》：「先時，張獻誠數與旰戰，獻誠屢敗，旌節皆爲旰所奪。朝廷……仍賜名曰寧。……寧在蜀十餘年，……大曆十四年入朝，遷司空、平章事，兼山陵使，尋代喬琳爲御史大夫、平章事。寧以爲選擇御史當出大夫，不謀及宰相，乃奏請以李衡、於結等數人爲御史。楊炎大怒，其狀遂寢。」《新書》卷一四四《崔寧傳》：「（大曆）十四年，入朝，進檢校司空、同中書門下平章事，兼山陵使。俄以平章事爲御史大夫，即建白擇御史當出大夫，不宜謀及宰相。因奏李衡、於結等任御史，宰相楊炎怒，寢不行。」《舊書》卷一一《代宗紀》：「大曆……三年……夏四月……壬寅，……劍南西川節度使、兼御史大夫崔旰來朝。……五月……戊辰，以劍南西川節度使崔旰檢校工部尚書，改名寧。」

＊馬燧　御史大夫　大曆十四年（779）～貞元三年（787）

《舊書》卷一二《德宗紀上》：「大曆……十四年……五月閏月壬申，……辛卯，以河陽三城鎮遏使馬燧檢校工部尚書，兼太原尹、御史大夫、北都留守、河東節度使。」

＊李自良　御史大夫（兼）

《舊書》卷一四六本傳：「馬燧代（鮑）防爲帥，署奏自良代州刺史、兼御史大夫，仍爲軍侯。」《通鑑・大曆十四年》：「五月……辛卯，以河陽鎮遏使馬燧爲河東節度使。……奏李自良代州刺史。」

＊李希烈　御史大夫（兼）

《舊書》卷一四五本傳：「與少將丁暠等斬惠光父子，忠臣奔赴朝廷，詔以忻王爲淮西節度副大使，授希烈蔡州刺史、兼御史中丞、淮西節度留後，令滑亳節度李勉兼領汴州。……德宗即位後月餘，加御史大夫，充淮西節度支度營田觀察使，又改淮西節度淮寧軍以寵之。」《舊書》卷一二《德宗紀上》：「大曆十四年五月辛酉，代宗崩，癸亥，（德宗）即位於太極殿。」李希烈加御史大夫銜當在本年六、七月間。

＊張延賞　御史大夫（兼）

《舊書》卷一二《德宗紀》：「大曆……十四年……十一月……壬午，……以荊南節度使、檢校禮部尙書、兼江陵尹、御史大夫張延賞檢校兵部尙書兼成都尹、御史大夫、劍南西川節度度支營田觀察等使。」

＊賈耽　御史大夫

《舊書》卷一三八本傳：「大曆十四年十一月，檢校左散騎常侍、兼梁州刺史、御史大夫、山南西道節度使。」

＊田悅　御史中丞（兼）

《舊書》卷一一《代宗紀》：「大曆……十四年……二月……甲申，以魏博中軍兵馬使、左司馬田悅兼御史中丞，充魏博節度留後。」

＊李希烈　御史中丞（兼）

《舊書》卷一四五本傳：「李希烈，遼西人。……大曆末，忠臣軍政不修，事多委妹婿張惠光爲押司，弄權縱恣。（希烈）與少將丁暠等斬惠光父子，忠臣奔赴朝廷，詔以忻王爲淮西節度副大使，授希烈蔡州刺史、兼御史中丞、淮西節度留後，令滑亳節度李勉兼領汴州。」《通鑑》卷二二五：「大曆十四年……三月，以希烈爲蔡州刺史、淮西留後。」《全文》卷四四四韓翃《爲李希烈謝留後表》：「……伏奉今月口制書，授臣使持節蔡州刺史兼御史中丞充淮西節度觀察度支營田等使留後……」李忠臣，《舊書》卷一四五有傳。

＊吳希光　御史中丞

《舊書》卷一二《德宗紀上》：「大曆……十四年……五月閏月……己丑，以羽林大將軍吳希光檢校散騎常侍、兼御史中丞。」

＊董晉　御史中丞（兼）

《舊書》卷一四五本傳：「董晉，字混成，河中虞鄉人，明經及第。至德初，肅宗自靈武幸彭原，晉上書謁見，授校書郎，翰林待制，……未幾，刺史崔圓改淮南節度，奏晉以本官攝殿中侍御史，充判官。……尋歸臺，授本官，遷侍御史、主客員外郎、祠部郎中。……旬日，德宗嗣位，改太常卿，遷右散騎常侍，兼御史中丞知臺事。……尋爲華州刺史、兼御史中丞、潼關防禦使。……久之，加兼御史大夫。」《會要》卷七八《諸使雜錄》上曰：大

曆十四年六月「三日敕，御史中丞董晉、中書舍人薛蕃、給事中劉乃，宜充三司使，……收詞訟。」

＊房宗偃　御史中丞

《舊書》卷一二《德宗紀上》：「大曆……十四年……秋七月……辛未，以吏部侍郎房宗偃爲御史中丞、東都畿觀察使。」《會要》卷六〇「御史臺上」：「大曆十四年七月，以吏部郎中房宗偃爲御史中丞，仍東都留臺。」

＊姚令言　御史中丞（兼）

《舊書》卷一二七本傳：「姚令言，河中人也。……改試太常卿、兼御史中丞。建中元年，……遂拜令言爲四鎮北庭行營涇原節度使、涇州刺史、兼御史大夫。」姚令言建中元年由太常卿升爲四鎮北庭行營涇原節度使、涇州刺史兼御史大夫，其任太常卿兼御史中丞應在本年。

＊張光晟　御史中丞（兼）

《舊書》卷一二七本傳：「大曆末，遷單于都護、兼御史中丞、振武軍使。」

＊李泌　御史中丞（檢校）　　大曆十四年（779）～建中二年（781）

《舊書》卷一三〇《李泌傳》：「數年，代宗繼位，召爲翰林學士，……會澧州刺史闕，……詔曰：『……以泌文可以化成風俗，政可以全活煢嫠。爰命頒條，期乎共理，無薄淮陽之守，勉思渤海之功。可檢校御史中丞，充澧朗硤團練使。』」參郁賢皓《唐刺史考全編》卷一七四「澧州」。

＊杜佑　御史中丞

《舊書》卷一四七本傳：「杜佑字君卿，京兆萬年人。……祐以蔭入仕，補濟南郡參軍、剡縣丞。……元甫爲浙西觀察、淮南節度，皆辟爲從事，深所委信。累官至檢校主客員外郎，入爲工部郎中，充江西青苗使，轉撫州刺史。改御史中丞，充容管經略使。」《全文》卷四九六權德輿《大唐銀青光祿大夫檢校司徒同中書門下平章事太清宮及度支諸道鹽鐵轉運等使岐國公杜公淮南遺愛碑銘並序》：「再爲撫州刺史，以御史中丞領容州刺史經略使。」杜佑大曆十四年由撫州刺史改御史中丞，充容管經略使，參郁賢皓《唐刺史考全編》卷一六〇「江南西道撫州。」

＊鄭叔規　御史中丞（兼）　大曆十四年（779）～貞元三年（787）

《墓誌彙編》大中一三五《唐故邵州鄭使君墓誌有銘》：「王□（當爲父字，筆者注）以健筆奇……交馬北平燧、李中書泌、張徐州建豐，掌北平書記十年，……得兼御史丞、副守北都，入爲司業少僕，亦刺絳州，諱叔規。烈考嘗繼伯父留守公以蔭補千牛。……留守公諱叔則，建中貞元之偉人也。」馬燧大曆十四年（779）至貞元三年（787）鎮河東。張建豐、鄭叔規皆在其幕，鄭爲馬燧掌書記十年。

＊盧岳　侍御史

《全文》卷七八四穆員《陝虢觀察使盧公墓誌銘》：「唐貞元四年夏六月，陝虢都防禦觀察轉運等使、陝州刺史、兼御史中丞范陽盧公壽六十中疾於位。……府君諱岳，字周翰。……以大理評事兼監察御史始佐湖南觀察之政。前帥韋之晉倚之以清，後帥辛京杲藉之以立。既眞拜，又稍遷殿中侍御史。京杲入覲，咨以留府。……初朝廷之任京杲也，以恩舊用，不責之以龔、黃之績。至是還之不可，易之不能。留之京師，以盡府君之美。若是者五載。累錫銀印朱紱，金章紫綬，加侍御史。……建中初，今上嗣位。……未一年，黜陟使奏課爲五嶺之表，轉桂府觀察經略等使，就加御史中丞。」據《墓誌》，盧岳建中前，即大曆十四年加侍御史銜。

＊張建封　侍御史

《舊書》卷一四〇本傳：「建封素與馬燧友善，大曆十年，燧爲河陽三城鎮遏使，辟爲判官，奏授監察御史，賜緋魚袋。……及燧爲河東節度使，復奏建封爲判官，特拜侍御史。建中初，燧薦之於朝，楊炎用爲度支郎中。」《新書》卷一五八《張建封傳》略同。《通鑒》卷二五五大曆十四年五月「以河陽鎮遏使馬燧爲河東節度使」，建中元年，張建封入朝爲度支郎中。

＊朱敖　侍御史

《唐會要》卷六一「彈劾」條載：上（德宗）即位初，侍御史朱敖請復舊制，置朱衣豸冠於內廊，有犯者，御史服以彈。又令御史得專彈劾，不復關白於中丞、大夫。」又見《通鑒》卷二二五「大曆十二年」。

＊張滂　侍御史（兼）

《墓誌彙編》「貞元一〇三《唐故中大夫戶部侍郎兼御史大夫諸道鹽鐵轉

運等使清河張公墓誌銘並序》（朝散大夫守尚書虞部郎中李灝撰）：「公諱滂，字孟博，貝州清河人也。……大曆……四年，加兼監察御史。……十四年，改庫部員外，依前兼侍御史，充監倉庫使。……（貞元）十六年十月十九日寢疾終於位，時年七十六。」

＊呂渭　殿中侍御史

《舊書》卷一三七本傳：「呂渭，字君載，河中人。……渭舉進士，累授婺州永康令、大理評事。浙西觀察使李涵辟爲支使，再遷殿中侍御史。」《舊書》卷一二六《李涵傳》：「德宗即位，以涵和易，無剸割之才，除太子少傅，充山陵副使。涵判官殿中侍御史呂渭上言：『涵父名少康，今官名犯諱，恐乖禮典。』……尋有人言：『涵昔爲宗正少卿，此時無言，今爲少傅，妄有奏議。』由是改涵爲檢校工部尚書、兼光祿卿，仍充山陵副使。無幾，以右僕射致仕。」《新書》卷一六○本傳：「呂渭，字君載，河中人。……渭第進士，從浙西觀察使李涵爲支使，進殿中侍御史。大曆末，涵爲元陵副使，渭又爲判官。」據《唐五代文學編年史》，大曆十一年，獨孤及《奉和李大夫同呂評事太行苦熱行兼寄院中諸公》（《毗陵集》卷三），《劉長卿《奉和李大夫同呂評事太行苦熱行兼寄院中諸公仍呈王員外》（《劉隨州文集》卷七）均稱呂渭爲「評事」，可見此時呂渭尚爲大理評事，未任殿中侍御史。又《舊書·李涵傳》：「德宗即位，以涵和易，……除太子少傅，充山陵副使。涵判官殿中侍御史呂渭上言……」德宗於大曆十四年五月即位，本年呂渭爲殿中侍御史。

＊張翔　殿中侍御史

《墓誌彙編》建中○○二《大唐故朝議郎行殿中侍御史賜緋魚袋安定張府君墓誌銘並序》：「維大唐大曆十四年龍集己未十二月三日，朝議郎行殿中侍御史張公以官終於長安宣陽里之私第。……公諱翔，字子翼，安定人也。……天寶初，自前齋郎調補濟王府參軍，……改左金吾衛兵曹參軍，太常寺協律郎攝監察御史，又改大理評事，特授監察御史。自夏縣尉以後，皆在名公方鎮之幕，每一人延請，陞拜一官，又爲近密薦聞，授太子司議郎，改京兆府功曹參軍，……眞拜監察御史，轉殿中侍御史，前後十任，歷十一官，終時年五十六。」

＊張衆甫　監察御史

《全文》卷五〇二權德輿《監察御史清河張府君墓誌銘並序》：「君諱衆甫，字子初，清河人。……君早爲諸生，……年過耳順，而方脫章甫，冠惠文……初爲轉運司所辟，解巾太常寺太祝，轉河南府壽安縣尉，罷秩歷年，僑居雲陽。……間以羈旅遊京師，……會淮寧軍帥之始至也，……求士於朝，徵朝賢多以君爲才，辟書薦至。俄拜監察御史，且爲從事。……以建中三年三月日，至家而終，享年六十八。」《通鑑》卷二二五：「大曆十四年……三月，以希烈爲蔡州刺史、淮西留後。」《全詩》卷二七四戴叔倫《酬贈張衆甫》：「野人無本意，散木任天材。……更慚張處士，相與別蒿萊。」

＊陳皆（陳偕）　殿中侍御史（兼）大曆末

《墓誌彙編》貞元一三〇《唐故中散大夫使持節台州諸軍事守台州刺史上柱國賜金魚袋潁川陳公（皆）墓誌銘並序》（故吏浙江東道都團練副使朝議郎殿中侍御史內供奉賜緋魚袋崔芃撰）：「公姓陳氏，潁川人，諱皆，……公天寶中，……爲節度使來瑱所器。洎襄陽兵亂，梁崇義用公之謀，方隅底寧，授大理評事、觀察支使，遷監察御史節度判官，轉殿中侍御史。拜均州刺史，王師平漢南，以公肇經惠迪，就加御史中丞。……以廿年二月十五日，葬於成周北原禮也。」按：梁崇義建中二年被誅，陳皆在梁崇義幕任殿中侍御史應在大曆末、建中初。

＊陳皆（陳偕）　監察御史（兼）大曆末

《墓誌彙編》貞元一三〇《唐故中散大夫使持節台州諸軍事守台州刺史上柱國賜金魚袋潁川陳公（皆）墓誌銘並序》（故吏浙江東道都團練副使朝議郎殿中侍御史內供奉賜緋魚袋崔芃撰）：「公姓陳氏，潁川人，諱皆，……公天寶中，……爲節度使來瑱所器。洎襄陽兵亂，梁崇義用公之謀，方隅底寧，授大理評事、觀察支使，遷監察御史節度判官，轉殿中侍御史，拜均州刺史。……貞元十四年遷台州刺史，十八年十二月十五日遘癘薨。……以廿年二月十五日，葬於成周北原禮也。」按：梁崇義建中二年被誅，陳皆在梁崇義幕任監察御史應在大曆末、建中初。

唐肅宗至德二載至代宗大曆十四年待考證御史

＊源休　監察御史　至德、乾元時期

《舊書》卷一二七本傳：「源休，相州臨漳人，……累授監察御史、殿中侍御史、青苗使判官，遷虞部員外郎。出潭州刺史，入爲主客郎中，遷給事中、御史中丞、左庶子。」《全詩》卷二四一元結《寄源休》詩序云：「辛丑中，元結與族弟源休皆爲尚書郎，在荊南府幕，休以曾任湖南，久理長沙，結以曾遊江州，將兵鎮九江，自春及秋，不得相見，故抒所懷以寄之。」辛丑爲肅宗上元二年，由此推源休任監察御史、殿中侍御史約在至德、乾元時期，具體任職年份待考。

＊源休　殿中侍御史

見上考。

＊王承俊　御史中丞（兼）　大曆中？

《墓誌彙編》元和○三三《唐故江南西道觀察判官監察御史裏行太原王公墓誌銘》：「公諱叔雅，字元宏。太原祁人也。……懷州生金紫光祿大夫、試秘書監、兼御史中丞、衢州刺史、贈揚府大都督諱承俊，公之先考也。」叔雅元和四年卒，年五十五。承俊兼御史中丞約在大曆中。《全詩》卷二○七李嘉祐《贈王八衢州》，陶敏《全詩人名考證》考「王八衢州」即王承俊。

＊秦讓　侍御史（兼）　大曆中？

《墓誌彙編》元和○六二《唐河陽軍節度故左馬軍虞侯秦府君夫人太原王氏墓誌銘並序》：「公諱士寧，其先嬴姓之後，……考諱讓，皇河陽軍武牢鎮遏兵馬使、同都團練副使兼侍御史，贈使持節石州刺史。公即使君之子也。」士寧元和七年六月卒，年卅四，其父約大曆中人。

＊李少良　殿中侍御史

《舊書》卷一一八《元載傳・李少良附傳》：「李少良者，以吏用，早從使幕，因職遷殿中侍御史。……留少良於禁內客省，少良友人韋頌因至禁門訪少良，少良漏其言。頌不愼密，遂爲載備知之，乃奏少良狂妄，詔下御史臺訊鞫。是時御史大夫缺，載以張延賞爲之。」《新書》卷一四五《李少良傳》：「李少良者，以吏治由諸帥府遷累殿中侍御史。」

柳並　殿中侍御史

《新書》卷二○二《文藝傳中》:「柳並者,字伯存。大曆中,辟河東府掌書記,遷殿中侍御史。」

＊陸渭　侍御史

《全文》卷五三○顧況《祭陸端公文》:「維大曆八年正月朔,同鄉顧況,於永嘉發使,具簞蔬野酌,敬祭陸三十二兄端公之靈。」陸端公,即陸渭,見《文史》第三十一輯陶敏《唐人行第錄正補》,陸渭任侍御史應在大曆八年或之前,待考。

＊蔣沇　監察御史(乾元前)

《舊書》卷一八五《良吏傳下‧蔣沇傳》:「以孝廉累授洛陽尉、監察御史。……稍遷長安令、刑部郎中、兼侍御史,領渭橋河運出納使。……乾元後,授陸渾、周至、咸陽、高陵四縣令。……大曆十二年,常袞以群議稱沇屈,擢拜御史中丞、東都副留守。」據《舊書》卷一八五本傳,蔣沇任監察御史在乾元前,具體任職年份待考。

＊蔣沇　侍御史(乾元前)

《舊書》卷一八五《良吏傳下‧蔣沇傳》:「以孝廉累授洛陽尉、監察御史。……稍遷長安令、刑部郎中、兼侍御史,領渭橋河運出納使。……乾元後,授陸渾、周至、咸陽、高陵四縣令。……大曆十二年,常袞以群議稱沇屈,擢拜御史中丞、東都副留守。」據《舊書》卷一八五本傳,蔣沇任侍御史在乾元前,具體任職年份待考。

＊邵說　殿中侍御史(肅宗朝)

《新書》卷二○三《文藝傳下》:「邵說,相州安陽人,擢進士第。……德宗立,擢吏部侍郎。說因自陳:『家本儒,先祖長白山人貞一,以武后革命,終身不肯仕。先臣殿中侍御史瓊之,逮事玄宗。臣十六即孤,……天寶中始仕。……肅宗拜臣左金吾衛騎曹參軍,許留思明所。會烏承恩事,路絕,不得歸。……朝義之敗,……臣西歸獻狀,先帝詔翰林索臣所上言,與王伷偕召。先帝……擢伷侍御史,臣為殿中侍御史。』」

＊王伷　侍御史（肅宗朝）

《新書》卷二〇三《文藝傳下》：「邵說，相州安陽人，擢進士第。……德宗立，擢吏部侍郎。說因自陳：『家本儒，先祖長白山人貞一，以武后革命，終身不肯仕。先臣殿中侍御史瓊之，逮事玄宗。臣十六即孤，……天寶中始仕。……肅宗拜臣左金吾衛騎曹參軍，許留思明所。會烏承恩事，路絕，不得歸。……朝義之敗，……臣西歸獻狀，先帝詔翰林索臣所上言，與王伷偕召。先帝……擢伷侍御史，臣爲殿中侍御史。』」

＊劉太眞　侍御史　大曆八年（773）至興元元年（784）

《全文》卷五三八裴度《劉府君神道碑銘並序》：「公諱太眞，字仲適，族彭城，……浙東觀察使陳少游虛右職而勤請焉。公……乃從之，奏授監察御史。及陳之移鎮揚州，又爲節度判官，再遷至侍御史。……以貞元八年三月八日，薨於餘干縣之旅館，春秋六十八。」《舊書》卷一三七本傳：「劉太眞，宣州人。涉學，善屬文，少師事詞人蕭穎士。天寶末，舉進士。大曆中，爲淮南節度使陳少游掌書記。」陳少游大曆八年至興元元年鎮揚州，參《唐刺史考全編·揚州》。劉太眞在陳少游幕任侍御史，具體任職年份待考。

＊張鎬　侍御史

《新書》卷一三九《張鎬傳》：「張鎬字從周，博州人。……天寶末，楊國忠執政，求天下士爲己重，聞鎬才，薦之。釋褐衣，拜左拾遺，歷侍御史。」

李渙　御史大夫　永泰元年以後（765）

《會要》卷六〇「御史臺上」：開元二十二年三月，置京畿採訪處置使，以中丞爲之，自是不改。」其下注云「其時，大夫是李尚隱，不充使，以中丞盧奐爲之。至永泰元年以後，遂以大夫王翊、崔渙、李渙、崔寧、盧杞等爲使。」

＊梁崇義　御史大夫　寶應二年後（763）

《舊書》卷一二一本傳：「梁崇義，長安人。……寶應二年三月，崇義殺昭與南陽，以脅眾心，朝廷因授其節度焉。以襄州薦履兵禍，屈法含容，姑務息人也。歷御史中丞、大夫、尚書。遂與田承嗣、李正己、薛嵩、李寶臣爲輔車之勢，奄有襄、漢七州之地，帶甲二萬，連結根固，未嘗朝覲，然於群凶，地最褊，兵最少，法令最理，禮貌最恭。」梁崇義寶應二年兼御史中

丞，其任御史大夫應在寶應二年後，待考。

＊馬燧　殿中侍御史（兼）　大曆六年（771）前

《舊書》卷一三四本傳：「馬燧，……歷太子通事舍人，遷著作郎、營田判官。無幾，遷秘書少監、兼殿中侍御史，爲節度判官、承務郎，遷鄭州刺史。……抱玉移鎮鳳翔，以汧陽被邊，署奏隴州刺史、兼御史中丞。」馬燧大曆六年——九年兼御史中丞，其兼殿中侍御史應在大曆六年前，待考。

＊高去疾　監察御史（攝）

《舊書》卷一六八本傳：「高釴字翹之。……父去疾，攝監察御史。釴元和初進士及第。……大和……七年，出爲同州刺史、兼御史中丞。八年六月卒。贈兵部尚書。」《墓誌彙編》大中一〇五《唐故朝議郎河南府壽安縣令賜緋魚袋渤海高府君墓誌銘並序》：「府君諱瀚，字子至，渤海蓨人也。……皇試右衛錄事參軍攝監察御史贈司空諱去疾府君之孫，皇同州刺史兼御史中丞、贈兵部尚書諱釴府君之長子。」高釴元和初進士及第，主要活動與文宗朝，其父約爲大曆時人，暫錄於此，待考。

＊裴冑　侍御史（兼）　大曆八年（773）～興元元年（784）

《舊書》卷一二二本傳：「代宗以元載隳紊朝綱，徵棲筠入朝，內制授御史大夫，方將大用。……及棲筠卒，冑護棲筠喪歸洛陽，衆論危之，冑坦然行心，無所顧望。淮南節度陳少游奏檢校主客員外、兼侍御史、觀察判官。」陳少游於大曆八年（773）至興元元年（784）任淮南節度使，裴冑兼侍御史當在此期間，具體任職年份待考。

＊郎餘仙　御史大夫（兼）大曆中？

《墓誌彙編》大中〇一八《唐故中山郡郎氏夫人墓誌銘並序》（大中二年正月廿四日）：「皇祖諱餘仙，滑州刺史御史大夫。」夫人卒大中元年，享年七十三。

＊李彙　監察御史（兼）大曆中

《墓誌彙編》元和〇二五《有唐故撫州法曹曹軍員外置隴西李府君墓誌銘並序》：「公諱彙，字伯揆，隴西郡人也。……年才弱冠，明經甲科，解褐授恒王府參軍，太常寺協律郎，大理評事，佐陝運使幕，以轉輸勤勞，遷監察

御史賜緋魚袋。……使停冬薦，授河中府田曹參軍，……秩滿，鹽鐵使急賢，薦知福州院事，……又領襄州院事，……遷試秘書郎兼監察御史，……遂爲詔人潛飛謗諜，……貶崖州澄邁縣尉，……量移撫州法曹，……舟行遇疾，藥石無徵，以貞元廿一年六月廿三日，終於廣州旅泊，享年七十。按李彙兩爲監察御史。《墓誌》云「年才弱冠，明經甲科」，其弱冠之年即天寶十四載（755）年，綜其歷官，其第一次任監察御史約在大曆中。

＊魏讓　監察御史　大曆中

《墓誌彙編》元和○○三《大唐故河南府氾水縣尉鉅鹿魏公墓誌銘並序》：「公諱和，字元眞，……京兆尹、洪府觀察、贈太子太師諡曰景公、少游之孫，監察御史、大理正讓之子。」魏和元和元年卒，享年五十六。其父約活動於大曆時期。

唐德宗建中元年至唐順宗永貞元年

唐德宗建中元年（780） 庚申

建中元年春正月丁卯朔，御含元殿，改元建中。《舊書》卷一二《德宗紀上》

*崔寧 御史大夫

《舊書》卷一一七《崔寧傳》：「大曆十四年……十月，……炎懼寧怨己，入蜀難制，謂德宗曰……寧遂罷西川節度，制授檢校司空、同中書門下平章事、御史大夫、京畿觀察使，兼靈州大都督、單于鎮北大都護、朔方節度等使、兼鄜坊丹延都團練觀察使。」《通鑒》卷二二六記此事在大曆十四年十一月，則建中元年崔寧當在御史大夫任。

*李希烈 御史大夫

《舊書》卷一四五本傳：「與少將丁暠等斬惠光父子，忠臣奔赴朝廷，詔以忻王爲淮西節度副大使，授希烈蔡州刺史、兼御史中丞、淮西節度留後，令滑亳節度李勉兼領汴州。……德宗即位後月餘，加御史大夫，充淮西節度支度營田觀察使，又改淮西節度淮寧軍以寵之。」

《舊書》卷一二《德宗紀上》：「大曆十四年五月辛酉，代宗崩，癸亥，（德宗）即位於太極殿。」李希烈加御史大夫銜當在大曆十四年六、七月間，本年仍兼御史大夫。

*韋倫 御史大夫（兼）

《舊書》卷一三八本傳：「……德宗即位，選堪使絕域者，徵倫拜太常少

-99-

卿、兼御史中丞，持節充通和吐蕃使。……使還，遷太常卿、兼御史大夫，加銀青光祿大夫。」《舊書德宗紀》：建中元年五月，「戊辰，以太常少卿韋倫爲太常卿，復使吐蕃。」又見《新書》卷一四三《韋倫傳》。

＊張鎰　御史大夫

《舊書》卷一二五本傳：「張鎰，蘇州人，朔方節度使齊丘之子也。……郭子儀爲關內副元帥，以嘗伏事齊丘，辟鎰爲判官。授大理評事，遷殿中侍御史。乾元初，……洪吉觀察張鎬辟爲判官，奏授殿中侍御史。……大曆五年，……加侍御史、沿淮鎮守使。尋遷壽州刺史。……德宗即位，除江南西道都團練觀察使、洪州刺史、兼御史中丞，徵拜吏部侍郎，尋除河中晉絳都防禦觀察使。到官數日，改汴滑節度觀察使、汴州刺史、兼御史大夫，以疾辭，逗留於中路，徵入，養疾私第。未幾，拜中書侍郎、平章事、集賢殿學士，修國史。」嚴耕望《唐僕尙丞郎表》卷十「張鎰」條：「《舊傳》：『遷壽州刺史。……德宗即位，除江南西道都團練觀察使、洪州刺史、兼御史大夫，徵拜吏部侍郎，』」按《舊書》爲「御史中丞」，「御史大夫」爲嚴氏誤錄，張鎰任御史中丞「當在建中元年四月以前或大曆十四年末也。」又《舊書・代宗紀》：「（大曆十三年丙午）以給事中杜亞爲洪州刺史。」十四年五月癸亥，德宗即位，閏五月，「癸巳，以壽州刺史杜亞爲江西觀察使。」「（甲午）以江西觀察使杜亞爲陝州刺史。」合傳觀之，《舊紀》壽州刺史下「杜亞」必爲「張鎰」之誤，見《新舊唐書合鈔》。《全詩》卷三四九歐陽詹《許州送張中丞出臨潁鎮》，張中丞，即張鎰。

＊姚令言　御史大夫（兼）

《舊書》卷一二七本傳：「姚令言，河中人也。……改試太常卿、兼御史中丞。建中元年，孟暐爲涇原節度留後，自以文吏進身，不樂軍旅，……遂拜令言爲四鎮北庭行營涇原節度使、涇州刺史、兼御史大夫。」

＊田悅　御史大夫

《舊書》卷一四一《田承嗣傳・侄悅附傳》：「大曆十三年，承嗣卒，朝廷用悅爲節度留後。……尋拜檢校工部尙書、御史大夫，充魏博七州節度使。」據《舊書》卷一一《代宗紀》，田承嗣大曆十四年二月卒，《舊書》本傳云大曆十三年卒，誤記。田悅任御史大夫應在大曆十四年至建中元年期間。

*孔巢父　御史中丞（兼）

《舊書》卷一五四本傳：「……建中初，涇原節度留後孟皞表巢父試秘書少監、兼御史中丞、行軍司馬。」

*嚴郢　御史中丞

《會要》卷六一「彈劾」：「建中元年三月，監察御史張著冠豸冠，彈京兆尹兼御史中丞嚴郢。……然著希楊炎之意彈郢，人頗不直之。」《舊書》卷一二《德宗紀上》：「建中元年……三月……庚午，監察御史張著以法冠彈中丞嚴郢，瀅陵陽渠匿詔不行，削郢官，著賜緋魚。」《新書》卷一九三《忠義傳下》：「宰相盧杞方疾御史大夫嚴郢，欲逐之，得廷玉死狀，即抵詹死，而斥出郢。帝閔廷玉忠，歸其柩，厚賻之。」《新書》卷一四五《嚴郢傳》：「炎惡異己，陰諷御史張著劾郢匿發民瀅渠，使怨歸上，繫金吾。長安中日數千人遮建福門訟郢冤，帝微知之，削兼御史中丞。」

*楊昱（楊頊）　御史中丞

《全文》卷五一四唐殷亮《顏魯公行狀》：「今檢校國子祭酒楊昱，自御史中丞、京畿採訪使除為漢州刺史，轉湖州刺史，以舊府之恩，乘州人之請，紀公遺事，刊石立去思碑於州門之外。」《吳興志》：「楊頊，貞元四年自濮州刺史授，遷國子祭酒。《統計》云：興元元年。」據此知楊頊興元元年為湖州刺史，其任御史中丞約在建中初。

*杜佑　御史中丞

本年杜佑兼御史中丞，參大曆十四年、建中二年「杜佑」條。

*庾準　御史中丞（兼）

《舊書》卷一二《德宗紀上》：「建中元年三月……甲戌，以前司農卿庾準為江陵尹、兼御史中丞、荊南節度使。」《舊書》卷一一八本傳：「庾準，常州人。父光先，天寶中文部侍郎。準以門蔭入仕，昵於宰相王縉，縉驟引至職方郎中、知制誥，遷中書舍人。準素寡文學，以柔媚自進，既非儒流，甚為時論所薄。尋改御史中丞，遷尚書左丞。」

*元全柔　御史中丞

《舊書》卷一二《德宗紀上》：「建中元年……夏四月……壬戌，以衡州

刺史、嗣曹王臯爲潭州刺史、湖南團練觀察使，御史中丞元全柔爲杭州刺史。」
《南部新書》：「建中元年，貶御史中丞元全柔，二年，貶中丞楊繽，皆四月
晦日。」

＊劉海賓　御史中丞（兼）

《舊書》卷一二《德宗紀上》：「建中元年……六月……辛丑，築奉天城。
加試殿中監劉海賓兼御史中丞，封樂平郡王。」《新書》卷一五三《劉海賓
傳》：「劉海賓者，彭城人，以義俠聞。爲涇原兵馬將，與秀實友善。累戰功，
兼御史中丞。」

＊李芃　御史中丞（兼）

《舊書》卷一三二本傳：「德宗嗣位，授（李芃）檢校太常少卿、兼御史
中丞、河陽三城鎮遏使。」

＊張鎰　御史中丞

《舊書》卷一二五本傳：「張鎰，蘇州人，朔方節度使齊丘之子也。……
郭子儀爲關內副元帥，以嘗伏事齊丘，辟鎰爲判官。授大理評事，遷殿中侍
御史。乾元初，……洪吉觀察張鎬辟爲判官，奏授殿中侍御史。……大曆五
年，……加侍御史、沿淮鎮守使。尋遷壽州刺史。……德宗即位，除江南西
道都團練觀察使、洪州刺史、兼御史中丞，徵拜吏部侍郎，尋除河中晉絳都
防禦觀察使。」

＊韋倫　御史中丞（兼）

《舊書》卷一三八本傳：「……德宗即位，選堪使絕域者，徵倫拜太常少
卿、兼御史中丞，持節充通和吐蕃使。……使還，遷太常卿、兼御史大夫，
加銀青光祿大夫。」

＊李澄　御史中丞（兼）

《舊書》卷一三二本傳：「建中初，以檢校太子賓客、兼御史中丞，隸於
永平軍節度使李勉。」

＊曲環　御史中丞（兼）

《舊書》卷一二二本傳：「曲環，陝州安邑人也。……大曆中，領兵隴州，

頻破吐蕃,加特進太常卿。……上初嗣位,吐蕃大寇劍南,詔環以邠、隴兵五千馳往,大破戎虜,……加開府儀同三司、兼御史中丞,充邠、隴兩軍都知兵馬使。」

＊蕭復　御史中丞

《全文》卷五二一梁肅《監察御史李君夫人蘭陵蕭氏墓誌銘》:「大人諱某,……既笄,歸乎公族李氏曰鍼。鍼官至臨察御史,以茂行聞於時。……享年四十八而終,時建中元年九月三日也。……仲弟御史中丞復,孝愛之德,聞於天下,出守三州,皆從而居焉。是歲中丞由潭州遷左馮翊。」

＊員寓　殿中侍御史

《通鑑》卷二二六:「建中元年……大曆以前,賦斂出納俸給皆無法,長吏得專之;……天下不按贓吏者殆二十年。惟江西觀察使路嗣恭按虔州刺史源敷翰,流之。上以宣歙觀察使薛邕,文雅舊臣,徵為左丞。邕去宣州,盜隱官物以鉅萬計,殿中侍御史員寓發之。冬,十月,己亥,貶連山尉。於是州縣始畏朝典,不敢放縱。」

＊韋丹　殿中侍御史

《新書》卷一九七《循吏》:「韋丹字文明,京兆萬年人,……丹蚤孤,從外祖顏真卿學,擢明經,調安遠令……歷咸陽尉,張獻甫表佐邠寧幕府。順宗為太子,以殿中侍御史召為舍人。」《舊書》卷一四《順宗紀》:「建中元年正月丁卯,(李誦)立為皇太子。」

＊蕭存　殿中侍御史

《新書》卷二〇二《文藝傳中》:「蕭穎士……子存,字伯誠,亮直有父風。能文辭,與韓會、沈既濟、梁肅、徐岱等善。浙西觀察使李棲筠表常熟主簿。……建中初,由殿中侍御史四遷比部郎中。」

＊張著　監察御史

《舊書》卷一二《德宗紀上》:「建中元年……三月……庚午,監察御史張著以法冠彈中丞嚴郢潛陵陽渠匿詔不行,削郢官,著賜緋魚。」《舊書》卷一一八《楊炎傳》:「初,郢為京兆尹,不附炎,炎怒之,諷御史張著彈郢,郢罷兼御史中丞。」《新書》卷一四五《楊炎傳》:「先是,嚴郢為京兆尹,

不附炎，炎諷御史張著劾之，罷兼御史中丞。」《唐會要》卷六一「彈劾」：
「建中元年三月，監察御史張著冠豸冠，彈京兆尹兼御史中丞嚴郢。……然
著希楊炎之意彈郢，人頗不直之。」

＊王沼　監察御史

《舊書》卷一一八《楊炎傳》：「炎救時之弊，頗有嘉聲。蒞事數月，屬
崔祐甫疾病，多不視事，喬琳罷免，炎遂獨當國政。……道州錄事參軍王沼
有微恩於炎，舉沼爲監察御史。」

＊戴叔倫　監察御史

清代道光《東陽縣志》卷六《唐東陽令戴公去思頌》：「建中元祠，夏五
月壬辰，詔書以監察御史裏行戴叔倫爲東陽令。」

＊李鍫　監察御史

《全文》卷五二一梁肅《監察御史李君夫人蘭陵蕭氏墓誌銘》：「夫人諱
某，……既笄，歸乎公族李氏曰鍫。鍫官至臨察御史，以茂行聞於時。……
享年四十八而終，時建中元年九月三日也。」

＊王仲堪　監察御史　建中初（780）～貞元元年（785）

《墓誌彙編》貞元〇七六《唐故監察御史裏行太原王公墓誌銘並序》（族
弟盧龍節度掌書記監察御史叔平述）：「公諱仲堪，字仲堪，其先太原人
也。……大曆七年，進士擢第，……解褐授太原府參軍事，居無何，丁太夫
人憂。服闋，本道節度使奏授幽州大都督府戶曹參軍，以能轉兵曹參軍
事。……節度嘉之，乃奏充節度參謀，拜監察御史。……以貞元十三年十二
月不幸暴卒於望岩之傳舍，享年六十有四。」王仲堪在幽州幕當在朱滔鎮幽
州時。王仲堪大曆七年中進士，中經諸多職務，其任監察御史似在大曆末、
建中初。

唐德宗建中二年（781）　辛酉

＊崔寧（旰）　御史大夫

《舊書》卷一一八《楊炎傳》：「及楊炎得政，建中二年二月，奏請城原

州，以邠寧別駕李懷光居前督作，以檢校司空平章事朱泚、御史大夫平章事崔寧各統兵萬人以翼後。」

＊李昌夔　御史大夫（兼）

《舊書》卷一二《德宗紀上》：「建中二年二月乙未，……以桂管觀察使李昌夔爲江陵尹、兼御史大夫、荊南節度等使。」

＊盧杞　御史大夫（二月後）

《舊書》卷一二《德宗紀上》：「建中二年二月乙未，以御史中丞盧杞爲御史大夫、京畿觀察使。……乙巳，以門下侍郎楊炎爲中書侍郎、同中書門下平章事，以御史大夫盧杞爲門下侍郎、同中書門下平章事。」《通鑑》卷二二六：「建中二年二月，……御史中丞盧杞，弈之子也，貌醜，色如藍，有口辯。上悅之，丁未，擢爲大夫，領京畿觀察使。」《新書》卷六二《宰相表中》：「建中二年二月乙巳，御史大夫盧杞爲門下侍郎、同中書門下平章事。」

＊石演芬　御史大夫（兼）　建中二年（781）～興元元年（784）

《舊書》卷一八七《忠義傳下‧石演芬傳》：「以武勇爲朔方邠寧節度兵馬使、兼御史大夫，李懷光養爲子。」《唐方鎮文職僚佐考》（第45頁）考建中二年（781）至興元元年（784）李懷光爲朔方節度使，石演芬爲朔方邠寧節度兵馬使兼御史大夫應在此期間。

＊嚴郢　御史大夫

《舊書》卷一一八《楊炎傳》：「……會德宗嘗訪宰相群臣中可以大任者，盧杞薦張鎰、嚴郢，而炎舉崔昭、趙惠伯。上以炎論議疏闊，遂罷炎相，爲左僕射。後數日中謝，對於延英，及出，馳歸，不至中書，盧杞自是益怒焉。杞尋引嚴郢爲御史大夫。」《新書》卷一四五《嚴郢傳》：「炎之罷，盧杞引郢爲御史大夫，共謀炎罪。……然杞用郢敗炎，內忌郢才，因按蔡廷玉事，殺御史鄭詹，出郢爲費州刺史。……郢內慚，忽忽歲餘卒。」《通鑑》卷二二六——二二七：「建中二年二月，……楊炎既殺劉晏，朝野側目。……上聞而惡之，由是有誅炎之志，隱而未發。……（七月）庚申，以炎爲左僕射，罷政事。」

✱盧杞　御史中丞（建中二年二月前）

《舊書》卷一二《德宗紀上》：「建中二年二月乙未，以御史中丞盧杞爲御史大夫、京畿觀察使。」《通鑑》卷二二六：「建中二年二月，……御史中丞盧杞，弈之子也，貌醜，色如藍，有口辯。上悅之，丁未，擢爲大夫，領京畿觀察使。」《舊書》卷一三五本傳：「盧杞，字子良，故相懷慎之孫。父弈，天寶末爲東臺御史中丞；洛城爲安祿山所陷，奕守司而遇害。……朔方節度使僕固懷恩辟爲掌書記、試大理評事、監察御史，以病免。入補鴻臚丞，遷殿中侍御史、膳部員外郎，出爲忠州刺史。……貌陋而色如藍，人皆鬼視之。不恥惡衣糲食，人以爲能嗣懷慎之清節，亦未識其心，頗有口辯。出爲虢州刺史。建中初，徵爲御史中丞。……及居糾彈顧問之地，論奏稱旨，遷御史大夫。……初，京兆尹嚴郢與楊炎有隙，　乃擢郢爲御史大夫以傾炎。

✱袁高　御史中丞

《舊書》卷一二《德宗紀上》：「建中二年二月……丁未，以御史中丞袁高爲京畿觀察使。……夏四月……丁巳，貶禮部侍郎於召桂州刺史，御史中丞袁高韶州長史。」《舊書》卷一五三本傳：「代宗登極，徵入朝，累官至給事中、御史中丞。」又同書卷一三七《於邵傳》：「頃之，與御史中丞袁高、給事中蔣鎭雜理左丞薛邕詔獄。」

✱盧岳　御史中丞（兼）

《全文》卷七八四穆員《陝虢觀察使盧公墓誌銘》：「唐貞元四年夏六月，陝虢都防禦觀察轉運等使陝州刺史兼御史中丞范陽盧公壽六十中疾於位。……府君諱岳，字周翰。……以大理評事兼監察御史始佐湖南觀察之政。……又稍遷殿中侍御史。……累錫銀印朱紱，金章紫綬，加侍御史。……建中初，今上嗣位。……未一年，黜陟使奏課爲五嶺之表，轉桂府觀察經略等使，就加御史中丞。」又《墓誌彙編》貞元〇四一《唐故給事郎守永州司馬賜緋魚袋范陽盧府君墓誌銘並序》：「公之令季陝虢觀察處置等使兼御史中丞岳。」

✱鄭叔則　御史中丞

《舊書》卷一二《德宗紀上》：「建中二年……五月……丙午，以檢校秘書少監鄭叔則爲御史中丞、東都畿觀察使。」《會要》卷六〇「御史臺上」：「建

中二年六月，以檢校祕書少監、永平軍節度副使鄭叔則為御史中丞。」《全文》卷七八四穆員《福建觀察使鄭公墓誌銘》：「……公諱叔則，字某，滎陽人。……皇上即位，思與四方萬姓垂家至而日見之制，臨遣八使，必朝之良。公為首冠清選，分命於西江閩越之地。……授檢校祕書少監兼御史中丞，充天平軍節度副使之官，拜御史中丞。」《全詩》卷三四九有歐陽詹《陪太原鄭行軍中丞登汾上閣，中丞詩曰：「汾樓秋水闊，宛似到閶門。惆悵江湖思，惟將南客論。」南客，即詹也。輒書即事上答》，《和太原鄭中丞登龍興寺閣》詩。鄭中丞，即鄭叔則，時任御史中丞。

＊衛晏　御史中丞

《舊書》卷一二《德宗紀上》：「建中二年……八月……庚戌，以中書舍人衛晏為御史中丞、京畿觀察使。」

＊劉洽（劉玄佐）　御史中丞（兼）

《舊書》卷一四五本傳：「劉玄佐，本名洽，滑州匡城人也。……建中二年，加兼御史中丞、亳潁節度等使。」《新書》卷二一四本傳：「德宗建中初，進兼御史中丞、充宋、亳、潁節度等使。」

＊杜佑　御史中丞（兼）

《會要》卷八七「轉運使」：「建中二年十一月，度支郎中杜佑兼御史中丞、江淮轉運使。」《全文》卷四九六權德輿《大唐銀青光祿大夫檢校司徒同中書門下平章事太清宮及度支諸道鹽鐵轉運等使崇文館大學士上柱國岐國公杜公淮南遺愛碑銘並序》：「……再為撫州刺史，以御史中丞領容州刺史經略使，入為金部度支二郎中，復兼中丞，超拜戶部侍郎，出為蘇州刺史。」本年杜佑以度支郎中復兼御史中丞。

＊崔漢衡　御史中丞（兼）

《舊書》卷一九六《吐蕃傳下》：「（建中）三年……九月，和蕃使、殿中少監、兼御史中丞崔漢衡與蕃使區頰贊至。……期以十月十五日會盟於境上。以崔漢衡為鴻臚卿，以都官員外郎樊澤兼御史中丞、充入蕃計會使。」《新書》卷一四三本傳：「大曆六年，拜檢校禮部員外郎為和吐蕃副使。還，遷右司郎中。建中二年，吐蕃請盟，擢殿中少監、為和蕃使，與其使區頰贊俱來約盟，改鴻臚卿，持節送區頰贊歸，遂定盟清水。」《舊書》卷一二二

《崔漢衡傳》云「建中三年，……兼御史大夫，充和蕃使」，考其生平，《吐蕃傳上》云「三年」當爲「建中二年」之誤。

*李晟　御史中丞（兼）

《舊書》卷一三三本傳：「建中二年，魏博田悅反，將兵圍臨洺、邢州，詔以晟爲神策先鋒都知兵馬使，與河東節度使馬燧、昭義節度使李抱眞合兵救臨洺，尋加兼御史中丞。」

*元全柔　御史中丞（兼）

《舊書》卷一二《德宗紀上》：建中二年九月「以杭州刺史元全柔爲黔中經略招討觀察等使。」《全文》卷四九〇權德輿《奉送黔中元中丞赴本道序》：「中丞頃持邦憲，靈臺坦蕩，中立不倚，……故有持節黔中之拜，天之愛人，斯謂甚矣。」

*邵眞　御史中丞（兼）

《舊書》卷一八七《忠義傳下・邵眞傳》：「邵眞者，恒州節度使李寶臣之判官也。累加檢校司封郎中、兼御史中丞，專掌文翰，寶臣深所信任。寶臣死，其子惟岳擅領父衆，……眞泣諫曰……」《元龜》卷一三九《旌表三》：「建中三年二月贈故成德軍節度判官檢校司封郎中兼御史中丞邵眞戶部尚書。」據《舊書》卷一四二《李寶臣傳》，李寶臣建中二年卒，邵眞兼御史中丞，專掌文翰應在建中二年及稍前時間。

*劉從一　侍御史

《舊書》卷一二五本傳：「劉從一，中書侍郎林甫之玄孫也。……從一少舉進士，大曆中宏詞，授秘書省校書郎，以調中第，補渭南尉，雅爲常袞所推重。及袞爲相，遷監察御史。居無何，丁母憂。服除，宰相盧杞薦之，超遷侍御史。」《新書》卷六二《宰相表中》：「建中二年二月乙巳，御史大夫盧杞爲門下侍郎、同中書門下平章事。」劉從一本年任侍御史。

*張著　監察御史

《通鑒》卷二二六：「建中二年……夏，四月庚寅，加崇義同平章事，妻子悉加封賞，賜以鐵券；遣御史張著齎手詔徵之。」張著建中元年任監察御史，《通鑒》云「御史張著」，當爲監察御史。

＊呂　　御史

《全詩》卷一四八劉長卿《行營酬呂侍御，時尙書問罪襄陽軍次漢東境上，侍御以州鄰寇賊，復有水火，迫於徵稅，詩以見諭》：「不敢淮南臥，來趨漢將營。受辭瞻左鉞，扶疾往前旌。」《舊書・李希烈傳》：建中二年六月，「詔諸軍節度率軍討梁崇義，李希烈加南平郡王，兼漢北都知諸兵馬招撫處置使。」軍次隨州。呂侍御，其名不詳。

＊李　　御史

《全詩》卷三七七孟郊《往河陽宿峽陵寄李侍御》：「暮天寒風悲屑屑，啼鳥繞樹泉水噎。行路解鞍投古陵，蒼蒼隔山見微月。鴉鳴犬吠霜煙昏，開囊拂巾對盤飧。」《全詩》卷三四五孟郊《贈河陽李大夫》（李芃，河陽節度使），據《舊書・李芃傳》：「德宗嗣位，授……河陽三城鎭遏使。……間一年，加檢校左庶子、河陽三城懷州節度觀察使。」知建中二年孟郊曾往河陽，寄李侍御詩。李侍御，其名失考。

＊常魯　監察御史

《會要》卷九七：「建中……二年……十二月，入蕃使判官監察御史常魯。與吐蕃使論悉諾羅等至自蕃中。」《全詩》卷二八三李益《送常曾侍御使西蕃寄題西川》，「曾」當爲「魯」字之誤。

＊李景略　監察御史　建中二年（781）～興元元年（784）

《舊書》卷一五二本傳：「李景略，幽州良鄉人也。李懷光爲朔方節度，召在幕府，……因授大理司直，遷監察御史。」《元龜》卷七五九：「李懷光爲朔方節度使，召在幕府，奏授大理司直，遷監察御史。」《唐方鎭文職僚佐考》（第45頁）考建中二年（781）至興元元年（784）李懷光爲朔方節度使。

唐德宗建中三年（782）　壬戌

＊嚴郢　御史大夫（四月前）

《舊書》卷一二《德宗紀上》：「建中三年……夏四月，……壬午，貶御史大大嚴郢爲費州長史，杖殺左巡使、殿中侍御史鄭詹。郢歲餘卒。」《通

鑒》卷二二七：「建中三年……夏四月，初，盧杞與御史大夫嚴郢共構楊炎、趙惠伯之獄，炎死，杞復忌郢。會蔡廷玉等貶官，殿中侍御史鄭詹誤遞文符至昭應送之，廷玉……等以爲執己送朱滔，至靈寶西，赴河死。……盧杞因奏：『朱泚必疑以爲詔旨，請遣三司使案詹。』又言：『御史所爲，必稟大夫，請並郢案之。』獄未具，壬午，杞奏杖殺詹於京兆府；貶郢費州刺史，卒於貶所。」

＊張伯儀　御史大夫（兼）

《舊書》卷一二《德宗紀上》：「建中三年……三月……戊戌，……以嶺南節度使張伯儀檢校兵部尚書，兼江陵尹、御史大夫、荊南節度等使。以容管經略使元琇爲廣州刺史、嶺南節度使。」

＊劉洽（玄佐）　御史大夫（兼）

《舊書》卷一四五本傳：「劉玄佐，本名洽，滑州匡城人也。……建中二年，加兼御史中丞、亳潁節度等使。李政己死，子納匿喪謀叛，而李洧以徐州歸順，詔洽與諸軍援洧，與賊接戰，大破之，斬首萬餘級，由是轉輸路通，加御史大夫。」《通鑒》卷二二七載劉洽平李納叛亂在建中二年十一月，十二月，「李納密州刺史馬萬通乞降，丁酉，以爲密州刺史。」則是役畢在建中二年末，劉洽加御史大夫應在建中三年初。

＊曲環　御史大夫（兼）

《舊書》卷一二二本傳：「曲環，陝州安邑人也。……時李納擁兵侵逼徐州，令環與劉玄佐同救援，累破李納叛黨，環以功最，加御史大夫。建中三年十月，加檢校左常侍，充邠、隴行營節度使。」按：宣武節度使劉洽（劉玄佐）、神策將曲環增援李洧事在建中三年。

＊賈耽　御史大夫（兼）

《舊書》卷一二《德宗紀上》：「建中三年……十一月己卯，以山南西道節度使賈耽檢校工部尚書、兼襄州刺史、御史大夫、山南東道節度使。」

＊崔漢衡　御史大夫

《舊書》卷一二二本傳：「崔漢衡，博陵人也。……滑州節度使令狐彰奏署掌記，累遷殿中侍御史。大曆六年，拜檢校禮部員外郎，爲和吐蕃副使。

還，遷右司郎中，改萬年令。建中三年，爲殿中少監、兼御史大夫，充和蕃使，與吐蕃使區頰贊至自蕃中。」《新書》卷一四三本傳：「大曆六年，拜檢校禮部員外郎爲和吐蕃副使。還，遷右司郎中。建中二年，吐蕃請盟，擢殿中少監、爲和蕃使，與其使區頰贊俱來約盟，改鴻臚卿，持節送區頰贊歸，遂定盟清水。」建中二年崔漢衡爲御史中丞，蓋本年又加御史大夫。

＊包佶　御史大夫

《全文》卷六四六李絳《兵部尙書王紹神道碑》：「……當建中末，盜起轂下，乘輿南狩，……公時爲御史大夫包佶水陸運鹽鐵判官。」包佶在建中三年八月、十二月分別擔任汴東水陸運兩稅鹽鐵使和汴東水陸運鹽鐵庸租使，其兼御史大夫應在此時。

＊王武俊　御史大夫（兼）

《舊書》卷一四二本傳：「建中三年正月，詔朱滔、張孝忠合軍討之。……武俊子士眞斬惟岳，持首而出。武俊殺不同己者十數人，……傳首上聞，授武俊檢校秘書少監、兼御史大夫、恒州刺史、恒冀都團練觀察使，實封五百戶。」

＊李皋　御史大夫（兼）

《舊書》卷一三一本傳：「……李希烈反，遷江西道節度使、洪州刺史、兼御史大夫。」

＊嚴震　御史大夫（兼）

《舊書》卷一一七本傳：「嚴震，字遐聞，梓州鹽亭人，……建中三年，代賈耽爲梁州刺史、兼御史大夫、山南西道節度觀察等使。」

＊李復　御史中丞（兼）

《舊書》卷一一二《李暠傳・齊物子復附傳》：「（李齊物）子復，字初陽，……李希烈背叛，……複方在母喪，起爲江陵少尹、兼御史中丞，充節度行軍司馬。伯儀既受代，以復爲容州刺史、兼御史中丞，充本管招討使，加檢校常侍。」《舊書・李希烈傳》：「（建中）三年秋，……希烈亦僭稱建興王、天下都元帥。」

＊劉昌　御史中丞（兼）

《舊書》卷一五二本傳：「李納反，以師收考城，充行營諸軍馬步都虞候，加檢校太子詹事、兼御史中丞。」《通鑑》卷二二七載劉洽平李納叛亂在建中二年十一月，是役畢在建中二年末，劉昌兼御史中丞應在建中三年初。

鄭濡　御史中丞（兼）

《墓誌彙編》長慶○○八《大唐故袁州宜春縣尉隴西李府君墓誌銘並序》：「公諱□，字□□，……時太尉王公節制珍冀，秘書少監兼御史中丞鄭公濡爲盛府行軍司馬，以公族望清美，衣冠人物

＊王棲耀　御史中丞

《舊書》卷一五二本傳：「李靈曜叛於汴州，浙西觀察使李涵俾棲耀將兵四千爲河南掎角。以功加銀青光祿大夫，累加至御史中丞。李希烈既陷汴州，乘勝東侵，連陷陳留、雍丘，頓軍寧陵，期襲宋州。」《通鑑》卷二二七：「建中二年，……李靈曜據汴州作亂。」又李希烈陷汴州在建中四年，故王棲耀任御史中丞繫於本年。

＊齊映　御史中丞（兼）

《舊書》卷一三六本傳：「齊映，瀛洲高陽人，……映登進士第，應博學宏辭，……建中初，盧杞爲宰相，薦之，遷刑部員外郎，會張鎰出鎮鳳翔，奏爲判官。映口辯，頗更軍事，數以論奏合旨，尋轉行軍司馬、兼御史中丞。……德宗在奉天，……因赴奉天行在，除御史中丞。張鎰出鎮鳳翔在建中三年，參本年「韋皋」條。

＊楊幀　御史中丞

《會要》卷七八「諸使中」：「建中三年九月九日，御史中丞楊幀奏：見任官，或被諸司不奏，便移文牒充判官。」

＊楊眞　御史中丞

《舊書》卷一二《德宗紀上》：「建中三年……秋七月甲申，……以兵部郎中楊眞爲御史中丞、京畿觀察使。」

＊樊澤　御史中丞（兼）

《會要》卷九七：「建中……三年……十月，以都官員外郎樊澤兼御史中

丞充吐蕃計會使，約以來年正月十日，會盟於清水。」

＊符璘　御史中丞（兼）

《舊書》卷一八七《忠義傳下・符璘傳》：「符璘者，田悅之將，……悅遣璘將三百騎護送之，……遂悉其眾投降於燧。遷璘試太子詹事、兼御史中丞，封義陽郡王，實封一百戶。」《舊書》卷一三四《馬燧傳》：「建中三年，悅遣符璘、李瑤將五百騎送淄青兵還鎮，璘、瑤因來降燧。」

＊程日華　御史中丞　建中三年（782）～貞元四年（788）

《新書》卷二一三本傳：「朱滔叛，……日華乘城自固。……帝果大喜，拜華御史中丞、滄州刺史，復置橫海軍，即以為使，時建中三年也。」《舊書》卷一四三本傳：「德宗深嘉之，拜華御史中丞、滄州刺史。……尋加工部尚書、御史大夫，賜名日華。」貞元二年後，又加程日華御史大夫銜。

＊戎昱　侍御史

《全詩》卷二七○戎昱《謫官辰州多至日有懷》：「去年多至在長安，策杖曾簪獬豸冠。」《新書・藝文志四》：「戎昱……後為辰州、虔州二刺史。」《全詩》卷二七○戎昱《辰州建中四年多懷》，知戎昱建中四年謫官在辰州，詩建中四年冬作，知戎昱建中三年任侍御史。

＊孫杲　侍御史（兼）

《墓誌彙編》元和○二九《唐故蘄州刺史兼御史中丞孫府君墓誌銘並序》：「府君諱杲，……依前充都護長史、尋加正議大夫兼侍御史，充伊西庭節度行軍司馬，賜紫金魚袋。……建中三年，奉使入朝，途徑獼猴，……單車而來。」孫杲在西庭節度幕府兼侍御史在建中三年（782）及稍前時間。

＊鄭詹　殿中侍御史

《舊書》卷一三五《盧杞傳》：「廷玉既貶，殿中侍御史鄭詹遣吏監送，廷玉投水而卒。杞因奏曰：「恐朱泚疑為詔旨，請三司按鞠詹。又御史所為，稟大夫命，並令按鄲。」《舊書》卷一二《德宗紀上》：「建中三年……夏四月，……壬午，貶御史大夫嚴郢為費州長史，杖殺左巡使、殿中侍御史鄭詹。郢歲餘卒。」又見《通鑑》卷二二七「建中三年」。

＊韋皋　殿中侍御史

《舊書》卷一四○本傳：「韋皋字城武，京兆人。大曆初，以建陵挽郎調補華州參軍，累授使府監察御史。宰相張鎰出爲鳳翔隴右節度使，奏皋爲營田判官，得殿中侍御史，權知隴州行營留後事。」《新書》卷一五八本傳：「韋皋字城武，京兆萬年人。……皋始仕爲建陵挽郎，諸帥府更辟，擢監察御史。張鎰節度鳳翔，署營田判官。以殿中侍御史知隴州行營留事。」《奉天錄》卷二：「賊泚初至奉天，鳳翔節度判官殿中侍御史韋皋領隴州留後。」《舊書》卷一二五《張鎰傳》：「建中三年……盧杞忌鎰名重道直，……因薦鎰以中書侍郎爲鳳翔隴右節度使代朱泚，與吐蕃相尚結贊等盟於清水。」《舊書》卷一二《德宗紀上》：建中四年「春正月戊寅朔，丁亥，鳳翔節度使張鎰與吐蕃宰相尚結贊同盟於清水。」

＊戴叔倫　殿中侍御史（兼）

陳尚君《全文補編》卷五四梁肅《唐故朝散大夫都督容州諸軍事容州刺史本管經略招討處置使兼御史中丞封譙縣開國男賜紫金魚袋戴公神道碑》：「公諱融，字叔倫，譙國人。……建中初，……嗣曹王皋鎮衡湘、鍾陵，聊參二府軍事，由大理寺直遷殿中侍御史。」《舊書》卷一二《德宗紀上》：「建中三年……冬十月辛亥，以湖南觀察使嗣曹王皋爲洪州刺史、江西節度使。」

＊齊抗　監察御史

《舊書》卷一三六本傳：「建中初，鎰爲江西觀察使，抗亦隨在幕府，三年，鎰自中書侍郎平章事出鎮鳳翔，奏抗爲監察御史，仍爲賓佐，幕中籌劃，多出於抗。」《新書》卷一二八《齊澣傳》：「澣孫抗。抗字遐舉，少值天寶亂，……壽州刺史張鎰辟署幕府。……從鎰鎮江西。及以宰相領鳳翔，奏署監察御史。」

＊李益　監察御史

《全詩》卷一八九韋應物《送李侍御益赴幽州幕》：「二十揮篇翰，三十窮典墳。辟書五府至，名爲四海聞。……司徒擁精甲，誓將除國氛。儒生幸持斧，可以佐功勳。無言羽書急，坐闕相思文。」司徒，即指朱滔。《舊書·朱滔傳》：「建中二年，（李）寶臣死，……滔……徵之，……以功加檢校司徒，爲幽州盧龍軍節度使。」時李益當帶憲銜在朱滔幕。

＊張　　御史

《全詩》卷二七八盧綸《太白西峰偶宿車祝二尊師石室，晨登前巘，憑眺書懷，即事寄呈鳳翔齊員外、張侍御》，霍按《舊書》卷一三六《齊映傳》：「……建中初，……遷刑部員外郎，會張鎰出鎮鳳翔，奏爲判官。……尋轉行軍司馬、兼御史在丞。」《舊書》卷一二《德宗紀上》：建中三年四月，「戊寅，以中書侍郎、平章事張鎰兼鳳翔尹、隴右節度使。……（建中四年），十月……壬子，鳳翔軍亂，殺節度使張鎰。」知齊員外，即齊映，時任刑部員外郎。張侍御在張鎰幕。張侍御，其名不詳。

唐德宗建中四年（783）　癸亥

＊李揆　御史大夫

《舊書》卷一二《德宗紀上》：「建中四年……秋七月……甲午，以李揆爲左僕射、兼御史大夫，爲入吐蕃會盟使。」《舊書》卷一九六《吐蕃傳上》：「（建中）四年……七月，以禮部尚書李揆加御史大夫，爲入蕃會盟使。」

＊于頎　御史大夫

《舊書》卷一一七《崔寧傳》：「朱泚之亂，上卒迫行幸，百僚諸王鮮有知者。寧後數日自賊中來，上初喜甚。寧私謂所親曰：「聖上聰明英邁，從善如轉規，但爲盧杞所惑至此爾。」杞聞之，潛與王翃圖議陷之。初，涇原兵作亂之夕，寧與翃及御史大夫于頎俱出延平門而西。」《通鑑》卷二二八：「建中四年……冬，十月，……上召禁兵以禦賊，竟無一人至者。賊已斬關而入，上乃……自苑北門出，……時事出非意，群臣皆不知乘輿所之。盧杞、關播逾中書垣而出。白志貞、王翃及御史大夫于頎、中丞劉從一、戶部侍郎趙贊、翰林學士陸贄、吳通微等追及上於咸陽。」

＊李元諒　御史大夫

《舊書》卷一四四本傳：「李元諒，本駱元光，姓安氏，其先安息人也。……德宗居奉天，賊泚遣僞將何望之輕騎襲華州，……元諒乃修城隍器械，召募不數日，得兵萬餘人，軍益振，以功加御史中丞。……無幾，遷華州刺史、兼御史大夫、潼關防禦、鎮國軍節度使，尋加檢校工部尚書。」《墓誌彙編

續集》「貞元○三○」《大唐故尚書左僕射贈司空李公墓誌銘》：「公本安姓，諱元光，其先安息王之胄也。……建中末，賊泚署何望之等輕騎奄至，陷我郡城，公糾合師徒，鼓行電擊，撲滅收復，曾不崇朝。……詔加御史中丞，尋遷御史大夫、華州刺史、潼關防禦使、鎮國軍使，又加工部尚書。庸勳且使能也。夏五月，詔公與副元帥李晟進收上都。……尋又賜姓李氏，同屬籍也。改名元諒，昭誠節也。四年春，詔加隴右節度支度營田觀察處置臨洮軍等使。……貞元癸酉歲十有一月十五日，薨於良原鎮之公館，享年六十七。」

＊渾瑊　御史大夫（兼）

《舊書》卷一三四本傳：「渾瑊，皋蘭州人也。……建中四年，……以普王爲荊襄等道兵馬元帥討李希烈，大開府幕，以瑊檢校戶部尚書、御史大夫，充中軍都虞候。」《舊書》卷一五○《舒王誼傳》：「建中四年，……以右金吾大將軍渾瑊檢校工部尚書、兼御史大夫，爲中軍虞候。」

＊韋皋　御史大夫（兼）

《舊書》卷一二《德宗紀上》：建中四年「十一月乙亥，以隴右節度判官、隴州留後、殿中侍御史韋皋爲隴州刺史、兼御史大夫、奉義軍節度使。」《舊書》卷一四○本傳：「韋皋字城武，京兆人。大曆初，以建陵挽郎調補華州參軍，累授使府監察御史。宰相張鎰出爲鳳翔隴右節度使，奏皋爲營田判官，得殿中侍御史，權知隴州行營留後事。……建中四年，涇師犯闕，德宗幸奉天。……泚又使家童劉海廣以皋爲鳳翔節度使，皋斬海廣及從者三人，……於是詔以皋爲御史大夫、隴州刺史，置奉義軍節度以旌之。」

＊李晟　御史大夫（加）

《舊書》卷一三三本傳：「王武俊攻趙州，晟乃獻狀請解趙州之圍，……德宗壯之，加晟御史大夫，俾禁軍將軍莫仁擢、趙光銑、杜季泚皆隸焉。」《通鑒》卷二二九：建中四年十一月，「王武俊、馬寔攻趙州不克。」李晟加御史大夫當在本年。

＊令狐建　御史大夫（兼）

《舊書》卷一二四《令狐彰傳・子建附傳》：「……德宗以涇原兵亂，出幸奉天，建方教射於軍中，遂以四百人隨駕爲後殿。至奉天，以建爲行在中

軍鼓角使。幸梁州，轉行在右廂兵馬使、右羽林大將軍、兼御史大夫。」

＊馮河清　御史大夫（兼）

《舊書》卷一二五《張鎰傳・馮河清附傳》：「馮河清者，京兆人也。初以武藝從軍，隸朔方節度郭子儀，……歷試太子詹事、兼御史中丞，充兵馬使。……建中四年，……拜四鎮北庭行軍涇原節度使、兼御史大夫。」

＊孔巢父　御史大夫（兼）

《舊書》卷一五四本傳：「……建中初，涇原節度留後孟皞表巢父試秘書少監、兼御史中丞、行軍司馬。……未行，會普王爲荊襄副元帥，以巢父爲元帥府行軍司馬、兼御史大夫。……尋兼御史大夫，充魏博宣慰使。尋屬涇師之難，從德宗幸奉天，遷給事中、河中陝華等州招討使。累獻破賊之謀，德宗甚賞之，尋兼御史大夫，充魏博宣慰使。」《舊書》卷一五〇《舒王誼傳》：「建中四年，……又以新除潭州觀察使孔巢父爲右庶子、兼御史大夫，充行軍司馬。」又見《新書》卷一六三《孔巢父傳》。

＊范希朝　御史中丞（兼）

《新書》卷一七〇本傳：「范希朝字致君，……初從邠寧軍爲別將，事節度使韓遊環。德宗在奉天，以戰守功累兼御史中丞。」

＊尚可孤　御史中丞（兼）

《舊書》卷一四四本傳：「會李希烈反叛，建中四年七月，除兼御史中丞、荊襄應援淮西使，仍複本姓名尚可孤，以所統之眾赴山南，累有戰功。」

＊李元諒　御史中丞

《舊書》卷一四四本傳：「李元諒，本駱元光，姓安氏，其先安息人也。……德宗居奉天，賊泚遣僞將何望之輕騎襲華州，……元諒乃修城隍器械，召募不數日，得兵萬餘人，軍益振，以功加御史中丞。……無幾，遷華州刺史、兼御史大夫、潼關防禦、鎮國軍節度使，尋加檢校工部尚書。」《墓誌彙編續集》「貞元〇三〇」《大唐故尚書左僕射贈司空李公墓誌銘》

＊尉遲勝　御史中丞

《舊書》卷一四四本傳：「建中末，從幸奉天，爲兼御史中丞。」

＊劉從一　御史中丞

《舊書》卷一二五本傳：「劉從一，中書侍郎林甫之玄孫也。……從一少舉進士，大曆中宏詞，授秘書省校書郎，以調中第，補渭南尉，雅爲常袞所推重。及袞爲相，遷監察御史。居無何，丁母憂。服除，宰相盧杞薦之，超遷侍御史。……建中末，普王之爲元帥也，遷吏部郎中、兼御史中丞，爲元帥判官。」《通鑑》卷二二八：「建中四年……冬，十月，……上召禁兵以禦賊，竟無一人至者。賊已斬關而入，上乃……自苑北門出，……時事出非意，群臣皆不知乘輿所之。盧杞、關播逾中書垣而出。白志貞、王翃及御史大夫于頎、中丞劉從一、戶部侍郎趙贊、翰林學士陸贄、吳通微等追及上於咸陽。」

＊齊映　御史中丞

《舊書》卷一三六本傳：「……滑亳節度使令狐彰辟爲掌書記，累授監察御史。……彰卒後兵亂，映脫身歸東都，河陽三城使馬燧辟爲判官，奏殿中侍御史。……建中初，……尋轉行軍司馬、兼御史中丞。……德宗在奉天，……因赴奉天行在，除御史中丞。……（貞元）七年，授御史中丞、桂管觀察使，又改洪州刺史、江西觀察使。」《新書》卷一五〇本傳：「齊映，瀛州高陽人。舉進士，博學宏詞，中之，補河南府參軍。滑亳節度使令狐彰辟署掌書記，彰疾甚，引映託後事。……彰卒，軍亂，映間歸東都。……會德宗出奉天。……奔奉天，授御史中丞。」《通鑑》卷二二八：「建中四年……冬，十月，……上召禁兵以禦賊，竟無一人至者。賊已斬關而入，上乃……自苑北門出，……帥宦官左右僅百人以從。」

＊李復　御史中丞（兼）

《舊書》卷一一二本傳：「李齊物……子復，字初陽，……李希烈背叛，荊南節度張伯儀數出兵，爲希烈所敗，……複方在母喪，起爲江陵少尹、兼御史中丞，充節度行軍司馬。伯儀既受代，以復爲容州刺史、兼御史中丞，充本管招討使，加檢校常侍。」《通鑑》卷二二八：建中四年三月「丁酉，荊南節度使張伯儀與淮寧兵戰於安州，官軍大敗，伯儀僅以身免。」

＊楊懷賓　御史中丞（兼）　建中四年（783）～興元元年（784）

《舊書》卷一二二本傳：「楊朝晟，字叔明，夏州朔方人也。……上在

奉天，李懷光自山東赴難，以朝晟爲左廂兵馬使，將千餘人下咸陽以挫朱泚，加御史中丞，實封一百五十戶。及懷光反於河中，朝晟被脅在軍。上幸梁、洋，韓遊瓌退於邠、寧。……朝晟父懷賓爲遊瓌將，因夜以數十騎斬昕及同謀，遊瓌即日使懷賓奉表聞奏，上召勞問，授兼御史中丞。……時父子同軍，皆爲開府賓客、御史中丞，榮於軍中。」

＊楊朝晟　御史中丞　建中四年（783）～興元元年（784）

《舊書》卷一二二本傳：「楊朝晟，字叔明，夏州朔方人也。……上在奉天，李懷光自山東赴難，以朝晟爲左廂兵馬使，將千餘人下咸陽以挫朱泚，加御史中丞，實封一百五十戶。及懷光反於河中，朝晟被脅在軍。上幸梁、洋，韓遊瓌退於邠、寧。……朝晟父懷賓爲遊瓌將，因夜以數十騎斬昕及同謀，遊瓌即日使懷賓奉表聞奏，上召勞問，授兼御史中丞。……時父子同軍，皆爲開府賓客、御史中丞，榮於軍中。」又同書卷一四四記載同《通鑑》卷二三三記此事在建中四年（783）至興元元年（784）。

＊姚況　御史中丞（兼）

《舊書》卷一二五《張鎰傳・馮河清附傳》：「建中四年，節度使姚令言奉詔率兵赴關東，以河清知兵馬留後，判官、殿中侍御史姚況知州事。……上幸奉天，……特詔褒其成效，……姚況兼御史中丞、行軍司馬。」

＊齊抗　侍御史

《舊書》卷一三六本傳：「德宗在奉天，……抗奔赴行在，拜侍御史，旬日改戶部員外郎。」《新書》卷一二八《齊澣傳》：「澣孫抗。抗宁遲舉，……從鎰鎮江西。及以宰相領鳳翔，奏署監察御史。李楚琳亂，奔奉天，授侍御史，遷戶部員外郎。……德宗自梁、洋還，財用大屈，監鐵使元琇薦抗材，改倉部郎中，幹監利。俄爲水陸運副使，護漕江淮，給京師。歷諫議大夫，……處州刺史。歷蘇州，徙潭州觀察使，召爲給事中，遷河南尹，進太常卿，以中書侍郎同中書門下平章事。」德宗於建中四年冬十月奔奉天，參見《舊書》卷一二《德宗紀上》。

＊戴叔倫　侍御史（兼）

陳尚君《全文補編》卷五四梁肅《唐故朝散大夫都督容州諸軍事容州刺

史本管經略招討處置使兼御史中丞封譙縣開國男賜紫金魚袋戴公神道碑》：
「公諱融，字叔倫，譙國人。……建中初，……嗣曹王皋鎮衡湘、鍾陵，聊
參二府軍事，由大理寺直遷殿中侍御史，換檢校尚書禮部郎中，兼侍御史。
李希烈以淮夷叛，元侯董師征伐，公嘗以持重領留府事。」《通鑑》卷二二
八：「建中四年……朱滔、王武俊、田悅、李納各遣使詣希烈，上表稱臣，
勸進。」李希烈叛在本年。戴叔倫帶侍御史銜在曹王皋幕府。

＊吳通玄　侍御史（兼）

《舊書》卷一二《德宗紀上》：建中四年十二月「乙丑，……以侍御史吳
通玄爲起居舍人。」

＊韋攢　侍御史

《新書》卷八二《十一宗諸子》：「李希烈反，招討使李勉戰不勝，奔宋
州，朝廷大震。……以兵部侍郎蕭復爲統軍長史，湖南觀察使孔巢父爲行軍
左司馬，山南東道節度行軍司馬樊澤爲右，刑部員外郎劉從一、侍御史韋攢
爲判官，兵部員外郎高參掌書記。」據《通鑑》卷二二八，李希烈反叛在建
中四年（783）。

＊李益　侍御史

李益本年登拔萃科，爲侍御史。

＊李良　侍御史（兼）　建中四年（783）～興元元年（784）

《墓誌彙編》貞元一〇一《唐故興元元從雲麾將軍右神威軍將軍知軍事
兼御史中丞上柱國順政郡王食邑三千戶實封五十戶贈夔州都督李公墓誌銘
並序》：「維唐貞元庚辰歲冬十二月乙丑朔，……雲麾將軍、右神威軍將軍知
軍事兼御史中丞、上柱國、順政郡王李公薨於位，春秋六十有四。……公諱
良，字良。……屬李希烈恃功虐政，將肆凶威。……公以君親一致，兄弟爲
輕，大節苟全，歿命爲效，……行蘄州別駕，兼侍御史。洎扈蹕還從，賜名
元從，加神策右廂兵馬使，行虔州別駕，兼侍御史，充左右神威軍糧料使。」
據《通鑑》卷二三一，德宗車駕至長安在興元元年（784）秋七月。

＊崔積　殿中侍御史（兼）

《全文》卷六八二牛僧孺《崔相國群家廟碑》：「第三室曰贈太尉公，諱積，字實方……建中年，德宗狩梁漢，九州歲貢瑟縮不集，上在巡，責賦稅急。租庸包大夫表公嘗從二府事，……累請公以秘書丞、殿中侍御史爲判官。」

＊姚況　殿中侍御史

《舊書》卷一二五《張鎰傳・馮河清附傳》：「建中四年，節度使姚令言奉詔率兵赴關東，以河清知兵馬留後，判官、殿中侍御史姚況知州事。」

＊鄭餘慶　殿中侍御史

《舊書》卷一五八本傳：「鄭餘慶，字居業，滎陽人。……建中末，山南節度使嚴震辟爲從事，累官殿中侍御史，丁父憂罷。」

＊李璀　監察御史

《通鑑》卷二三二：「初，懷光之解奉天圍也，上以其子璀爲監察御史。」德宗奔奉天在建中四年。

＊盧群　監察御史

《舊書》卷一四〇本傳：「建中末，薦於朝廷，會李希烈反叛，詔諸將討之，以群爲監察御史、江西行營糧料使。興元元年，江西節度、嗣曹王皐奏爲判官。」

＊于頔　監察御史

《通鑑》卷二二八：「建中四年……六月……庚午，答蕃判官監察御史于頔與吐蕃使者論剌沒藏至自青海，言疆場已定，請遣區頰贊歸國。」《舊書》卷一五六本傳：「又以櫟陽主簿攝監察御史，充入蕃使判官。……再遷司門員外郎、兼侍御史，賜紫，充入西蕃計會使，將命稱旨，時論以爲有出疆專對之能。」《舊書》卷一九六下《吐蕃下》：建中四年「六月，答蕃使判官于頔與蕃使論頰沒藏等至自青海。」

＊侯釗　御史

《全詩》卷三三三楊巨源《贈侯侍御》：「步逸辭群跡，機眞結遠心。……逃禍棲蝸舍，因醒解豸簪。」原注：「時朱泚阻兵。」按朱泚阻兵稱帝在建

中四年。侯侍御，即侯釗。《全詩》卷二七七盧綸《陳翃郎中北亭送侯釗侍御賦得帶冰流歌》：「溪中鳥鳴春景旦，一派寒冰忽開散。璧方鏡員流不斷，白雲鱗鱗滿河漢。」同卷有盧綸《綸與吉侍郎中孚、司空郎中曙、苗員外發、崔補闕峒、耿拾遺湋、李校書端、風塵追遊向三十載，數公皆負當時盛，稱榮耀，未幾俱沉下泉。暢博士當感懷前蹤，有五十韻見寄，輒有所酬，以申悲舊，兼寄夏侯侍御審、侯倉曹釗》詩。又暢當貞元四年即在太子博士任，六年已隱居山中，故詩當作於貞元五年。侯釗已由侍御轉倉曹郎中。參傅璇琮主編《唐五代文學編年史・中唐卷》。

唐德宗興元元年（784） 甲子

正月，癸酉朔，德宗在奉天，改元（興元），下詔罪己。《舊書》卷一二《德宗紀上》。

＊孔巢父　御史大夫（兼）

《舊書》卷一五四本傳：「……興元元年……七月，復以巢父兼御史大夫，充宣慰使。」《舊書》卷一四一《田承嗣傳・侄悅附傳》：「……興元元年正月，加悅檢校尚書右僕射，封濟陽王，使並如故，仍令給事中、兼御史大夫孔巢父往魏州宣慰。」

＊于頎　御史大夫（兼）

《舊書》卷一九六《吐蕃傳上》：「……興元元年二月，以右散騎常侍兼御史大夫于頎往涇州已來宣慰吐蕃，仍與州府計會頓遞。……四月，命太常少卿、兼御史中丞沈房爲入蕃計會及安西、北庭宣慰使。」

＊尚可孤　御史大夫（兼）

《舊書》卷一四四本傳：「……興元元年三月，遷檢校工部尚書、兼御史大夫、神策京畿渭南商州節度使。」

＊段威勇　御史大夫（兼）

《舊書》卷一三三《李晟傳》：「懷光將……孟涉、威勇以數千人歸晟，乃陳兵受涉等降卒，乃奏授涉檢校工部尚書，威勇兼御史大夫。」《通鑒》卷二三〇載此事在興元元年三月。

＊李齊運　御史大夫（兼）

《舊書》卷一二《德宗紀上》：興元元年四月，「己巳，以……御史大夫李齊運兼京兆尹。」《舊書》卷一三五本傳：「李齊運者，蔣王惲之孫也。建中末……懷光既反，驅兵還保河中，齊運不能敵，棄城而走，除爲京兆尹，兼御史大夫。時賊擾京城，李晟軍東渭橋，齊運擾攘之中，徵募工役，版築城壘，飛芻挽粟以應晟。收復之際，頗有力焉。」《舊書》卷一二《德宗紀上》：興元元年秋七月庚辰，詔「李懷光往任職任，……非朕於懷光不厚，豈朕報懷光不崇！（懷光）曾不沉思，遂生疑阻，交通逆孽，殘害忠良。」

＊韓洄　御史大夫（加）

《舊書》卷一二九《韓滉傳・弟洄附傳》：「興元元年三月，入爲兵部侍郎，七月，加御史大夫。」

＊杜亞　御史大夫（兼）

《舊書》卷一四六本傳：「杜亞字次公，……興元初，詔拜刑部侍郎，出爲揚州長史、兼御史大夫、淮南節度觀察使。」

＊李兼　御史大夫（兼）

《舊書》卷一二《德宗紀上》：興元元年五月，「癸未，岳州李兼、黔南元全柔、桂管盧岳加御史大夫，岳加中丞。」

＊元全柔　御史大夫（兼）

《舊書》卷一二《德宗紀上》：興元元年五月，「癸未，岳州李兼、黔南元全柔、桂管盧岳加御史大夫，岳加中丞。」

＊薛珏　御史大夫（兼）

《舊書》卷一八五《良吏傳下・薛珏傳》：「宣武軍節度使劉玄佐署奏兼御史大夫、汴宋都統行軍司馬。」《舊書》卷一四五《劉玄佐傳》：「希烈棄汴州，洽率軍收汴，詔加汴宋節度。」《通鑑》卷二三一：「興元元年十一月，劉洽克汴州。」詔加劉洽汴宋節度，劉洽奏薛珏爲汴宋都統行軍司馬、兼御史大夫。

*張建封　御史大夫（兼，十二月）

《舊書》卷一四○本傳：「……興元元年十二月，乃加兼御史大夫，充濠壽廬三州都團練觀察使，於是大修緝城池，悉心綏撫，遠近悅附，自是威望益重。」

*杜希全　御史大夫（兼）　興元元年（784）～貞元九年（793）

《舊書》卷一四四本傳：「帝還京師，遷太子少師、檢校右僕射，兼靈州大都督、御史大夫、受降定遠城天德軍靈鹽豐夏等州節度支度營田觀察押蕃落等使，餘姚郡王。……希全久鎮河西，晚節依邊多恣橫，……貞元十年正月卒。」興元元年五月，德宗駕返長安。

*杜佑　御史大夫（兼）　興元元年（784）～貞元三年（787）

《舊書》卷一四七本傳：「杜佑字君卿，京兆萬年人。……俄換饒州刺史。未幾，兼御史大夫，充嶺南節度使。……貞元三年，徵爲尚書左丞，又出爲陝州觀察使。」《舊書·德宗紀上》：興元元年三月「以前饒州刺史杜佑爲廣州刺史、嶺南節度使。」

*邢君牙　御史大夫（加）

《舊書》卷一四四本傳：「收復宮闕，（邢君牙）驟加御史大夫、檢校常侍。」興元元年五月，李晟率軍收復長安，朱泚爲部下所殺。

*韓遊瓌　御史大夫（兼）

《舊書》卷一四四本傳：「興元元年，檢校刑部尚書、兼御史大夫，例授『奉天定難功臣』。」

*盧岳　御史中丞（兼）

《舊書》卷一二《德宗紀上》：興元元年五月，「癸未，岳州李兼、黔南元全柔、桂管盧岳加御史大夫，岳加中丞。」

*張建封　御史中丞（兼）

《舊書》卷一四○本傳：「時淮西節度使李希烈乘破滅梁崇義之勢，漸縱恣跋扈，……駕幸奉天，賊鋒益盛，……尋稱僞號，改元，遣將楊豐齎僞赦書二道，令送少游及建封。至壽州，建封縛楊豐徇於軍中，……建封集眾對

中使斬豐於通衢⋯⋯尋加建封兼御史中丞、本州團練使。」《通鑑》載張建封斬楊豐事在興元元年正月。《舊書》卷一四「楊豐」，《通鑑》作「楊峰」。

＊李充　御史中丞（兼）

《元龜》卷一三六：「興元元年正月，帝在奉天，以兵部員外郎李充兼御史中丞鎮曾宣慰使。」

＊張坦　御史中丞（兼）

《墓誌續編》元和〇二五《唐故元從奉天定難功臣、定遠將軍、守左龍武君翊府中郎將、兼右羽林軍通直、上柱國、清河郡張府君墓誌銘並序》：「⋯⋯公諱渙，字渙。⋯⋯烈考坦，皇寶應元從功臣，興元元從奉天定難功臣、鎮軍大將軍、行右羽林軍將軍知軍事、兼御史中丞、南陽郡鄧國公，食邑三千戶。⋯⋯公即中丞之嗣子也。」

＊齊映　御史中丞

《舊書》卷一二《德宗紀上》：興元元年二月，「丁卯，⋯⋯以御史中丞齊映爲沿路置頓使。」

＊陸長源　御史中丞（兼）

《全詩》卷八一七皎然《奉和陸使君長源夏月遊太湖》注：「此時公權領湖州。」據今人賈晉華考證，興元元年權領，從之。

＊李清（李克寧）　御史中丞（兼）

《舊書》卷一三二《李澄傳》：「興元元年，是歲十月，⋯⋯澄以汴州兵寡，希烈不能制己，⋯⋯遣其子清赴之，⋯⋯殺登城者數十人，⋯⋯澄乃出鄭州，朝廷特授清檢校太子賓客、兼御史中丞，更名克寧。」

＊沈房　御史中丞（兼）

《舊書》卷一九六《吐蕃傳上》：「興元元年⋯⋯四月，命太常少卿、兼御史中丞沈房爲入蕃計會及安西、北庭宣慰使。」《元龜》卷一三六：「興元元年⋯⋯四月，帝在梁州，以屯田郎中沈房爲太常少卿兼御史中丞、諸蕃計會及安西北庭宣慰使。」

＊李景略　侍御史　興元元年（784）～貞元九年（793）

《新書》卷一七〇《李景略傳》：「李景略，幽州良鄉人。……景略以廕補幽州府功曹參軍。大曆末，客河中，闔門讀書。……靈武節度使杜希全表置於府，累轉侍御史、豐州刺史。」杜希全興元元年至貞元九年任靈武節度使，李景略轉侍御史應在此期間。

竇參　侍御史知雜事　興元元年（784）～貞元元年（785）

《舊書》卷一三六本傳：竇參「轉殿中侍御史，改金部員外郎、刑部郎中、侍御史、知雜事。無幾，遷御史中丞。」同書卷一四六《鮑防傳》：「（鮑防）為禮部侍郎時，嘗遇知雜侍御史竇參於通衢，導騎不時引避，僕人為參所鞭，及參秉政，遽令致仕。」《唐僕尚丞郎表》考鮑防興元元年至貞元九年為禮部侍郎，竇參任侍御史知雜應在此期。

＊李起　監察御史　興元元年（784）～貞元九年（793）

《舊書》卷一四四《杜希全傳》：「帝還京師，遷太子少師、檢校右僕射，兼靈州大都督、御史大夫、受降定遠城天德軍靈鹽豐夏等州節度支度營田觀察押蕃落等使，餘姚郡王。……希全久鎮河西，晚節依邊多恣橫，……判官監察御史李起頗忤之，希全又誣奏殺之。……貞元十年正月卒。」杜希全興元元年（784）至貞元九年（793）兼御史大夫。

＊蘇弁　監察御史

《舊書》卷一八九《儒學傳下・蘇弁傳》：「朱泚之亂，德宗倉卒出幸。……賊平，拜監察御史，歷三院，累轉倉部郎中，仍判度支案。」

＊鄭　御史

《全詩》卷三二五權德輿《甲子歲元日呈鄭侍御明府》：「萬里煙塵合，秦吳遂渺然。無人來上國，灑淚向新年。」

霍按：甲子歲即興元元年。鄭侍御，名不詳。

盧虔　監察御史

《舊書》卷一三二《盧從史傳》：「父虔，少孤，好學，舉進士，歷御史府三院、刑部郎中，江汝二州刺史、秘書監。」《宣室志》：「故右散騎常侍盧虔，貞元中為御史，分察東臺。」《新書》卷一四一《盧從史傳》：「盧從史，

……父虔，好學，由進士第歷御史、秘書監。」羅振玉《丙寅稿・秘書監盧虔神道碑跋》（第55〜56頁）：「河南尹鄭叔則表爲王屋縣尉，仍辟留守從事。俄遷監察御史，拜殿中侍御史，遷侍御史知雜事。尋除復州刺史，改江州刺史。」又見《題名考》「碑額題名」盧虔。《會要》卷六○建中二年六月，「檢校秘書少監兼御史中丞，充天平軍節度副使鄭叔則爲御史中丞」，俄領東都留守兼河南尹。《新書》卷一五三《顏眞卿傳》：「至河南，河南尹鄭叔則以希烈反狀明，勸不行。」可知鄭叔則於建中二年（781）〜興元元年（784）任河南尹，盧虔由王屋縣尉遷監察御史應在興元元年。

唐德宗貞元元年（785）　乙丑

正月丁酉朔，御含元殿受朝賀，禮畢，宣制大赦天下，改元貞元。戊戌，大風雪，寒。去秋螟蝗，冬旱，至是雪，寒甚，民饑凍死者踣於路。《舊書》卷一二《德宗紀上》。

＊崔縱　御史大夫

《新書》卷一六七《李齊運傳》：「李齊運者，蔣王惲孫。……萬年丞源邃不事，齊運怒，捽辱之，死於廷。邃家告冤，御史大夫崔縱請窮治，帝不許。御史聊章深劾，齊運訴於帝，言爲朋黨所擠。天子使宰相諭諫官御史，後毋得群署章以劾，然卒不直邃冤。」《會要》卷六九「州府及縣加減官」：「貞元元年，御史大夫崔縱奏……」又見《舊書》卷一○八《崔渙傳・子縱附傳》，《新書》卷一二○《崔縱傳》。

＊元琇　御史大夫（兼）

《舊書》卷四九「食貨下」：「貞元元年，元琇以御史大夫爲監鐵水陸運使。」

＊徐庭光　御史大夫（兼）

《舊書》卷一四四《李元諒傳》：「……李懷光反於河中，詔元諒與副元帥馬燧……同討之。時賊將徐庭光以銳兵守長春宮，元諒遣使招之。……及馬燧以河東兵至，庭光降於馬燧，詔以庭光爲試殿中監、兼御史大夫。」《舊書》卷一三四《馬燧傳》：「貞元元年，……燧自朝京師還行營，凡二十七日而河中平。」徐庭光降於朝廷在貞元元年。

＊韋皋　御史大夫（兼）

《舊書》卷一二《德宗紀上》：貞元元年六月「辛卯，以左金吾衛大將軍韋皋檢校戶部尚書，兼成都尹、御史大夫、劍南西川節度觀察使。」《舊書》卷一四○本傳：「……貞元元年，（皋）拜檢校戶部尚書，兼成都尹、御史大夫、劍南西川節度使，代張延賞。」

＊賈耽　御史大夫（兼）

《舊書》卷一二《德宗紀上》：貞元元年六月「壬午，以工部尚書賈耽兼御史大夫、東都留守、都畿汝州防禦使。」

＊劉怦　御史大夫（兼）

《舊書》卷一二《德宗紀上》：貞元元年秋七月「壬子，以前涿州刺史、兼御史中丞劉怦爲幽州長史、御史大夫、幽州盧龍節度副大使，兼知節度管理度支營田觀察、押奚契丹經略盧龍等軍使。」《舊書》卷一四三本傳：「……朝廷因授怦幽州大都督府長史、兼御史大夫、幽州盧龍節度副大使、知節度事、管內營田觀察、押奚契丹、經略盧龍軍使。居位三月，以貞元元年九月卒。」

＊劉濟　御史大夫（兼）　貞元元年（785）九月～五年（789）

《舊書》卷一二《德宗紀上》：貞元元年九月「己亥，以權知幽州盧龍軍府事劉濟爲幽州長史、兼御史大夫、幽州盧龍節度觀察、押奚契丹兩蕃等使。」《舊書》卷一四三本傳：「貞元五年，遷左僕射。」

＊王棲耀　御史大夫

《舊書》卷一五二本傳：「貞元初，拜左龍武大將軍，旋授鄜坊丹延節度觀察使、檢校禮部尚書、兼御史大夫。貞元十九年卒於位。」

＊李復　御史大夫（兼）　貞元元年（785）～貞元八年（792）

《舊書》卷一一二《李暠傳·齊物子復附傳》：「（李齊物）子復，字初陽，……李希烈背叛，……復……起爲江陵少尹、兼御史中丞，充節度行軍司馬。伯儀既受代，以復爲容州刺史、兼御史中丞，充本管招討使，加檢校常侍。……在容州三歲，……遷廣州刺史、兼御史大夫、嶺南節度觀察使。會安南經略使高正平、張應相次卒官，……徵拜宗正卿，加檢校工部尚書。

未一歲，會華州節度李元諒卒，以復爲華州刺史、潼關防禦鎭國軍使，仍檢校戶部尚書，兼御史大夫。」李復建中三年爲容州刺史，《舊書》卷一一二云「在容州三歲」，即貞元元年。

＊李兼　御史大夫（兼）　貞元元年（785）～六年（790）

《全文》卷四九〇權德輿《奉陪李大夫送王侍御往淮南浙西序》：「夏四月戊午，大夫公至自朝覲……」《全詩》卷二七三戴叔倫《奉陪李大夫九日宴龍沙》：「邦君採菊地，近接旅人居。一命招衰疾，清光照里閭。去官慚比謝，下榻貴同徐。莫怪沙邊倒，偏沾杯酌餘。」戴叔倫又有《李大夫見贈因之有呈》、《送李大夫渡口阻風》等詩，均作於同時。《權載之文集》卷六《奉陪李大夫九日龍沙宴會》：「龍沙重九會，千騎駐旌旗。水木秋光淨，絲銅雅奏遲。煙蕪斂瞑色，霜菊發寒枝。今日從公醉，全勝落帽時。」李大夫，即李兼，時任江西觀察使兼御史大夫，參陶敏《全唐詩人名考》（第 487 頁）。傅璇琮《唐五代文學編年史·中唐卷》記此事在貞元三年九月。參本年王紹、蕭公瑜、權德輿諸條。

＊張嘉賓　御史中丞（兼）

《墓誌續編》貞元〇〇三《河東節度經略副使、九州島都知團練兵馬使、開府儀同三司、試太子詹事、兼御史中丞、建康郡王張公墓誌銘》：「……公諱嘉賓，字嘉賓。……天寶中，早登□職，洎東關不開，軍次河北，補河北行營右廂兵馬。曾末逾年，恩命改救援易定行營兵馬使、單于都知兵馬使、相國侍中北平王扶風馬公崇其風，烈奏授河東、昭義、河陽三節度都知兵馬使，轉九州島都知團練兵馬使、□開府儀同三司、試太子詹事、兼御史中丞、建康郡王、清河縣開國公，食邑三千戶，前後敕書手詔三百有餘。……以貞元元年十二月二十六日寢食不療，薨於右師子裏之私第，春秋六十有八。」

＊張彧　御史中丞

《會要》卷六一「彈劾」：「貞元元年三月，宰相召諫官、御史宣諭上旨曰：『自今上封彈劾，宜入自陳論，不得群署章奏，若涉朋黨。』初，京兆尹李齊運以公事訐萬年縣丞源邃，令左右抑捽不已，邃竟死於廷，京師不直。其妻鄭氏告冤不已，崔縱執奏如初，御史中丞張彧繼論，御史連章彈齊運。齊運乃奏云：『臣孤立爲朋黨所擠。』故命宰臣宣諭焉。」

＊韋縩　御史中丞

《舊書》卷一八五《良吏傳下・袁滋傳》：「御史中丞韋縩聞之，薦爲侍御史，轉工部員外郎。」又見《元龜》卷五一三《憲官・引見》。

＊李惠登　御史中丞（兼）

《舊書》卷一八五《良吏傳下・李惠登傳》：「貞元初，舉州歸順，授隨州刺史、兼御史中丞。」

＊竇覦　御史中丞（兼）

《舊書》卷一八三《外戚傳》：「鄜坊節度臧希讓奏（竇覦）爲判官，累授監察、殿中侍御史、檢校工部員外郎、坊州刺史。興元元年，討李懷光於河中。……賊平，以功兼御史中丞。……數月，爲揚州大都督府長史、御史大夫、充淮南節度副大使、知節度事，既非德舉，人咸薄之。」《舊書・李懷光傳》云「貞元元年秋，朔方部將牛名俊斬懷光首以降燧珹佳刃其弟數人，乃自殺。」竇覦以功兼御史中丞。

＊劉濟　御史中丞（兼）

《舊書》卷一四三《劉怦傳・子濟附傳》：「及怦爲節度使，以濟兼御史中丞，充行軍司馬。」九月後，劉濟爲幽州長史、兼御史大夫、幽州盧龍節度觀察、押奚契丹兩蕃等使。

＊李惟簡　御史中丞

《舊書》卷一四二《李寶臣傳・子惟簡附傳》：「從渾瑊率師討賊，頻戰屢捷，加御史中丞。」貞元元年八月，唐廷命河中節度副元帥馬燧等平定河中李懷光叛亂。

＊趙憬　御史中丞

《舊書》卷一三八本傳：「建中初，擢拜水部員外郎，未拜，會湖南觀察使李承請爲副使、檢校工部郎中充職。歲餘，承卒，遂知留後事。尋授潭州刺史、兼御史中丞。……居兩歲，受代歸京師。……貞元四年，迴紇請結和親，詔以咸安公主降迴紇，命檢討右僕射關播充使，憬以本官兼御史中丞爲副。」《舊書・德宗紀上》：建中四年十二月甲子，「以湖南觀察留後趙憬爲湖

南觀察使。」則趙憬任潭州刺史兼御史中丞約在興元元年或貞元元年。又《舊書·德宗紀上》：貞元二年四月「戊辰，以前黔中觀察使元全柔爲湖南觀察使。」《舊書》本傳云趙憬「居兩歲，受代歸京師」，則其兼御史中丞在貞元元年至貞元二年無疑。

＊吳湊　御史中丞

《舊書》卷一八三《外戚傳》：「貞元初，（吳湊）入爲太子賓客，出爲福州刺史、御史中丞、福建觀察使，爲政勤儉清苦，美譽日聞。」

＊殷永　侍御史

《會要》卷六〇「彈劾」：「元年正月。侍御史殷永免官。」

＊袁滋　侍御史

《舊書》卷一八五《良吏傳下·袁滋傳》：「御史中丞韋縧聞之，薦爲侍御史，轉工部員外郎。」又見《元龜》卷五〇二《憲官·引見》。

＊唐次　侍御史

《舊書》卷一九〇《文苑傳下·唐次傳》：「貞元初，歷侍御史，竇參深重之，轉禮部員外郎。」

＊柳鎭　殿中侍御史（兼）　貞元元年（785）～貞元三年（787）

《柳宗元集》卷一二《先侍御史府君神道表》：「先君諱鎭，……（建中）四年，作閩鄉令。考績皆最，吏人懷思，……遷殿中侍御史，爲鄂岳沔都團練判官。……後數年，登朝爲眞。」此爲鄂岳沔都團練判官兼殿中侍御史，貞元四年，柳鎭實授殿中侍御史。參見嚴寅春《柳鎭年譜》。

＊宇文邈　殿中侍御史

《墓誌彙編》貞元〇三四《唐故銀青光祿大夫尚書兵部侍郎壽春郡開國公黎公墓誌銘並序》（故吏守殿中侍御史賜緋魚袋宇文邈撰）：「公諱幹，字貞固，壽春人也。……大曆十四祀，詔徙端州，以素疾而終，享年六十四。……至貞元庚午歲十一月廿八日庚寅，遷宅於洛陽翟縣清風鄉……」

＊黎姚　監察御史

《墓誌彙編》貞元〇三四《唐故銀青光祿大夫尙書兵部侍郎壽春郡開國公黎公墓誌銘並序》（故吏守殿中侍御史賜緋魚袋宇文邈撰）：「公諱幹，字貞固，……大曆十四秖，詔徙端州，以素疾而終，享年六十四。……至貞元庚午歲十一月廿八日庚寅，遷宅於洛陽翟縣清風鄉……子九人：前監察御史姚……」

＊皇甫鎛　監察御史

《舊書》卷一三五本傳：「皇甫鎛，安定朝那人。……鎛貞元初登進士第，登賢良文學制科，授監察御史。」

＊鄭敬　監察御史　殿中侍御史　貞元初（785）～貞元十五年（799）

《墓誌彙編》元和〇八八《唐故朝散大夫絳州刺史上柱國賜紫金魚袋鄭公墓誌銘並序》：「有唐元和十年祭秖，歲次乙未，十有一日戊辰朔八日乙亥，朝散大夫使持節絳州諸軍事守絳州刺史、上柱國、賜紫金魚袋鄭公薨於位。公諱敬，字子和。……公……十歲能屬文，時常侍以重德碩學爲當時所師仰，第一流者畢至其門，每研賾經術，商榷今古，無不至於夜分。公潛伏軒墀之下以聽之，不知雪霜寒暑之至也。甫成童，其經術之奧旨，聖達之微言，今古之成敗，制度之沿革，已歷歷如示諸斯矣。……時有徵召天下賢良文學之士，上親御正殿策焉。公與吏部侍郎崔公邠、兵部侍郎歸公登、中書侍郎韋公執誼、給事中穆公質等並封爲上第，起家授京兆府參軍，……尋而山南觀察使相國嚴公辟公爲支使，授大理評事。俄遷監察御史、觀察判官，尋授殿中兼祠部員外郎充行軍司馬，且授金印紫綬。」

霍按：鄭敬、崔邠、歸登、韋執誼、穆質等參加賢良方正能直言極諫科在貞元元年（785），參孟二冬《〈登科記考〉補正》（第 497～498 頁）。又據《唐方鎮年表》，嚴震鎮山南西道在建中三年（782）至貞元十五年（799），故鄭敬在嚴震幕任監察御史、殿中侍御史應在貞元初至貞元十五年（799）期間。

唐德宗貞元二年（786）丙寅

＊崔縱　御史大夫

《舊書》卷一二《德宗紀上》：貞元二年春正月「癸丑，以御史大夫崔縱

爲吏部侍郎。」

*李皐　御史大夫（兼）

《墓誌彙編》貞元〇〇五《唐贈尚書左僕射嗣曹王故妃滎陽鄭氏墓誌銘並序》（東都留守判官將仕郎監察御史裏行賜緋魚袋河南穆員纂）：「大唐貞元丙寅歲秋七月己酉，荊南節度觀察使、戶部尚書、兼御史大夫、江陵尹、嗣曹王皐奉先太妃滎陽鄭氏之喪歸於先王贈尚書左僕射諱戢之居，實洛陽邙山之原。」《舊書》卷一三一云：「李皐字子蘭，曹王明玄孫，嗣王戢之子，……奉太妃鄭氏以孝聞。……貞元初，拜江陵尹、荊南節度使。」正與《墓誌》合。

*鄭叔則　御史大夫（兼）

《全文》卷七八四穆員《福建觀察使鄭公墓誌銘》：「……公諱叔則，字某，滎陽人。……授檢校秘書少監兼御史中丞，充天平軍節度副使之官，拜御史中丞。……俄領東都留守兼河南尹，就加戶部侍郎，仍再位副相之寵。……罷鎮歸省，轉尚書左丞。未幾，兼御史大夫。」《全文》卷四六三陸贄《誅李希烈後原宥淮西將士並授陳仙奇節度詔》：「宜令尚書左丞鄭叔則充淮西宣慰使。」德宗誅李希烈、授陳仙奇節度事在貞元二年。鄭叔則兼御史大夫在貞元二年、或三年。

*陳愃　御史大夫（兼）

《墓誌彙編》大中一三三《唐故權知忻州長史銀青光祿大夫檢校太子賓客兼殿中侍御史潁川郡陳公墓誌》：「公諱諭，字子明，其先潁川郡人也。曾祖易州刺史兼御史大夫；……祖楚，河陽軍節度使、檢校左僕射兼御史大夫，贈太子太保。……父賞，易武軍節度使、檢校右僕射兼御史大夫，贈太子少保。……公……大中十年三月四日終於上都私第，享年卌三。」又《隋唐五代墓誌彙編山東卷》錄《唐故潁川陳夫人墓誌銘並序》（咸通十四年十一月十三日）：「曾祖愃，皇易州刺史、檢校工部尚書兼御史大夫，贈太子太保。」郁賢皓先生《唐刺史考全編》（第 1572 頁）考陳諭曾祖陳某即陳愃，確，今從之。又《唐刺史考全編》云陳諭卒大中三年三月四日，顯係誤記。

*竇參　御史中丞

《會要》卷六〇「御史臺上」：「貞元二年五月，御史中丞竇參奏：『得監

察御史鄭襄狀，準《六典》，應郊廟祭祀，皆御史監之。』」

＊趙憬　御史中丞

《舊書》卷一三八本傳：「建中初，擢拜水部員外郎，未拜，會湖南觀察使李承請爲副使、檢校工部郎中充職。歲餘，承卒，遂知留後事。尋授潭州刺史、兼御史中丞。」趙憬本年仍爲潭州刺史兼御史中丞，參本書貞元元年「趙憬」條。

＊趙聿　侍御史（兼）

《舊書》卷一九六《吐蕃傳上》：「貞元二年，命倉部郎中、兼侍御史趙聿爲入吐蕃使。」

＊崔　侍御史

《權載之文集》卷五《送崔端公赴江陵度支院三韻》：「津亭風雪霽，斗酒留征棹。」又同前卷三八《送崔端公赴江陵度支院序》：「今年春，上始命二小司徒主量入經費之節，辨絲賦権管之法。……故執事有今茲南荆之命，……歲十二月，自鍾陵抵江陵，驅車即路，不憚冰雪。……五言詩送別之始，故自戴臨川、蕭王二柱史已降，皆徵文覘遠。字用五而詞多楚者，以地理所歷，且行古之道也。」唐人稱侍御史爲端公，本年權德輿在洪州李兼幕，參本年「權德輿」條。

＊張滂　侍御史（兼）

《墓誌彙編》「貞元一〇三《唐故中大夫戶部侍郎兼御史大夫諸道鹽鐵轉運等使清河張公墓誌銘並序》（朝散大夫守尙書虞部郎中李灞撰）：「公諱滂，字孟博，貝州清河人也。……大曆……四年，加兼監察御史。……十四年，改庫部員外，依前兼侍御史，充監倉庫使。……貞元二年，檢校戶部員外兼侍御史，勾當浙東西進奉。……十六年十月十九日寢疾終於位，時年七十六。」

＊蕭公瑜　殿中侍御史（攝）

《全文》卷四九〇《蕭侍御喜陸太祝自信州移居洪州玉芝觀詩序》：「時江西上介殿中蕭侍御公瑜領是邦，相得甚歡，今連帥大司憲李公入覲於王，蕭君領廉察留府。……」蕭公瑜當帶憲銜在李兼幕，參《唐方鎭文職僚佐考·

《江西》。

＊王紹　殿中侍御史（攝）

《全文》卷六四六李絳《兵部尚書王紹神道碑》：「元和九年冬十一月晦，銀青光祿大夫兵部尚書判戶部事上柱國太原郡公食邑二千戶王公歿於位。……公諱紹，字德素。……公……少以厚實為士友所重。太師顏魯公守吳興，特器之，表授武康尉。相國蕭徐公察守馮翊，並隨府授檄。丁繼太夫人憂，服除，累授殿中侍御史、江西觀察推官。」《全文》卷四九〇權德輿《奉陪李大夫送王侍御往淮南浙西序》：「夏四月戊午，大夫公至自朝覲，……俾從事監察御史太原王德素將事於淮南浙西二府，且修好也。」權德輿本年在江西觀察使李兼幕，其《送崔端公赴江陵度支院序》：「……五言詩送別之始，故自戴臨川、蕭王二柱史已降，皆徵文眇遠。字用五而詞多楚者，以地理所歷，且行古之道也。」蕭、王二柱史，即蕭公瑜、王紹，王紹蓋先為監察御史，後任殿中侍御史。

＊王紹　監察御史

《全文》卷四九一權德輿《奉陪李大夫送王侍御往淮南浙西序》：「夏四月戊午，大夫公至自朝覲，……俾從事監察御史太原王德素將事於淮南浙西二府，且修好也。」參本年「王紹，殿中侍御史」條。

＊鄭襄　監察御史

《會要》卷六〇「御史臺上」：「貞元二年五月，御史中丞竇參奏：『得監察御史鄭襄狀，準《六典》，應郊廟祭祀，皆御史監之。』」

＊權德輿　監察御史（攝）

《舊書》卷一四八本傳：「權德輿字載之，天水略陽人。……德輿生四歲，能屬詩。七歲居父喪，以孝聞。十五為文數百篇，編為《童蒙集》十卷，名聲日大。韓洄黜陟河南，辟為從事，試秘書省校書郎。貞元初，復為江西觀察使李兼判官，再遷監察御史。……元和十三年八月，有疾，詔許歸闕，道卒，年六十。……有文集五十卷，行於代。」《全文》卷五二一梁肅《權皋妻李氏墓誌銘》：「德輿……貞元二年，以廷尉評攝監察御史為江西從事。」《元龜》卷七二八：」權德輿……貞元初，復為江西觀察使李兼判官。」

賈全　監察御史（兼）

《陸贄集》卷四《優恤畿內百姓並除十縣令詔》：「……鄭珣瑜可檢校吏部員外郎兼奉先縣令；……賈全可咸陽縣令兼監察御史；……霍琮可華原縣令監察御史；……李曾可鄠屋縣令兼監察御史；……荀曾可三原縣令兼侍御史；李緄可富平縣令兼殿中侍御史。」賈全又見《題名考》「碑額題名（德宗至憲宗）」：「賈全見郎官吏外。德宗《賈全等不必避嫌詔》：『賈全等十人，昨緣畿內雕殘，親自選擇，事非常例，不令避嫌。』《大詔令》。陸贄《除畿內十縣令制》稱：『賈全可咸陽令并監察御史。』《陸宣公集》。」《題名考》對賈全任監察御史未編年。據《新唐書》卷一六五《鄭珣瑜傳》：「貞元初，詔擇十省郎官治畿、赤，珣瑜檢校本官兼奉先令。明年，進饒州刺史。」《元龜》卷七〇一：「鄭珣瑜爲奉先令，……貞元三年五月詔：以珣瑜爲饒州刺史。」可知鄭珣瑜貞元二年爲奉先令，此亦賈全任咸陽縣令兼監察御史之時。

韋貞伯　監察御史（兼）

《陸贄集》卷四《優恤畿內百姓並除十縣令詔》：「韋貞伯可藍田縣令兼監察御史。」又見《題名考》「碑額題名」條。

霍按：《題名考》注云「《陸宣公集》四今本脫此句，依周必大《承明集》四《經筵故事》補。」韋貞伯任監察御史在貞元二年，參本年「賈全」條考證。

＊霍琮　監察御史（兼）

《陸贄集》卷四《優恤畿內百姓並除十縣令詔》：「……霍琮可華原縣令兼監察御史。」霍琮任監察御史在貞元二年，參本年「賈全」條考證。

＊李曾　監察御史（兼）

《陸贄集》卷四《優恤畿內百姓並除十縣令詔》：「……李曾可鄠屋縣令兼監察御史。」

李曾任監察御史在貞元二年，參本年「賈全」條考證。

＊荀曾　侍御史（兼）

《陸贄集》卷四《優恤畿內百姓並除十縣令詔》：「……荀曾可三原縣令兼侍御史。」

荀曾任侍御史在貞元二年，參本年「賈全」條考證。

＊李緄　殿中侍御史（兼）

《陸贄集》卷四《優恤畿內百姓並除十縣令詔》：「……李緄可富平縣令兼殿中侍御史。」李緄任殿中侍御史在貞元二年，參本年「賈全」條考證。

＊穆員　監察御史裏行

《墓誌彙編》貞元〇〇五《唐贈尚書左僕射嗣曹王故妃滎陽鄭氏墓誌銘並序》（東都留守判官將仕郎監察御史裏行賜緋魚袋河南穆員纂），該墓誌爲大唐貞元景寅歲秋七月己酉。

唐德宗貞元三年（787）丁卯

＊白志貞　御史大夫（兼）

《舊書》卷一二《德宗紀上》：貞元三年春正月，「戊寅，以果州刺史白志貞爲潤州刺史、兼御史大夫、浙西觀察使。」《舊書》卷一三五本傳：「白志貞者，太原人，本名琇珪。出於胥吏，事節度使李光弼，小心勤恪，動多計數，光弼深委信之。……代宗素知之，光弼薨後，用爲司農少卿，遷太卿，在寺十餘年，德宗嘗召見與語，引爲腹心，遂用爲神策軍使、檢校左散騎常侍、兼御史大夫，賜名志貞。善伺候上意，言無不從。……貞元二年，遷果州刺史。……貞元三年，遷潤州刺史、兼御史大夫、浙西觀察使，是年六月卒。」

＊裴諝　御史大夫（兼）

《舊書》卷一二六本傳：「裴諝字士明，河南洛陽人。……建中初，上以刑名理天下，百吏震悚。……會吐蕃入寇，尋拜吏部侍郎、兼御史大夫，爲吐蕃使，不行。……轉太子賓客。」

＊李皋　御史大夫（兼）　貞元三年（787）～八年（792）

《墓誌彙編》「貞元〇九三《有唐山南東道節度使贈尚書右僕射嗣曹王墓銘並序》（山南東道節度觀察處置等使、朝請大夫、檢校禮部尚書、襄州刺史、兼御史大夫、上柱國、上黨縣開國男、南陽樊澤纂）：「維貞元八年三月十有一日，宗室大臣、山南東道節度觀察處置等使、戶部尚書、兼御史大夫嗣曹王薨於位，享年六十。……王諱皋、字子蘭。」

＊李自良　御史大夫（兼）

《舊書》卷一四六本傳：「貞元三年，……拜檢校工部尚書、兼御史大夫、太原尹、北都留守、河東節度支度營田觀察使。」

＊吳湊　御史大夫（兼）

《舊書》卷一八三《外戚傳》：「……會劉玄佐卒，以（吳）湊檢校兵部尚書、汴州刺史、御史大夫、宣武軍節度使。」據《舊書》卷一四五《劉玄佐傳》，劉玄佐貞元三年三月薨於位。

＊王緯　御史中丞（兼）

《舊書》卷一四六本傳：「王緯字文卿，太原人也。……緯舉明經，又書判入等，歷長安尉，出佐使府，授御史郎官，入朝爲金部員外郎、劍南租庸使、檢校司封郎中、彭州刺史、檢校庶子、兼御史中丞、西川節度營田副使。……貞元三年，泌爲相，擢授緯給事中，未數日，又擢爲潤州刺史、兼御史中丞、浙江西道都團練觀察使。」

＊竇參　御史中丞

《會要》卷六二《御史臺下》「知班」：「……舊制：太子詹事，班次太常、宗正卿。貞元三年，御史中丞竇參敘定班位，移詹事班在河南太原尹之下。」

＊崔澣　御史中丞（兼）

《舊書》卷一九六下《吐蕃傳下》：「（貞元）三年春，命檢校左庶子、兼御史中丞崔澣爲入吐蕃使。」《會要》卷九七「吐蕃」：「貞元……三年二月，以前太子右諭德崔澣爲檢校左庶子、兼御史中丞，充入蕃使。」

＊于頔　侍御史（兼）

《舊書》卷一五六本傳：「又以櫟陽主簿攝監察御史，充入蕃使判官。……再遷司門員外郎、兼侍御史，賜紫，充入西蕃計會使，將命稱旨，時論以爲有出疆專對之能。」

貞元三年，以崔澣充充入蕃使，于頔充入西蕃計會使在此期。

＊楊凝　侍御史

　　《新書》卷一六〇本傳：「（楊）凝，懋功，由協律郎三遷侍御史。」《全文》卷五八八《唐故兵部郎中楊君墓碣》：「貞元十九年正月某日，守尚書兵部郎中楊君卒。……君諱凝，字懋功，與季弟凌生同日，……君既舉進士，以校書郎爲書記，毗贊元侯，於漢之陰，式徙荊州，由協律郎三轉御史。」《唐宋八大家合集》注：「貞元三年閏五月，澤徙荊南節度使，凝隨府遷，由協律郎三轉御史。」

＊鄭常　殿中侍御史

　　《新書》卷七《德宗紀》：「貞元三年……五月，揚州江溢。吳少誠殺申州刺史張伯元、殿中侍御史鄭常。」《舊書》卷一四五《吳少誠傳》：「貞元三年，判官鄭常及大將楊冀謀逐少誠以聽命於朝，試校書郎劉涉假爲手詔數十，潛致於大將，欲因少誠之出，閉城門以拒之。屬少誠將出餞中使，常、冀等遂謀舉事，臨發，爲人所告，常、冀先遇害。其將李嘉節等各持假詔請罪，少誠悉宥之。其大將宋旻、曹齊奔歸京師。」《通鑒》卷二二三記載同。傅璇琮《唐五代文學編年史・中唐卷》謂「鄭常官殿中侍御史。」

＊韓弇　殿中侍御史

　　《新書》卷七《德宗紀》：貞元三年五月，「閏月辛未，渾瑊及吐蕃盟於平涼，吐蕃執會盟副使、兵部尚書崔漢衡，殺判官、殿中侍御史韓弇。」《八瓊室金石補正》卷六七《殿中侍御史韓弇妻韋氏墓誌》：「殿中君從弟愈，孝友慈祥，貞元十六年，以其女子歸於隴西李翶。」此又見韓愈《與孟東野書》。《墓誌彙編》貞元一二一《大唐故朔方節度掌書記殿中侍御史昌黎韓君夫人京兆韋氏墓誌銘》：「夫人姓京兆韋氏，……年十三，執婦道於昌黎韓氏。府君諱弇，進士及第，朔方節度請掌書記，得秘書省校書郎，累遷殿中侍御史。貞元三年，吐蕃乞盟，詔朔方節度使即塞上與之盟，賓客皆從。其五月，吐蕃不肯盟，殿中君於是遇害，時年三十有五。」

盧虔　殿中侍御史　貞元三年（787）～約貞元十年（794）

　　《舊書》卷一三二《盧從史傳》：「父虔，少孤，好學，舉進士，歷御史府三院、刑部郎中，江汝二州刺史、秘書監。」又見《題名考》「碑額題名」盧虔。

霍按：盧虔興元元年（784）任監察御史，以唐監察御史常例二十五個月遷轉計，其轉殿中應在貞元三年（787），又盧虔於貞元十年左右轉復州刺史兼侍御史知雜。

＊李鄘　殿中侍御史　貞元三年（787）～八年（792）

《舊書》卷一五七《李鄘傳》：「襄州節度使嗣曹王皋致禮延辟，署從事，奏兼殿中侍御史。入爲吏部員外郎。」本年二月乙丑，山南東道節度使嗣曹王皋薨。

＊楊凝　御史

《柳宗元集》卷九《唐故兵部郎中楊君墓碣》：「毗贊元侯，於漢指引，式徙荊州。」孫注：「貞元三年閏五月，澤徙荊南節度使，凝隨府遷。」

唐德宗貞元四年（788）戊辰

＊張建封　御史大夫（兼）　貞元四年（787）～十六年（800）

《舊書》卷一四〇本傳：「……貞元四年，以建封爲徐州刺史，兼御史大夫、徐泗濠節度、支度營田觀察使。」《新書》卷一五八本傳：「張建封字本立，鄧州南陽人，……少喜文章，能辯論，慷慨尙氣，自許以功名顯。……令狐彰節度滑毫，奏置幕府，彰不朝覲，建封非之。往見轉運使劉晏，晏奏試大理評事，使管曹務，歲餘罷。時馬燧爲三城鎭遏使，雅知之，表爲判官，擢監察御史。燧伐李靈耀，軍中事多所諏訪，從鎭河東，授侍御史。……帝還自梁，少游卒憂死。進兼御史大夫、濠壽盧觀察使。……貞元四年，拜御史大夫、徐泗濠節度使。」按韓愈、許孟容等皆曾在其幕府。《全文》卷六八八符載《寄徐泗張大夫書》，張大夫即張建封。

＊劉贊　御史大夫（兼）

《墓誌彙編》「永貞〇〇四」：【志文】首行缺「府君諱□□字□□□□□□齊祚浸衰。……貞元……四年，宣歙度團練使御史大夫劉公贊嘉其義勇，籍之英略。奏充右廂兵馬使兼押衙守右衛率府。八年，奏爲都虞候。」

＊程懷直　御史大夫（兼）　貞元四年（788）～九年（793）

《舊書》卷一四三《程日華傳・子懷直附傳》：「懷直……父卒，自知留

後事。朝廷嘉父之忠，起復授檢校工部尚書、兼御史大夫，升橫海軍爲節度，以懷直爲留後。……五年，起復正授節度觀察使。懷直荒於畋獵，……其帳下將從父兄懷信因眾怒閉門不納，……貞元九年也。」《舊書》卷一四三《程日華傳》：「程日華……貞元四年卒，……子懷直。」

＊關播　御史大夫

《舊書》卷一三〇本傳：「貞元四年，迴紇請和親，以咸安公主出降可汗，令播以本官加檢校右僕射、兼御史大夫，持節充送咸安公主及冊可汗使，奉使往來，皆清儉謹愼，蕃人悅之，使回，遷兵部尚書，固辭疾，請罷官，改太子少師致仕。」

＊張獻甫　御史大夫（兼）

《通鑑》卷二三三：「（貞元）……四年秋，七月，庚戌，加渾寧副元帥，以左金吾將軍張獻甫爲寧節度使。」《舊書》卷一二二《張獻誠傳·弟獻恭附傳》：「獻甫，守珪弟左武衛將軍、贈戶部尚書守琦之子。獻甫少隨諸兄從軍，初爲偏裨，以軍功累授試光祿卿、殿中監、河中節度副元帥都知兵馬使，檢校兵部尚書、兼御史大夫。」又本卷《楊朝晟傳》：「……後詔徵遊瓌宿衛，以左金吾將軍張獻甫爲檢校刑部尚書、兼御史大夫、邠寧慶節度觀察使，代韓遊瓌。」

＊楊朝晟　御史大夫（加銜）

《舊書》卷一二二本傳：「楊朝晟，字叔明，夏州朔方人也。……上擢希朝爲寧州刺史，以副獻甫。獻甫入奏朝晟功，加御史大夫。」《通鑑》卷二三三記此事在貞元四年。

＊杜佑　御史大夫（兼）

《舊書》卷一四七本傳：「杜佑字君卿，京兆萬年人。……貞元三年，徵爲尚書左丞，又出爲陝州觀察使。」《全文》卷四九六權德輿《大唐銀青光祿大夫、檢校司徒同中書門下平章事、太清宮及度支諸道鹽鐵、轉運等使、崇文館大學士、上柱國岐、國公杜公淮南遺愛碑銘並序》：「……出爲蘇州刺史，……換饒州刺史。明年以御史大夫領廣州刺史嶺南節度觀察使，徵爲尚書左丞，復以御史大夫領陝府長史陝虢都防禦觀察使。」《唐僕尚丞郎表》卷二「僕丞」考杜佑貞元四年六月九日出爲陝虢都防禦觀察使。

*竇參　御史中丞

《舊書》卷一三《德宗紀下》：「貞元四年……李泌以京官俸薄，請取中外給用除陌錢，及闕官俸外一分職田、額內官俸，……令戶部別庫貯之，以給京官月俸，令御史中丞竇參專掌之。」同書卷三七「五行」：「貞元四年二月，……有司以白御史中丞竇參，請上聞，參寢而不奏。」

*趙憬　御史中丞（兼）

《舊書》卷一三八本傳：「累遷監察御史，隨牒藩府，歷殿中侍御史、太子舍人。……尋授潭州刺史、兼御史中丞、湖南觀察使，仍賜金紫。……貞元四年，迴紇請結和親，詔以咸安公主降迴紇，命檢討右僕射關播充使，憬以本官兼御史中丞為副。」《新書》卷一五〇《趙憬傳》：「貞元中，咸安公主降迴紇，詔關播為使，而憬以御史中丞副之。」

*戴叔倫　御史中丞（兼）

《舊書》卷一三《德宗紀下》：「貞元四年……秋七月……乙丑，以前撫州刺史戴叔倫為容州刺史、兼御史中丞、本管經略使。」陳尚君《全文補編》卷五四梁肅《唐故朝散大夫、都督容州諸軍事、容州刺史、本管經略招討處置使、兼御史中丞、封譙縣開國男、賜紫金魚袋戴公神道碑》：「公諱融，字叔倫，譙國人。……有相國彭城公劉晏聞而嘉之，表授秘書正字。……劉典司國賦，藉公清廉，公命主運於湖南，拜監察御史。建中初，……嗣曹王皋鎮衡湘、鍾陵，聊參二府軍事，由大理寺直遷殿中侍御史，換檢校尚書禮部郎中，兼侍御史。李希烈以淮夷叛，元侯董師征伐，公嘗以持重領留府事。……貞元四年七月起家除都督容州諸州事容州刺史本管經略招討處置使兼御史中丞。」《權德輿文集》卷一四《唐故朝散大夫、持節都督容州諸軍事、守容州刺史、兼侍御史、充本管經略招討處置等使、譙縣開國男、賜紫金魚袋戴公墓誌銘並序》，「侍御史」當為「御史中丞」之誤。

*盧佋　御史中丞

《柳宗元集》卷一二《先侍御史府君神道表》：「（柳鎮）後數年，登朝為真，會宰相與憲府比周，誣陷正士，以校私仇。」〔孫曰〕：「貞元四年，陝虢觀察使盧岳卒，岳妻分資不及妾子。妾訴之，御史中丞盧佋欲重妾罪，侍御史穆贊不聽。佋與竇參共誣贊受金，捕送獄。」

＊姚南仲　御史中丞

　　《全文》卷五〇〇權德輿《故中散大夫、守尙書右僕射、上柱國、賜紫金魚袋、贈太子太保姚公神道碑銘並序》：「公諱南仲，字某，吳興武康人。……遷本司郎中，凶旱之後，被邊艱食，近關蒲晉十餘城之地，因其徵令，……拜御史中丞。歲中換給事中，……明年授同州刺史，三載考績，復以御史中丞領陝府長史陝虢觀察使。」《舊書・德宗紀》：貞元八年「二月，以同州刺史姚南仲爲陝虢觀察使。」《墓誌》云「三載考績」，則其貞元五年任同州刺史，貞元四年爲御史中丞。

＊穆贊　侍御史

　　《舊書》卷一五五《穆寧傳・子贊質員賞附傳》：「贊字相明，釋褐爲濟源主簿。時父寧爲和州刺史，以剛直不屈於廉使，遂被誣奏，貶泉州司戶參軍。贊奔赴闕庭，號泣上訴，詔御史覆問，寧方得雪。……累遷京兆兵曹參軍、殿中侍御史，轉侍御史，分司東都。……時陝虢觀察使盧岳妾裴氏，以有子，岳妻分財不及，訴於官，贊鞠其事。御史中丞盧佋佐之，令深繩裴罪，贊持平不許。……侍御史杜倫希其意，誣贊受裴之金，鞭其使以成其獄。贊弟賞……撻登聞鼓，詔三司使覆理無驗，出爲郴州刺史。」又見《柳宗元集》卷一二《先侍御史府君神道表》：「貞元四年，陝虢觀察使盧岳卒，岳妻分資不及妾子。妾訴之，御史中丞盧佋欲重妾罪，侍御史穆贊不聽。佋與竇參共誣贊受金，捕送獄。」

＊杜倫　侍御史

　　《舊書》卷一五五《穆寧傳・子贊質員賞附傳》：「……時陝虢觀察使盧岳妾裴氏，以有子，岳妻分財不及，訴於官，贊鞠其事。御史中丞盧佋佐之，令深繩裴罪，贊持平不許。……侍御史杜倫希其意，誣贊受裴之金，鞭其使以成其獄。」穆贊鞠盧岳妾裴氏事發生在貞元四年，參本年「盧佋」、「穆贊」條。

＊許孟容　侍御史

　　《舊書》卷一五四本傳：「貞元初，徐州節度使張建封辟爲從事，四遷侍御史。……遂表孟容爲濠州刺史。」《唐刺史考全編》卷一二七（第1735頁）考許孟容約貞元六年前後在濠州刺史任上。其任侍御史應在此前，姑繫於此。

*蕭公瑜　殿中侍御史

《全詩》卷三二二權德輿《同陸太祝鴻漸、崔法曹載華見蕭侍御留後、說得衡撫州報推事使、張侍御卻回前刺史戴員外無事、喜而有作三首》：「專城書素至留臺，忽報張綱攬轡回。共看昨日蠅飛處，並是今朝鵲喜來。……如今天下無冤氣，乞爲邦君雪謗書。眾人哺啜喜君醒，渭水由來不雜涇。遮莫雪霜撩亂下，松枝竹葉自青青。」《輿地碑記目》卷二撫州碑記：「《戴叔倫遺愛碑》，在州城東三十步，正（貞）元四年建，時叔倫爲刺史。」權德輿詩題云「前刺史戴員外」，知此詩當爲貞元四年作。時蕭公瑜爲觀察使留後，故曰「蕭侍御留後」。

*張薦　殿中侍御史

《舊書》卷一四九本傳：「貞元……四年，迴紇和親，以檢校右僕射、刑部尚書關播充使，送咸安公主入蕃，以薦爲判官，轉殿中侍御史。」

*柳鎭　殿中侍御史

《舊書》卷一六○《柳宗元傳》：「柳宗元字子厚，河東人。後魏侍中濟陰公之系孫。曾伯祖奭，高宗朝宰相。父鎭，太常博士，終侍御史。」又見《新表‧宰相世系表三》。《新書》卷一六八《柳宗元傳》：「柳宗元字子厚，其先蓋河東人。……父鎭，天寶末遇亂，奉母隱王屋山，常間行求養，後徙於吳。肅宗平賊，鎭上書言事，擢左衛率府兵曹參軍。佐郭子儀朔方府，三遷殿中侍御史。以事觸竇參，貶夔州司馬。還，終侍御史。」《柳宗元集》卷一二《先侍御史府君神道表》：「先君諱鎭，……（建中）四年，作閺鄉令。考績皆最，吏人懷思，……遷殿中侍御史，爲鄂岳沔都團練判官。……後數年，登朝爲眞，會宰相與憲府比周，誣陷正士，以校私仇。〔孫曰〕：『貞元四年，陝虢觀察使盧岳卒，岳妻分資不及妾子。妾訴之，御史中丞盧佋欲重妾罪，侍御史穆贊不聽。佋與竇參共誣贊受金，捕送獄。』有擊登聞鼓以聞於上，上命先君總三司以聽理，至則平反之。〔孫曰〕：『鎭時爲殿中侍御史。詔鎭與刑部員外郎李觀、大理卿楊瑀爲三司，覆治無之。』……卒中以他事，貶夔州司馬，作《鷹鸇詩》。居三年，醜類就殛，拜侍御史。〔孫曰〕：『貞元八年四月，參得罪，復以鎭爲侍御史。』」參見嚴寅春《柳鎭年譜》。

*呂元膺　殿中侍御史

《舊書》卷一五四本傳：「元膺質度瑰偉，有公侯之器。……貞元初，

論惟明節制渭北，延在賓席。惟明卒，王棲耀代領其鎮，德宗俾棲耀留署使職，咨以軍政，累轉殿中侍御史，徵入眞拜本官，轉侍御史。……元和初，徵拜右司郎中、兼侍御史知雜事，遷諫議大夫、給事中。」《新書》卷一六二《呂元膺傳》：「呂元膺字景夫，鄆州東平人。姿儀瓌秀，有器識。……拜殿中侍御史。戴偉華《唐方鎮文職僚佐考》「鄜坊丹延節度觀察處置等使」考王棲耀貞元四年（788）至貞元十八年（802）任鄜坊節度使，呂元膺任殿中侍御史當在此期間。

＊張　　御史

《全詩》卷三二二權德輿《同陸太祝鴻漸、崔法曹載華、見蕭侍御留後說得衛撫州報推事使、張侍御卻回前刺史戴員外無事、喜而有作三首》。參本年「蕭公瑜」條。《戴公神道碑》云「試授撫州刺史，周月即眞。……居無何，罹謗受代。」張侍御，不詳其名，時任推事使，在撫州推戴叔倫案。《全詩》卷二七四戴叔倫有《撫州被推昭雪答陸太祝三首》。

＊李愿　監察御史

《會要》卷四五「功臣」：「貞元……四年，尋詔大晟長子愿爲嫡嗣，兼監察御史，特拜銀青光祿大夫、太子賓客，賜上柱國。」

唐德宗貞元五年（789）　己巳

＊竇參　御史大夫（三月前）

《新書・宰相世系表中》：「貞元五年二月庚子，御史大夫竇參爲中書侍郎，大理卿董晉爲門下侍郎，並同中書門下平章事。」《新書》卷七《德宗紀》：「貞元五年……二月庚子，大理卿董晉爲門下侍郎，御史大夫竇參爲中書侍郎：同中書門下平章事。」《舊書》卷一三《德宗紀下》：「（貞元）五年二月……以御史中丞竇參爲中書侍郎、平章事，兼轉運使。」

＊李巽　御史大夫（兼）

《舊書》卷一二三本傳：「李巽字令叔，趙郡人。少苦心爲學，以明經調補華州參軍，拔萃登科，授鄠縣尉。周歷臺省，由左司郎中出爲常州刺史。逾年，召爲給事中，出爲湖南觀察使，銳於爲理。五年，改江西觀察使，加

檢校散騎常侍、兼御史大夫。……順宗即位，入爲兵部侍郎。……元和四年四月卒，時年七十一。」

＊李復　御史大夫（兼）

《舊書》卷一一二本傳：「李齊物……子復，字初陽，……李希烈背叛，荆南節度張伯儀數出兵，爲希烈所敗，朝廷憂之。以復久在江陵，得軍民心，複方在母喪，起爲江陵少尹、兼御史中丞，充節度行軍司馬。伯儀既受代，以復爲容州刺史、兼御史中丞，充本管招討使，加檢校常侍。……在容州三歲，南人安悅，遷廣州刺史、兼御史大夫、嶺南節度觀察使。」《通鑒》卷二三三：「貞元五年……冬，十月，……瓊州自乾封中爲山賊所陷，至是，嶺南節度使李復遣判官姜孟京與崖州刺史張少遷攻拔之。」知李複本年在廣州刺史、兼御史大夫、嶺南節度觀察使任。

＊竇覦　御史大夫（兼）

《舊書》卷一三《德宗紀下》：貞元五年冬十月「癸巳，以戶部侍郎竇覦爲揚州長史、兼御史大夫、淮南節度史。」

＊徐粲　御史中丞

《舊書》卷一二三《班宏傳》：「（竇）參初爲大曆司直，宏已爲刑部侍郎。及參爲相，領度支，上以宏久司國計，因令副之。……揚子院，鹽鐵轉運委藏也，宏以御史中丞徐粲主之，既不理，且以賄聞，參欲代之，宏執不可。」《新書·宰相世系表中》：「貞元五年二月庚子，御史大夫竇參爲中書侍郎。」徐粲任御史中丞在此時。

＊高崇文　御史中丞（兼）

《舊書》卷一五一本傳：「貞元中，隨韓全義鎮長武城，治軍有聲。五年夏，吐蕃三萬寇寧州，崇文率甲士三千救之，……大破之，死者過半。韓全義入覲，崇文掌行營節度留務，遷兼御史中丞。」

＊姚南仲　御史中丞

《舊書》卷一三《德宗紀下》：貞元五年三月「乙卯，以兵部郎中姚南仲爲御史中丞。」《舊書》卷一五三本傳：「浙江東、西道觀察使韓滉辟爲推官，奏授殿中侍御史、內供奉，充支使。……尋徵還，歷左司兵部員外，轉

郎中，遷御史中丞、給事中、同州刺史、陝虢觀察使。」《新書》卷一六二《姚南仲傳》：「坐善宰相常衮，出爲海鹽令。浙西觀察使韓滉表爲推官，擢殿中侍御史內供奉。召還，四遷爲御史中丞，改給事中、陝虢觀察使，拜義成節度使。」

＊孫成（孫晟）　御史中丞

《舊書》卷一三《德宗紀下》：貞元五年冬十月「己丑，桂管觀察、御史中丞孫晟卒。」《千唐誌齋藏志》卷九五〇《孫成墓誌》：「烈考刑部侍郎、贈右僕射文公諱逖，……君即文公之第三子也，……除桂州刺史兼御史中丞，充本管都防禦經略、招討、觀察等使，……以貞元五年五月廿一日卒代於桂州里所，春秋五十三。」

＊盧紹　御史中丞

據《柳宗元集》卷一二，盧紹貞元四年任御史中丞。又據《舊書》卷一六七《趙宗儒傳》：「貞元六年，（趙宗儒）領考功事，……御史中丞盧紹比皆考中上，宗儒貶之中中。」貞元六年盧紹仍在御史中丞任，可知本年盧紹仍任御史中丞。

＊郭鋒　御史中丞（兼）

《會要》卷九八「回鶻」：「貞元……五年……九月，天親可汗卒，子多邏斯立，國人謂之判官特勒，詔冊爲登里邏沒密施俱錄忠貞毗伽可汗，以鴻臚卿兼御史中丞郭鋒爲弔冊回鶻使。至六年四月……十月，郭鋒至自回鶻。」

＊李元素　侍御史

《舊書》卷一三二《李澄傳·族弟元素附傳》：「任侍御史，時杜亞爲東都留守，惡大將令狐運，會盜發洛城之北，運適與其部下畋於北郊，亞意其爲盜，遂執訊之，逮繫者四十餘人。……監察御史楊寧按其事，亞以爲不直，密表陳之，寧遂得罪……數月，鄭滑節度盧群卒，遂命元素兼御史大夫，鎮鄭滑，就加檢校工部尚書，在鎮稱理。……元和初，徵拜御史大夫。自貞元中位缺，久難其人，至是元素以名望召拜，中外從聽。」《新書》卷一四七《李元素傳》：「李元素字大樸，邢國公密裔孫，仕爲御史。……亞請斥運醜土，詔監察御史楊寧覆驗，事皆不讎。……詔元素與刑部員外郎崔從質、大理司直盧士瞻馳按。……元素徐察其冤，悉縱所因以還。……帝已怒，……元素

曰：『臣以御史按獄，知冤不得盡辭，是無容復……』」《會要》卷六二「御史臺下」：「元和五年四月，命監察御史楊寧往東都按大將令狐運事。時杜亞為東都留守，素惡運。會盜發洛城之北，運適與其部下畋於北邙，亞意為盜，遂執訊之，逮繫者四十餘人。寧既按其事，亞以為不直，密表陳之，寧遂得罪。亞將逞其宿怒，且以得賊為功，上表指明運為盜之狀，上信而不疑。宰臣以獄大宜審，奏請覆之，命侍御史李元素就覆焉。亞迎路，以獄成告，元素驗之，五日，盡釋其囚以還。亞大驚且怒。親追送，馬上責之，元素不答。亞遂上疏，又論元素。元素還奏，言未畢，上怒曰：『出，俟命。』元素曰：『臣未盡詞。』上又曰：『且去。』元素復奏曰：『臣一出，不復得見陛下，乞容盡詞。』上意稍緩。元素盡言運冤狀明白，上乃悟曰：『非卿孰能辨之。』後數月，竟得真賊。元素由是為時器重，累遷給事中，每美官缺，必指元素焉。」《舊書》卷一四六《杜亞傳》：「杜亞字次公，貞元五年，……改檢校吏部尚書，判東都尚書省事，充東都留守、都防禦使。」又李元素於元和初任御史大夫，《會要》云「元和五年」李元素任侍御史，顯係錯誤。「元和五年」當為「貞元五年」。

＊王郢　侍御史（兼）

《墓誌彙編》貞元〇二一《大唐故瀛洲司馬、兼侍御史、太原王府君墓誌銘並序》（安次縣令李再撰）：「公諱郢，字郢，太原祁縣人也。公五代祖隆，隋監察御史，著《興衰論》七篇；高祖□一，皇諫議大夫、涇州刺史，有集廿卷，並文章風雅，行於當時。……故幽州牧大司徒朱公器重偉才，飽聞盛美，擇公為牙門將，軍謀戎事，多咨訪焉。洎我尚書嗣守先封，恢弘盛業，表公為瀛洲司馬帶侍御史，仍兼管內郵驛使。……不幸於貞元五年三月遇疾，廿一日終於官舍，享年五十三。」又見《墓誌彙編》元和〇七七《唐故瀛洲司馬阱移安平范陽三縣令幽州節度押衙兼侍御史太原王公夫人博陵崔氏和祔墓誌銘並序》：「公諱郢，太原祁縣人也……」

＊孫絳　侍御史（兼）

《千唐誌齋藏志》卷九五〇《孫成墓誌》：「烈考刑部侍郎、贈右僕射文公諱逖，……君即文公之第三子也，……除桂州刺史兼御史中丞，充本管都防禦經略、招討、觀察等使，……以貞元五年五月廿一日即代於桂州里所，春秋五十三。」《墓誌》云「仲兄河東觀察判官攝北都副留守檢校尚書戶部郎中

兼侍御史絳撰」。

＊韋綬　殿中侍御史

《舊書》卷一三〇《李泌傳》：「貞元五年，以前東都防禦判官、殿中侍御史、內供奉韋綬爲左補闕，監察御史梁肅右補闕。」

＊梁肅　殿中侍御史內供奉

《全文》卷五二三崔元翰《梁肅墓誌》：「淮南節度使吏部尚書京兆杜公表爲殿中侍御史內供奉，管書記之任，非其所好。貞元五年，以監察御史徵還臺。」

柳　　殿中侍御史　貞元五年（789）～十二年（796）

《柳宗元集》卷一二《故殿中侍御史柳公墓表》：「唐貞元十二年二月庚寅，葬我殿中侍御史河東柳公於萬年縣之少陵原。公諱某，字某，邑居於虞鄉。……載筆乘軺，乃作參謀。出入朔方，陪佐戎車。（孫曰：『四年七月，以左金吾將軍張獻甫爲朔方邠寧節度使，表公爲參謀。』）遷大理評事，……改度支判官，轉大理司直。……又遷殿中侍御史、度支營田副使。……以其年正月九日遇疾，終於私館，享年五十。……本道節度尚書朗寧王張公，震悼涕慕，不任於懷。臨遣……行軍司馬侍御史韋重規等匍匐救助。」

霍按：柳氏爲柳宗元叔父。

＊梁肅　監察御史

《舊書》卷一三〇《李泌傳》：「貞元五年，以……監察御史梁肅右補闕。」《新書》卷二〇二《文藝傳中》：「梁肅字敬之，一字寬中，……建中初，中文辭清麗科，擢太子校書郎。蕭復薦其材，授右拾遺，修史，以母羸老不赴。杜佑辟淮南掌書記，召爲監察御史。」《全文》卷五二三崔元翰《右補闕翰林學士梁君墓誌》：「其後，淮南節度使、吏部尚書京兆杜公表爲殿中侍御史、內供奉。管書記之任，非其所好。貞元五年以監察御史徵還臺。」又《全文》卷五一七梁肅《述初賦》：「會明詔以監察御史徵，俄轉右補闕。……閒一歲，加翰林學士、領東宮誦讀之事。」

＊夏侯審　御史　貞元五年（789）～六年（790）

《全詩》卷二七七盧綸《綸與吉侍郎中孚、司空郎中曙、苗員外發、崔

補闕峒、耿拾遺湋、李校書端、風塵追遊向三十載、數公皆負當時、盛稱榮耀、未幾俱沉下泉、暢博士當、感懷前蹤有五十韻見寄、輒有所酬以申悲舊、兼寄夏侯侍御審、侯倉曹釗》：「稟命孤且賤，少爲病所嬰。八歲始讀書，四方遂有兵。……方逢粟比金，未識公與卿。」暢當貞元五年在太常博士任，六年則隱居山中，故詩當本年作，夏侯審本年爲御史。參傅璇琮主編《唐五代文學編年史·中唐卷》。唐人呼監察御史、殿中侍御史爲「侍御」；呼侍御史爲「端公」，既曰「夏侯侍御」，則此期夏侯審任監察御史或殿中侍御史。

＊楊寧　監察御史

《舊書》卷一三二《李澄傳·族弟元素附傳》：「任侍御史，時杜亞爲東都留守，惡大將令狐運，會盜發洛城之北，運適與其部下畋於北郊，亞意其爲盜，遂執訊之，逮繫者四十餘人。……監察御史楊寧按其事，亞以爲不直，密表陳之，寧遂得罪。」《新書》卷一四七《李元素傳》：「李元素字大樸，邢國公密裔孫，仕爲御史。……亞請斥運醜土，詔監察御史楊寧覆驗，事皆不讎。」《會要》卷六二「御史臺下」：「元和五年四月，命監察御史楊寧，往東都按大將令狐運事。」《墓誌彙編》元和一〇五《唐故朝議大夫守國子祭酒致仕上騎都尉賜紫金魚袋贈右散騎常侍楊府君墓誌銘並序》：「……公諱寧，字庶玄，弘農華陰人也。……貞元初，……召陽公爲諫大夫。天子欲其必至，以公陽之徒也，俾將其羔雁也，……尋轉本縣丞，亟遷監察御史。」《會要》云「元和五年」，應爲「貞元五年」，見本年李元素條考證。

＊李彙　監察御史裏行（兼）

《墓誌彙編》貞元〇二四《唐故魏州貴鄉縣尉隴西李府君墓誌銘並序》（嗣子承奉郎兼監察御史裏行賜緋魚袋彙撰並書）：「……貞元五年，歲在己巳，十二月戊辰朔，廿三日庚寅勒。」

唐德宗貞元六年（790）庚午

＊樊澤　御史大夫（兼）

《舊書》卷一二二本傳：「樊澤字安時，河中人也。……澤好讀兵書，朝廷以其有將帥材，尋兼御史中丞，充通和蕃使，蕃中用事宰相尙結贊深禮之。尋從鳳翔節度張鎰與吐蕃會盟於清水，遷金部郎中、御史中丞、山南節度行

軍司馬。時李希烈背叛，詔以普王爲行軍元帥，徵澤爲諫議大夫、元帥行軍
右司馬。屬駕幸奉天，普王不行，澤改右庶子、兼中丞。……尋代賈耽爲襄
州刺史、兼御史大夫、山南東道節度觀察等使。……三年，代張伯儀爲荊南
節度觀察等使、江陵尹、兼御史大夫。……十二年，加檢校右僕射。卒年五
十，贈司空。」《舊書》卷一四九《舒王誼傳》：「建中三年，……以山南東道
節度行軍司馬、檢校兵部郎中、兼御史中丞樊澤爲諫議大夫、兼御史中丞、
行軍右司馬。」

＊郭鋒　御史中丞（兼）

《會要》卷九八「回鶻」：「貞元……五年……九月，天親可汗卒，子多
邏斯立，國人謂之判官特勒，詔冊爲登里邏沒密施俱錄忠貞毗伽可汗，以鴻
臚卿兼御史中丞郭鋒爲弔冊回鶻使。至六年四月……十月，郭鋒至自回鶻。」
貞元六年，郭鋒任鴻臚卿兼御史中丞，在出使回鶻途中。

＊盧紹　御史中丞

《舊書》卷一六七《趙宗儒傳》：「貞元六年，（趙宗儒）領考功事，……
右司郎中獨孤良器、殿中侍御史杜倫，各以過黜之。尚書左丞裴郁、御史中
丞盧紹比皆考中上，宗儒貶之中中。」

＊盧群　侍御史

《舊書》卷一四〇本傳：「建中末，薦於朝廷，會李希烈反叛，詔諸將討
之，以群爲監察御史、江西行營糧料使。……貞元六年，入拜侍御史。……
群以奉使稱旨，俄遷檢秘書監，兼御史中丞、義成軍節度行軍司馬。」《全
詩》卷二七三戴叔倫《奉酬盧端公飲後贈諸公見示之作》，盧端公即盧群。

＊裴倚　御史中丞

《墓誌彙編》貞元〇二九《唐故法界寺比丘尼正性墓誌銘並序》：「闍黎裴
族，釋號正性，河東聞喜人。……考諱倚，駕部郎中御史中丞，……貞元六
年八月十日，現滅於溧陽縣修善鄉之別墅。」

＊寶群　侍御史

《會要》卷六〇「侍御史」：「貞元六年，寶群入拜侍御史。」

＊鄭式瞻　侍御史（兼）

《墓誌續編》貞元〇一八《李氏幼女墓誌銘並序》（姊夫前檢校駕部員外郎兼侍御史鄭式瞻撰）：「李氏幼女字繡衣，大曆十四祀十月十八日遇疾夭歿，時年十三。考監察御史府君挺。……貞元六年十一月廿五日，仁兄前中牟縣尉端士啓舊殯歸祔於先塋。」

＊夏侯審　侍御史　貞元六年（790）後

《新書》卷二〇三《文藝傳下》：「（夏侯）審，侍御史。」

夏侯審貞元五年至六年任監察或殿中，其升為侍御史當在此後。

＊張惟儉　侍御史（兼）

《墓誌彙編》貞元〇二七《唐贈涇州司馬李府君改葬墓誌銘》（檢校戶部員外郎兼侍御史張惟儉撰）：「府君以辛丑之夏，即世褒中；庚午之秋，改塋洛下。」

霍按：庚午歲即貞元六年（790）。

＊杜倫　殿中侍御史

《舊書》卷一六七《趙宗儒傳》：「貞元六年，（趙宗儒）領考功事，……右司郎中獨孤良器、殿中侍御史杜倫，各以過黜之。」蓋貶為殿中侍御史。

＊皇甫鏞　殿中侍御史

《舊書》卷一三五《皇甫鎛傳》：「鎛弟鏞，端士也。亦進士擢第，累歷宣歙、鳳翔使府從事，入為殿中侍御史。……卒年四十九。鏞能文，尤工詩什，……有集十八卷，著《性言》十四篇。」

＊崔郾　監察御史（貞元中）

《舊書》卷一五五《崔邠傳·弟郾附傳》：「字廣略。舉進士，平判入等，授集賢殿校書郎三命升朝，為監察御史、刑部員外郎。……遷鄂岳安黃等州觀察使。又五年，移浙西道都團練觀察使，至，用寬政安疲人。……開成元年卒，年六十九。」

唐德宗貞元七年（791） 辛未

＊庾鋋　御史大夫

　　《會要》卷九八「迴鶻」：「貞元……七年二月，詔冊阿啜爲奉誠可汗，遣鴻臚少卿、御史大夫庾鋋持節弔祭冊命之。」《姓纂》庾姓下有「宋州刺史、鴻臚卿，生承歡、承初。」《考古與文物》2006年第3期載《唐故朝散大夫行京兆府功曹參軍庾府君墓誌銘並序》：「唐元和十五年夏六月壬辰，前京兆府功曹參軍庾君寢疾終於長安宣平里第。……父諱鋋，皇金紫光祿大夫，歷宋、亳、穎三州刺史，拜鴻臚少卿，兼御史大夫。」

＊韓皋　御史中丞

　　《舊書》卷一三《德宗紀下》：貞元七年春正月庚辰「以中書舍人韓皋爲御史中丞。」《新書》卷一二六《韓皋傳》：「皋字仲聞，資質重厚，有大臣器。由雲陽尉策賢良方正異等，拜右拾遺。累遷考功員外郎。父喪，德宗遣使弔問，俾論撰澠行事，號泣承命，立草數千言以進，帝嘉之。服除，宰相疑考功郎中，帝爲加知制誥。遷中書舍人、御史中丞、兵部侍郎，號稱職。俄拜京兆尹。」《唐語林》卷三「方正」：「韓太保皋爲御史中丞、京兆尹，常有所陳，必於紫宸殿對百僚而請，未嘗詣便殿。上謂之曰：『我與卿言，於此不盡，可來延英。訪及大政，多所匡益。』……公曰：『御史，天下之平也。摧剛植柔，惟在於公，何故不當人知之？奈何求請便殿，避人竊語，以私國家之法？且肅宗以苗晉卿年老艱步，故設延英。後來得對者多私自希寵，干求相位，奈何以此爲以此爲望哉？』」《廣記》卷一八七同。

＊封演　御史中丞（兼）

　　《新書・藝文志二》：「《封氏聞見記》五卷，封演。」《封氏聞見記》署「唐朝散大夫、檢校尚書吏部郎中、兼御史中丞封演。」《封氏聞見記》卷四：「貞元初，主上超然覺悟，乃下詔去其徽號，直稱皇帝，合於古矣。近歲，百僚復請加尊號，上守謙沖意，不之許。」《元龜》卷一六：「興元元年正月，詔去聖文神武之號，貞元五年、六年九月，百僚累上表請復徽號，均不許。」此乃《封氏聞見記》所記最晚之事，故繫於本年，參傅璇琮《唐五代文學編年史・中唐卷》「貞元七年」。

＊齊映　御史中丞（兼）

《舊書》卷一三六《齊映傳》：「貞元七年，授御史中丞、桂管觀察使，又改洪州刺史、江西觀察使。」

＊權秀　御史中丞（兼）

《墓誌續編》貞元〇二九《唐故左神策軍先鋒突將兵馬使開府儀同三司試太子賓客兼御史中丞洋川郡王權君墓誌銘》：「君姓權氏，諱秀。……貞元之祀，既委君以親衛，有榮君於憲府，是用兼君以御史中丞，充左神策先鋒突將兵馬使。……以貞元七年六月五日遇疾，卒於平康里之私第。」

＊于頔　御史中丞（兼）　貞元七年（791）～十年（794）

《舊書》卷一五六本傳：「又以櫟陽主簿攝監察御史，充入蕃使判官。……再遷司門員外郎、兼侍御史，賜紫，充入西蕃計會使，將命稱旨，時論以爲有出疆專對之能。歷長安縣令、駕部郎中，出爲湖州刺史。」《全詩》卷八一五皎然《奉酬于中丞使君郡齋臥病見示一首》：「宿昔祖師教，了空無不可。……生成一草木，大道無負荷。」于中丞即于頔。《吳興志》：「貞元八年自駕部郎中授。」《全文》卷五四四于頔《釋皎然杼山集序》：「貞元壬申歲，余分刺吳興之明年，集賢殿御書院有命徵其文集。」壬申歲爲貞元八年，據此知貞元七年于頔任湖州刺史。又《吳興志》云「劉全白貞元十年自池州刺史授。」于頔終湖州刺史在貞元十年，期間于頔兼御史中丞。

＊衛次公　殿中侍御史

《舊書》卷一五九本傳：「嚴震之鎮興元，辟爲從事，授監察，轉殿中侍御史。貞元八年，徵爲左補闕，尋兼翰林學士。二十一年正月，德宗昇遐。……改尙書左丞，恩顧頗厚。」《新書》卷一六四本傳：「衛次公字從周，河中河東人。舉進士，禮部侍郎潘炎異之，……高其第，調渭南尉。嚴震在興元，辟佐其府，累遷殿中侍御史。貞元中，擢左補闕、翰林學士。」嚴震鎮興元在建中三年（782）至貞元十五年（799），《舊書》本傳云衛次公「貞元八年，徵爲左補闕」，其任殿中侍御史應在貞元七年。

唐德宗貞元八年（792） 壬申

＊張滂　御史大夫（兼）

《墓誌彙編》「貞元一〇三《唐故中大夫戶部侍郎兼御史大夫諸道鹽鐵轉運等使清河張公墓誌銘並序》（朝散大夫守尙書虞部郎中李灝撰）：「公諱滂，字孟博，貝州清河人也。……大曆……四年，加兼監察御史。……十四年，改庫部員外，依前兼侍御史，充監倉庫使。……貞元二年，檢校戶部員外兼侍御史，勾當浙東西進奉。……八年，除戶部侍郎兼御史大夫，諸道鹽鐵使兼知轉運，……十六年十月十九日寢疾終於位，時年七十六。」

＊樊澤　御史大夫（兼）　貞元八年（792）～十四年（798）

《墓誌續編》貞元〇二九《大唐故太原府祁縣尉黔□道採訪判官贈尙書兵部侍郎南陽樊公墓誌銘並序》：「公諱泳，字泳。……以天寶十一年七月遇疾，終於官舍，春秋卌七。……季子澤，今爲禮部尙書、御史大夫、分閫漢南，再兼襄州刺史。……貞元九年歲次癸酉十月丁未朔二日己酉，和祔於洛師之邙原，禮也。」《墓誌彙編》「貞元〇九三《有唐山南東道節度使贈尙書右僕射嗣曹王墓銘並序》（山南東道節度觀察處置等使朝請大夫檢校禮部尙書襄州刺史兼御史大夫上柱國上黨縣開國男南陽樊澤纂）：「維貞元八年三月十有一日，宗室大臣山南東道節度觀察處置等使戶部尙書兼御史大夫嗣曹王薨於位，享年六十。……王諱皋、字子蘭。」

＊李復　御史大夫（兼）

《舊書》卷一一二本傳：「……在容州三歲，南人安悅，遷廣州刺史、兼御史大夫、嶺南節度觀察使。……復曉於政道，所在稱理，徵拜宗正卿，加檢校工部尙書。未一歲，會華州節度李元諒卒，以復爲華州刺史、潼關防禦鎭國軍使，仍檢校戶部尙書，兼御史大夫。」《唐九卿考》卷五「鴻臚寺」考李復貞元八年由宗正卿改任華州刺史、潼關防禦鎭國軍使，其兼御史大夫應在本年。

＊鄭叔則　御史大夫（兼）

《全文》卷七八四穆員《福建觀察使鄭公墓誌銘》：「唐貞元八年四月十六日，福建團練觀察使福州刺史兼御史大夫鄭公薨於位。……公諱叔則，字某，滎陽人。」

＊姚南仲　御史中丞（兼）　貞元八年（792）～貞元十三年（797）

《全文》卷五〇〇權德輿《故中散大夫守尙書右僕射上柱國賜紫金魚袋贈太子太保姚公神道碑銘並序》：「公諱南仲，字某，吳興武康人。……遷本司郎中，凶旱之後，被邊艱食，近關蒲晉十餘城之地，因其徵令，……拜御史中丞。歲中換給事中，……明年授同州刺史，三載考績，復以御史中丞領陝府長史陝虢觀察使。居五年，就加右散騎常侍。」《舊書·德宗紀》：貞元八年「二月，以同州刺史姚南仲爲陝虢觀察使。」《墓誌》云「居五年」，即貞元十三年。

＊李益　侍御史

《全詩》卷二七七盧綸《酬李益端公夜宴見贈》：「戚戚一西東，十年今始同。可憐歌酒夜，相對兩衰翁。」同前卷二八三李益《登白樓見白鳥席上命鷓鴣辭》：「一鳥如霜雪，飛向白樓前。問君何以至，天子太平年。」白樓在河中，《通鑑》卷二三四胡注引《邠志》：「八年，詔追張公，議築鹽、夏二城。」李益當因城鹽州事使河中。見《中華文史論叢》第七輯卞孝萱《李益年譜稿》。

＊柳鎭　侍御史　貞元八年（792）～九年（793）

《舊書》卷一六〇《柳宗元傳》：「柳宗元字子厚，河東人。後魏侍中濟陰公之系孫。曾伯祖奭，高宗朝宰相。父鎭，太常博士，終侍御史。」又見《新表·宰相世系表三》。《柳宗元集》卷一二《先侍御史府君神道表》：「先君諱鎭，……（貞元）四年，作閿鄉令。考績皆最，吏人懷思，……遷殿中侍御史，爲鄂岳沔都團練判官。……後數年，登朝爲眞，會宰相與憲府比周，誣陷正士，以校私仇。有擊登聞鼓以聞於上，上命先君總三司以聽理，至則平反之。〔孫曰〕：『鎭時爲殿中侍御史。詔鎭與刑部員外郎李觀、大理卿楊瑀爲三司，覆治無之。』……卒中以他事，貶夔州司馬，作《鷹鸇詩》。居三年，醜類就殛，拜侍御史。〔孫曰〕：『貞元八年四月，參得罪，復以鎭爲侍御史。』」貞元九年五月十七日，柳鎭終於親仁里第，享年五十五歲。

＊元敦義　監察御史　貞元八年（792）～貞元十年（794）

《舊書》卷一三七《于公異傳》：「公異初應進士時，與舉人陸贄不協，……及貞元中陸贄爲宰相，奏公異無素行，黜之。……時中書舍人高郢薦監察御史元敦義，及睹公異遣逐，懼爲所累，乃上疏首陳敦義虧於禮教。」《新書》卷二〇三《文藝傳下》：「朱泚平，……時中書舍人高郢，嘗薦御史元敦

義，及公異被遣，郢亦劾敦義無美行，詔免敦義官。」《舊書》卷一四七《高郢傳》云高郢「改中書舍人，凡九歲，拜禮部侍郎。」《唐僕尚丞郎表》考高郢貞元十四年拜禮部侍郎，則高郢貞元六年至貞元十四年任中書舍人。又據《舊書》卷一三九《陸贄傳》，陸贄於貞元八年四月至貞元十年十二月爲相，高郢上疏首陳元敦義「虧於禮教」在此期間。

唐德宗貞元九年（793） 癸酉

＊李齊運　御史大夫（兼）

《舊書》卷一三五本傳：「李齊運者，蔣王惲之孫也。解褐寧王府東閣祭酒，七遷至監察御史。江淮都統李峘辟爲幕府，累轉工部郎中，爲長安縣令。……貞元中，蝗旱方熾，齊運無政術，乃以韓洄代之，改宗正卿、兼御史大夫、閑廐宮苑使。」郁賢皓、胡可先《唐九卿考》卷五「鴻臚寺」：李復，貞元八年由宗正卿改任華州刺史、潼關防禦鎮國軍使。李齊運當繼李復任宗正卿、兼御史大夫，故繫於本年。

＊張滂　御史大夫（兼）

《墓誌彙編》「貞元一〇三《唐故中大夫戶部侍郎兼御史大夫諸道鹽鐵轉運等使清河張公墓誌銘並序》，朝散大夫守尚書虞部郎中李灝撰。

＊楊　　御史大夫（兼）

《墓誌彙編》「元和〇〇九」《大唐故將作監丞清河郡張府君墓誌銘並序》：「公享年卅有三……夫人趙氏先遇疾。……貞元九年，壽軍元帥、御史大夫兼左散騎常侍楊公，以公名家子，才可理戎，乃補軍職。……故太中大夫、兵部郎中、兼侍御史濟，即夫人之曾祖矣。……祖頎，皇貝州司功參軍，……父悅，皇金紫光祿大夫、試太子賓客、兼殿中侍御史、贈滁州刺史。……於是元和二年二月一日，遷祔於壽春崇義原，禮也。」楊公時任御史大夫兼左散騎常侍，名不詳，待考。

＊韋貞伯　御史中丞

《會要》卷七四「選部上」：「貞元九年正月，御史中丞韋貞伯劾奏稱：『吏部貞元七年多以京兆府濫解選已授官總六十六人，或有不到京銓試，懸受官

告，又按選格銓狀，選人自書試日書，跡不同即駁放，殿選違格文者不復驗，……』由是刑部尚書劉滋以前吏部尚書，及吏部侍郎皆坐削一級。」此又見《新書》卷一三二《劉滋傳》。

*賈全　御史中丞

《全文》卷七八三穆員《鮑防碑》：「……貞元六年秋八月丙申，薨於洛陽私第。冬十月旬有七日，從先公於北邙南原。……葬後三年，嗣子宗由惟中古封樹之制，……是用建墓碑，以揚先懿。……公諱防，字子慎。……御史中丞武威賈全，公之甥也。……鄭滑節度使隴西李融，公之吏也。」從《鮑防碑》可見該墓誌作於貞元九年。御史中丞賈全與鄭滑節度使李融爲同時期人，任職年份大致相同。又戴偉華《唐方鎮文職僚佐考》（第 68 頁）考李融與貞元九年至貞元十年任鄭滑節度使，則可知賈全於貞元九年任御史中丞。《題名考》無賈全任御史中丞之記載，故補於此。

唐德宗貞元十年（794）甲戌

*王緯　御史大夫（兼）

《舊書》卷一四六本傳：「王緯字文卿，太原人也。……緯舉明經，又書判入等，歷長安尉，出佐使府，授御史郎官，入朝爲金部員外郎、劍南租庸使、檢校司封郎中、彭州刺史、檢校庶子、兼御史中丞、西川節度營田副使。初，大曆中，路嗣恭爲江西觀察使，陷害判官李泌，將誅之。緯亦爲路嗣恭判官，說喻解救，獲免。貞元三年，泌爲相，擢授緯給事中，未數日，又擢爲潤州刺史、兼御史中丞、浙江西道都團練觀察使。十年，加御史大夫，兼諸道鹽鐵轉運使，三歲加檢校工部尚書。」

*李復　御史大夫（兼）　貞元十年（794）～貞元十五年（799）

《舊書》卷一一二本傳：「……貞元十年，鄭滑節度使李融卒，軍中潰亂，以複檢校兵部尚書，兼滑州刺史、義成軍節度、鄭滑觀察營田等使、兼御史大夫。」《舊書》卷一五三《姚南仲傳》：「貞元十五年，代李復爲鄭滑節度使。」戴偉華《唐方鎮文職僚佐考》云李復貞元十年（794）至貞元十三年（797）爲鄭滑節度使，誤，應爲貞元十五年。

＊王虔休（王延貴） 御史大夫（兼） 貞元十年（794）～貞元十二年（796）

《舊書》卷一三二本傳：「王虔休字君佐，……本名延貴。……泊抱眞卒，……軍中擾亂，虔休正色言於眾曰……，朝廷知而嘉之，以邕王爲昭義節度觀察大使，授虔休潞州左司馬，依前兼御史大夫，掌留後，仍賜名虔休。……軍州大理。二歲，遷潞州長史、昭義軍節度、澤潞磁邢洺觀察使。」

＊袁滋 御史中丞（兼）

《舊書》卷一三《德宗紀下》：貞元十年六月「癸丑，以祠部郎中袁滋兼御史中丞，爲冊南詔使。」《舊書》卷一八五《良吏傳下・袁滋傳》：「貞元十九年，韋皋始通西南蠻夷，……朝廷方命撫諭，選郎吏可行者，皆以西南邈遠憚之。滋獨不辭，德宗甚嘉之，以本官兼御史中丞，持節充入南詔使。……出爲華州刺史、兼御史中丞、潼關防禦使、鎭國軍使。」《舊書》卷一九七《南詔蠻傳》：「會劍南西川節度使韋皋招撫諸蠻……時貞元四年事也。……九年四月，牟尋乃與酋長定計遣使，……其明年正月，……以祠部郎中兼御史中丞袁滋持節冊南詔，仍賜牟尋印，鑄用黃金，以銀爲窠，文曰：『貞元冊南詔印。』……十一年三月，遣清平官尹輔酋隨袁滋來朝。……授尹輔酋檢校太子詹事兼御史中丞，餘亦差次授官。」《元龜》卷三九七《將帥部・懷撫》：「韋皋爲劍南節度使貞元四年四月，……於是朝廷命祠部郎中兼御史中丞袁滋持節冊異牟，尋爲南詔王。自是遂修朝貢，而吐蕃不寇蜀邊。」《全詩》卷三二三權德輿《送袁中丞持節冊南詔五韻》：「西南使星去，遠徹通朝聘。煙雨樊道深，麾幢漢儀盛。」《全文》卷四九一權德輿《送袁中丞持節冊回鶻序》：「中丞端淳而清，文敏而誠，才以周物，智以達變，識柔遠之五利，能專對於四方。……且滇池昆明，爲西南雄部，嘗樂聲教。」從序文內容來看，「回鶻」當爲「安南」之誤。《舊書・袁滋傳》：「貞元十九年，韋皋始通西南蠻夷。」「十九」當爲「十四」之誤記。

＊穆贊 御史中丞

《舊書》卷一三八《趙憬傳》：「……時吏部侍郎杜黃裳爲中貴讒譖及他過犯，御史中丞穆贊、京兆少尹韋武、萬年縣令李宣、長安令盧雲皆爲裴延齡構陷，將加斥逐，憬保護救解之，故多從輕貶。」《舊書》卷一五五《穆寧傳・子贊質員賞附傳》：「出爲郴州刺史。（賞）參敗，徵拜刑部郎中。因

次對，德宗嘉其才，擢爲御史中丞。時裴延齡判度支，……誣贊不平，貶饒州別駕。」《新書》卷一六三：「（穆寧）四子：贊、質、員、賞。寧之老，贊爲御史中丞，質右補闕，員侍御史，賞監察御史，皆以守道行誼顯。先是，韓休家訓子姓至嚴。貞元間，言家法者，尙韓、穆二門云。」《通鑒》卷二三五：貞元十年六月，「御史中丞穆贊按度支吏贓罪，裴延齡欲出之，贊不從。延齡譖之，貶饒州別駕，朝士畏延齡側目。贊，寧之子也。」

＊張薦　御史中丞（兼）

《會要》卷九五「回鶻」：「貞元十年……四月，奉誠可汗卒。……五月。令秘書少監兼御史中丞史館修撰張薦。持節弔祭冊立之。」《全文》卷四九一權德輿《送張閣老中丞持節冊弔新羅序》：「秘書少監張君既受詔，以執法持節錫命於北方，弔其告終，嘉其稱嗣。……況中丞用文學政事，敏知達才，彌綸諷議，官業以序，而又修史氏之職，且逾一紀。」《全詩》卷三二三權德輿《送張閣老中丞持節冊弔迴鶻》：「旌旆翩翩擁漢官，君行常得遠人歡。分職南臺知禮重，輶書東觀見才難。」

＊王虔休（王延貴）　　御史中丞（兼）

《舊書》卷一三二本傳：「王虔休字君佐，……本名延貴。……建中初，抱眞統兵馬與諸將征討河北，……虔休攻戰居多，擢爲步軍都虞候，累加兼御史中丞、大夫，賜實封百戶。……洎抱眞卒，……軍中擾亂，虔休正色言於眾曰……」《舊書》卷一三二《李抱眞傳》，李抱眞貞元十年卒，此時王虔休在李幕兼御史中丞。

＊盧虔　侍御史知雜事

《舊書》卷一三二《盧從史傳》：「父虔，少孤，好學，舉進士，歷御史府三院、刑部郎中，江汝二州刺史、秘書監。」《新書》卷一四一《盧從史傳》：「盧從史，……父虔，好學，由進士第歷御史、秘書監。」羅振玉《丙寅稿・秘書監盧虔神道碑跋》（第 55～56 頁）：「河南尹鄭叔則表爲王屋縣尉，仍辟留守從事。俄遷監察御史，拜殿中侍御史，遷侍御史知雜事。尋除復州刺史，改江州刺史。」

《全詩》卷三七八孟郊《送盧虔端公守復州》，可見盧虔爲復州刺史兼侍御史。《唐刺史考全編》考盧虔任復州刺史約貞元十一年，其任侍御史知雜約

在貞元十一年或稍前。

＊李絾　殿中侍御史（兼）

《通鑑》卷二三五：「貞元十年……六月，壬寅朔，昭義節度使李抱眞薨。其子殿中侍御史絾與抱眞從甥元仲經謀，秘不發喪，詐爲抱眞表，求以職事授絾。」《舊書》卷一三二《李抱眞傳》：「抱眞薨之日，其子殿中侍御史絾匿喪不發。」按抱眞於貞元十年卒，時年六十二。

唐德宗貞元十一年（795）　乙亥

＊李欒（李欒）　御史大夫（兼）

《全文》卷五六四韓愈《息國夫人墓誌銘》：「貞元十五年，靈州節度使御史大夫李公諱欒，守邊有勞，……元和二年，李公入爲戶部尚書，薨。」

《舊書·德宗紀》：貞元十一年五月，「以朔方留後李欒爲靈州大都督府長史、朔方靈鹽豐夏四州受降定遠城天德軍節度副大使、知節度事、管內度支營田觀察押蕃落等使。」

＊張薦　御史中丞（兼）

《舊書》卷一四九本傳：「貞元……十一年，……會差使冊迴紇毘伽利懷信可汗及弔祭，乃命薦兼御史中丞，入迴紇。」

＊尹輔酋　御史中丞（兼）

《舊書》卷一九七《南詔蠻傳》：「……（貞元）九年四月，牟尋乃與酋長定計遣使，……其明年正月，……以祠部郎中兼御史中丞袁滋持節冊南詔，仍賜牟尋印，鑄用黃金，以銀爲窠。……十一年三月，遣清平官尹輔酋隨袁滋來朝。……授尹輔酋檢校太子詹事兼御史中丞，餘亦差次授官。」

＊王礎　御史中丞

《孟東野詩集》卷六有《贈黔府王中丞礎》。《舊書》卷一三《德宗紀下》記載，王礎於貞元十一年正月以秘書少監出爲黔中經略觀察使。

＊崔穆　監察御史

《會要》卷六〇「御史臺」：「（貞元）十一年二月，黔中監察御史崔穆爲

部人告贓二十七萬貫，及他犯。遣監察御史李直方往黔州覆按。」

＊李直方　監察御史

《會要》卷六〇「御史臺」：「（貞元）十一年二月，黔中監察御史崔穆爲部人告贓二十七萬貫，及他犯。遣監察御史李直方往黔州覆按。」

＊張賈　檢校御史

《劉禹錫集》卷三九《子劉子自傳》：「初，劉禹錫既冠舉進士，一幸而中試，間歲，又以文登吏部取士科，授太子校書。」同前卷三五《答張侍御賈喜再登科後自洛赴上都贈別》。同前卷二八《發華州留別張侍御賈》。據《登科記考補證》，劉禹錫貞元九年中進士，「間歲」即貞元十一年。張賈時在華州盧徵墓中從事，檢校侍御。盧徵乃劉禹錫母舅。

＊薛　　御史

《歐陽行周文集》卷二《太原旅懷薛十八侍御齊十二奉禮》云：「伊予亦投刺」，知作於貞元十四年授予四門助教之前。又知歐陽詹十二年秋在長安，十三年秋遊蜀，推知太原之行當在本年。薛某本年任御史。

霍按：薛十八侍御，名不詳。岑仲勉《唐人行第錄》（第178頁）亦未考知其名。

唐德宗貞元十二年（796）　丙子

＊崔衍　御史大夫（兼）貞元十二年（796）～二十年（804）

《墓誌彙編》「元和〇七六」《唐故河南府司錄盧公夫人崔氏誌銘》（殿中侍御史內供奉竇從直撰）：「夫人元昆衍，德宗朝以御史大夫、觀察宣、歙、池三州。」《唐方鎮年表》卷五（第802～803頁）考崔衍貞元十二年（796）至二十年（804）爲宣歙觀察使。

＊王顏　御史中丞

《會要》卷九三「諸司諸色本錢」：「貞元……十二年，御史中丞王顏奏……」

＊竇群　侍御史

《會要》卷六〇「侍御史」：「貞元……十二年六月，侍御史竇群奏……」

＊韋重規　侍御史（兼）

《柳宗元集》卷一二《故殿中侍御史柳公墓表》：「唐貞元十二年二月庚寅，葬我殿中侍御史河東柳公於萬年縣之少陵原。公諱某，字某，邑居於虞鄉。……本道節度尚書朗寧王張公，震悼涕慕，不任於懷。臨遣……行軍司馬侍御史韋重規等賵賻救助。」

＊鄭楚相　監察御史

《舊書》卷一三七《趙涓傳・子博宣附傳》：「先是，侍御史盧南史坐事貶信州員外司馬，至郡，準例得廳事一人，每月請紙筆錢，前後五年，計錢一千貫。……德宗遣監察御史鄭楚相、刑部員外郎裴澥、大理評事陳正儀充三司使，同往按鞫。……澥曰：『……臣聞開元中張九齡爲五嶺按察使，有錄事參軍告齡非法，朝廷止令大理評事往按。大曆中，鄂岳觀察使吳仲孺與轉運使判官劉長卿紛競，仲孺奏長卿犯贓二十萬貫，時止差監察御史苗伾就推。今姚驥所奏事狀無多，臣堪任此行，即請獨往，恐不須三司並行爲使。』」《會要》卷五九「刑部員外郎」：「貞元十二年五月，信州刺史姚驥舉奏員外司馬盧南史贓犯。……是日，令監察御史鄭楚相、刑部員外郎裴澥、大理寺評事陳正儀，充三司同往覆按之。」

唐德宗貞元十三年（797）　丁丑

＊韋肇　御史大夫（兼）

《會要》卷七八「諸使中」：「貞元十三年六月，加劍南西山運糧使、檢校戶部員外郎韋肇兼御史大夫。」注：「員外兼大夫新例。」

＊何士幹　御史大夫（兼）

《全文》卷六九〇符載《中和節陪何大夫會宴序》：「中和，王節也，萬國承之，光洪慶也。……我岳鄂連帥御史大夫何公……今天子以皇極大中之道，居鴻寶之位，垂二十載矣。」大曆十四年五月辛酉，代宗病卒。癸亥，太子適即位，是爲德宗，至貞元十三年爲十九年。中和節爲二月一日。

＊王顏　御史中丞（兼）

《全文》卷六二八《送琴客搖兼濟東歸便道謁王虢州序》：「貞元丁丑歲，

觀藝京師，沖宇罕窺，正聲寡聽，道不苟合，浩然東歸。水流無心，遇用則止。宏農守御史中丞王公得子最深，且東諸侯之望也。」貞元丁丑歲即貞元十三年。王虢州，王顏，貞元十三年至十七年爲虢州刺史，參見《唐刺史考全編·虢州》。

＊宇文邈　御史中丞

《舊書》卷一五八《鄭餘慶傳》：「鄭餘慶字居業，滎陽人。……建中末，山南節度使嚴震辟爲從事，累官殿中侍御史，丁父憂罷。貞元……十三年六月，遷工部侍郎，知吏部選事。時有玄法寺僧法湊爲寺眾所訴，……詔中丞宇文邈、刑部侍郎張彧、大理卿鄭雲逵等三司，與功德使判官諸葛述同按鞫。」《新書》卷一六五《鄭餘慶傳》：「貞元初，……浮屠法湊以罪爲民訴闕下，詔御史中丞宇文邈、刑部侍郎張彧、大理卿鄭雲逵爲三司，與功德判官諸葛述參按。」

＊柳冕　御史中丞

《舊書》卷一四九《柳登傳·弟冕附傳》：「（貞元）十三年，兼御史中丞、福州刺史，充福建都團練觀察使。」

＊裴度　監察御史

《舊書》卷一七〇本傳：「裴度，字中立，河南聞喜人。貞元五年進士擢第，登宏辭科。應制舉賢良方正能直言極諫科，對策高等，授河陰縣尉。遷監察御史，密疏論權倖，語切忤旨，出爲河南府功曹。……（元和）九年十月，改御史中丞。」貞元十年（794 年）十二月，「賢良方正能直言極諫」科制舉及第者有裴垍、王播、朱諫、裴度、熊執易、許堯佐、徐弘毅、杜叡、崔群、皇甫鎛、王仲舒、許季同、仲子陵、鄭士林、邱穎等。裴度應賢良方正能直言極諫科，對策高等，授河陰縣尉應在貞元十年，唐人一般任職三年計，其遷監察御史應在貞元十三年左右，姑繫於此。

＊裴垍　監察御史

《舊書》卷一四八本傳：「裴垍字弘中，河東聞喜人。……垍弱冠舉進士。貞元中，制舉賢良極諫，對策第一，授美原縣尉。秩滿，藩府交辟，皆不就。拜監察御史，轉殿中侍御史。」貞元十年（794 年）十二月，裴垍「賢良方正

能直言極諫」科制舉及第，授美原縣尉。唐縣令秩滿三年，即貞元十三年。

＊王叔平　監察御史

《墓誌彙編》貞元○七六《唐故監察御史裏行太原王公墓誌銘並序》（族弟盧龍節度掌書記監察御史叔平述）：「公諱仲堪，字仲堪，其先太原人也。……以貞元十三年十二月不幸暴卒於望岩之傳舍，享年六十有四。」

唐德宗貞元十四年（798）戊寅

＊李若初　御史中丞　御史大夫（兼）

《舊書》卷一四六本傳：「累授檢校郎中，兼中丞，懷州刺史。……久之，出爲衢州刺史，遷福州刺史、兼御史中丞、福建都團練使。……（貞元）十四年秋，代王緯爲潤州刺史、兼御史大夫、浙江都團練觀察諸道鹽鐵轉運使。……貞元十五年，遇疾卒。」

＊董晉　御史大夫（兼）

《舊書》卷一四五本傳：「董晉字混成，河中虞鄉人，明經及第。至德初，肅宗自靈武幸彭原，晉上書謁見，授校書郎，翰林待制，……未幾，刺史崔圓改淮南節度，奏晉以本官攝殿中侍御史，充判官。……尋歸臺，授本官，遷侍御史、主客員外郎、祠部郎中。……旬日，德宗嗣位，改太常卿，遷右散騎常侍，兼御史中丞知臺事。……尋爲華州刺史、兼御史中丞、潼關防禦使。……久之，加兼御史大夫。」同書卷一四二《王武俊傳》：「……詔國子祭酒兼御史大夫董晉、中使王進傑，自行在至恒州宣命，授武俊檢校兵部尚書、成德軍節度使。」

＊李惠登　御史大夫

《舊書》卷一八五《良吏傳下·李惠登傳》：「貞元初，舉州歸順，授隨州刺史、兼御史中丞。……及于頔爲山南東道節度，以其績上聞，加御史大夫，升其州爲上。」于頔本年爲山南東道節度，參「于頔」條。

＊于頔　御史中丞（兼）

《舊書》卷一三《德宗紀下》：貞元十四年五月丙午，「上特召度支郎中于頔延英，兼御史中丞，賜金紫，令判度支。」

陳皆（陳偕）　御史中丞（兼）　貞元十四年（798）～十八年（802）

　　《大唐西市博物館藏墓誌》（第 282 頁）《唐故前河東節度副使朝散大夫檢校尚書屯田郎中兼侍御史柱國賜紫金魚袋陳公府君墓誌》：「皇曾祖諱繇，位侍御史，贈禮部郎中。皇祖諱皆，位台州刺史兼御史中丞，賜紫金魚袋。皇考諱庶，登進士甲科，文名巧思，冠絕當世，位大理司直，贈庫部郎中……」《千唐誌·唐故中散大夫使持節台州諸軍事守台州刺史上柱國賜金魚袋潁川陳公（皆）墓誌銘並序》：「貞元十四年遷台州刺史，十八年十二月十五日遘癘薨。」《赤城志》：「貞元九年，陳偕。」誤，疑是「貞元十九年」。

李益　　侍御史

　　見本年「段平仲」條考證，又見卞孝萱《李益年譜稿》。

＊鄒儒立　殿中侍御史　貞元十四年（798）～十七年（801）

　　《舊書》卷一八九《儒學傳下·蘇弁傳》：「……（蘇）弁初入朝，班位失序，殿中侍御史鄒儒立對仗彈之。」《會要》卷六二《御史臺下》「知班」：「貞元十四年閏五月，侍御史殿中鄒儒立以太子詹事蘇弁入朝，班位失序，對仗彈之。弁於金吾仗待罪數刻，特放。舊制：太子詹事，班次太常、宗正卿。貞元三年，御史中丞竇參敍定班位，移詹事班在河南太原尹之下。弁乃引舊制班立，臺官詰之，乃紿云，已白宰相，請依舊制，故儒立彈之。」又《墓誌彙編》貞元一〇二《唐故京兆府三原縣尉鄭府君墓□銘並序》（殿中侍御史武功縣令鄒儒立撰）：「府君諱淮，字長源，……以貞元十七年五月五□□祔萬安舊封。」

＊段平仲　監察御史　貞元十四年（798）～十七年（801）

　　《舊書》卷一五三本傳：「杜佑、李復相繼鎮淮南，皆表平仲爲掌書記。復移鎮華州、滑州，仍爲從事。入朝爲監察御史。十四年，京師旱，詔擇御史、郎官各一人，發廩賑恤。」《全詩》卷三六五有劉禹錫《揚州春夜，李端公益、張侍御登、段侍御平仲、密縣李少府傷、秘書張正字復元同會於水館，對酒聯句，追刻燭擊銅鉢故事，遲輒舉觥以飲之。逮夜艾，群公沾醉，紛然就枕，余偶獨醒，因題詩於段君枕上，以志其事》詩。

　　霍按：《唐方鎮文職僚佐考》考杜佑貞元六年（790）至貞元十九年（803）爲淮南節度使（第 260 頁）。又劉禹錫貞元十六年（800）六月爲淮南幕從事，段平仲、劉禹錫等人在淮南府約在貞元十四年（798）至貞元十七年（801）之間。

張登御史見本年「段平仲」條考證。

唐德宗貞元十五年（799）　己卯

＊陸長源　御史大夫（兼）

《舊書》卷一三《德宗紀下》：貞元十五年「二月，……乙酉，以行軍司馬陸長源檢校禮部尙書、汴州刺史、御史大夫、宣武軍節度度支營田、汴宋亳穎觀察等使。」本年本年汴州軍亂，殺陸長源，《張承吉文集》卷一《哭汴州陸大夫》詩，陸大夫，即陸長源。

＊嚴礪　御史大夫（兼）

《舊書》卷一一七本傳：「嚴礪，……性輕躁，多奸謀，以便佞在軍，歷職至山南東道節度都虞候、興州刺史、兼監察御史。貞元十五年……七月，超授興元尹，兼御史大夫，山南西道節度、支度營田、觀察使。詔下，諫官御史以爲除拜不當。是日，諫議、給事、補闕、拾遺並歸門下省共議：礪資歷甚淺，人望素輕，遽領節旄，恐非允當。既兼雜話，發論喧然。拾遺李繁獨奏云：「昨除拜嚴礪，眾以爲不當。」《舊書》卷一三《德宗紀下》：「秋七月乙巳，以興州刺史、興元都虞候嚴礪爲興元尹、兼御史大夫、山南西道節度度支營田觀察等使。」

＊韓弘　御史大夫（兼）

《舊書》卷一三《德宗紀下》：貞元十五年「八月……辛酉，以大理評事宣武軍都知兵馬使韓弘檢校工部尙書，兼汴州刺史、御史大夫、宣武軍節度使。」《舊書》卷一五六本傳：「自試大理評事檢校工部尙書、汴州刺史、兼御史大夫、宣武軍節度副大使知節度事、宋、亳、汴、穎觀察等使。」

＊何士幹　御史大夫

《全文》卷六九〇符載《中和節陪何大夫會宴序》：「我岳鄂連帥御史大大何公，蓋所以祇明詔、宣德教而歡萬民也。……今天子以皇極大中之道，居鴻寶之位，垂二十載矣。」同前同卷又有《鄂州何大夫創制夏亭詩序》、《送盧端公歸巴陵兼往江夏謁何大夫序》。何大夫，即何士幹，時爲鄂岳沔蘄等州都團練觀察使兼御史大夫。序云「今天了以皇極大中之道，居鴻寶之位，垂二十載矣。」

德宗建中元年（780）登基至貞元十五年（799）二十載，故繫於本年。

＊姚南仲　御史大夫

《全文》卷五○○權德輿《故中散大夫守尚書右僕射上柱國賜紫金魚袋贈太子太保姚公神道碑銘並序》：「公諱南仲，字某，吳興武康人。……進公左散騎常侍御史大夫，爲滑州刺史、鄭滑節度使。」《舊書》卷一五三本傳：「貞元十五年，代李復爲鄭滑節度使。」

＊盧群　御史中丞（兼）　貞元十五年（799）～十六年（800）四月

《舊書》卷一四○本傳：「……貞元六年，入拜侍御史。……群以奉使稱旨，俄遷檢秘書監，兼御史中丞、義成軍節度行軍司馬。」姚南仲本年爲鄭滑節度使，盧群在其幕兼御史中丞行軍司馬。

＊王礎　御史中丞（兼）

《舊書》卷一三《德宗紀下》：貞元十五年「六月己卯，黔中觀察使、御史中丞王礎卒。」

＊裴泰　御史中丞（兼）

《全文》卷四九○權德輿《送安南裴中丞序》：「初裴侯夷退燕息，未嘗角逐於有司，……其後累以惠文法冠爲戎輅上介。甫登中臺，旋鎮南服……」《舊書》卷一三《德宗紀》：貞元十五年五月，「以祠部員外郎裴泰爲檢校兵部郎中、充安南都護、本管經略使。」可知，裴中丞，即裴泰。

＊盧泰卿　侍御史

《全文》卷六九○苻載《送盧端公歸巴陵兼往江夏謁何大夫序》：「乙卯歲，主君以清淨之理，治洪州之三年也，侍御史盧公，自江夏展禮於我。……端公名泰卿，字成業……」「主君」，指江西觀察使李巽，貞元十三年九月觀察江西，至本年爲「三年」。文中「乙卯」當爲「己卯」之誤。

＊趙伉　監察御史裏行　貞元十五年（799）～元和二年（807）

《墓誌彙編》咸通○二一《唐故處州刺史趙府君墓誌》（兄中大夫守衢州刺史璘撰）：「君諱璜，字祥牙，……先君諱伉，自建中至元和，伯仲五人，登進士第，時號卓絕。……佐鹽鐵府，官至監察御史裏行。大中末，再贈尚書吏部郎中。」

趙璘《因話錄》卷二：「兵部員外郎約，汧公之子也，……與璘先君同在浙西使府，……君初至金陵，於府主庶人錡坐，屢贊招隱寺標致。」趙璘先君即趙伉，李錡，貞元十五年（799）至元和二年（807）爲浙西節度使。趙伉任監察御史裏行應在此期間。參戴偉華《唐方鎮文職僚佐考》「浙西」（第282頁）。

唐德宗貞元十六年（800） 庚辰

＊李元素　御史大夫（兼）

《舊書》卷一三《德宗紀下》：「貞元十六年……夏四月……辛卯，以義成軍行軍司馬盧群爲滑州刺史、兼御史中丞、義成軍節度使。……九月，……戊辰，以左丞李元素爲滑州刺史、兼御史大夫、義成軍節度使。」《舊書·德宗紀下》云「左丞李元素」，誤。《舊書》卷一三二《李元素傳》云李元素「遷尙書右丞。」詳見嚴耕望《唐僕尙丞郎表》卷八「輯考二下·右丞」，李元素貞元十六年春夏，由給事中遷尙書右丞。九月九日甲辰，出爲義成軍節度使、兼御史大夫。

＊李悅（李說）　御史大夫

《舊書》卷一三《德宗紀下》：貞元十六年「冬十月辛未，……乙丑，河東節度使、檢校禮部尙書、太原尹、兼御史大夫、北都留守李悅卒。甲午，以河東行軍司馬鄭儋檢校工部尙書、太原尹、河東節度度使。」《舊書》卷一四六《李說傳》作李說，李說、李悅實爲一人。

＊鄭儋　御史大夫

《舊書》卷一四六《李說傳》：「李說……（貞元）十六年十月卒，年六十一。……是月，制以河東節度行軍司馬鄭儋檢校工部尙書，兼太原尹、御史大夫、河東節度度支營田觀察等使、北都留守。」

＊孟元陽　御史大夫（加）

《舊書》卷一五一本傳：「韓全義五樓之敗，諸軍多私歸，元陽及神策都將蘇元策、宣州都將王幹各率部留軍溵水，破賊二千餘人。兵罷，加御史大夫。元和初，拜河陽節度，檢校尙書。」據《新書·韓全義傳》：「貞元十六年五月，韓全義與淮西叛軍戰於廣利城，大敗。」

＊盧群　御史大夫（兼）四月後

《舊書》卷一三《德宗紀下》：貞元十六年「夏四月……辛卯，以義成軍行軍司馬盧群爲滑州刺史、兼御史中丞、義成軍節度使。」《舊書》卷一四○本傳：「……群以奉使稱旨，俄遷檢秘書監，兼御史中丞、義成軍節度行軍司馬。貞元十六年四月，節度姚南仲歸朝，拜義成軍節度、鄭滑觀察等使。」《全文》卷五○○權德輿《故中散大夫守尚書右僕射上柱國賜紫金魚袋贈太子太保姚公神道碑銘並序》：「……十六年，……命公爲右僕射。公既得請，命其軍司馬盧群以代焉。」《墓誌彙編》元和○六五《大唐故殿中侍御史隴西李府君墓誌銘》：「殿中侍御史李君名盧中，……元和八年……六月甲乙酉卒，年五十二。……妻范陽盧氏，鄭滑節度使兼御史大夫群之女。」又見《墓誌彙編》元和一○○《唐故殿中侍御史隴西李府君夫人范陽盧氏墓誌銘並序》：「夫人范陽涿人也，……父群，皇銀青光祿大夫義成軍節度使兼御史大夫贈工部尚書，夫人即府君之長女。」

霍按：《墓誌》及《全文》皆不載其兼御史大夫，盧群本年四月兼御史大夫，九月卒。

＊張愔　御史中丞　貞元十六年（800）～元和元年（806）

《舊書》卷一三《德宗紀下》：貞元十六年「六月丙午，……以前虢州參軍張愔起復驍衛將軍，兼徐州刺史、御史中丞、本州團練使、知徐州留後。」《舊書》卷一四○《張建封傳·張愔附傳》：「張建封子愔，……朝廷不獲已，乃授愔起復右驍衛將軍同正，兼徐州刺史、御史中丞充本州團練使，知徐州留後。……正授武寧軍節度，檢校工部尚書。」《唐僕尚丞郎表》卷四考「元和元年十一月戊申張愔檢校工部尚書」，則其貞元十六年（800）至元和元年（806）在徐州（張建封幕）兼御史中丞。

＊袁滋　御史中丞（兼）

《舊書》卷一八五《良吏傳下·袁滋傳》：「韋皋始通西南蠻夷，……朝廷方命撫諭，選郎吏可行者，皆以西南遐遠憚之。滋獨不辭，德宗甚嘉之，以本官兼御史中丞，持節充入南詔使。……出爲華州刺史、兼御史中丞、潼關防禦使、鎮國軍使，以寬易清簡爲政。」嚴耕望《唐僕尚丞郎表》卷二「通表上」：「貞元十六年：袁滋，三月十四日壬子出爲華刺。」其兼御史中丞當在此時。

＊姚齊梧　御史中丞

《會要》卷六〇「御史臺」：「貞元十六年十二月，以給事中姚齊梧爲御史中丞，仍東都留臺。」

＊韋丹　御史中丞（兼）

《舊書》卷一九九《東夷傳・新羅傳》：「貞元……十六年，……令司封郎中、兼御史中丞韋丹持節冊命。」《會要》卷九五「新羅」：「貞元……十六年，授俊邕開府儀同三司，檢校太尉，新羅王。令司封郎中兼御史中丞韋丹持節冊命。明年，至渾州，聞俊邕卒，其子重興立，詔丹還。」

＊韋夏卿　御史中丞（兼）

《全文》卷六三〇《故太子少保贈尚書左僕射京兆韋府君神道碑》云：「（韋夏卿）聲聞天朝，考績連最，轉蘇州刺史……無何……乃以公檢校秘書監兼御史中丞，賜紫金魚袋，充徐泗節度行軍司馬。」《舊書》卷一四〇《張建封傳》：「方用韋夏卿爲徐泗行軍司馬，未至而建封卒。」《雲溪友議》卷上《舞娥異》：「乃故蘇臺韋中丞愛姬所生之女」後小注曰：「夏卿之胤，正卿之侄。」韋應物、韋夏卿雖均任過蘇州刺史，但韋應物未任御史中丞，唯韋夏卿有御史中丞之任，《舞娥異》所述韋中丞當爲韋夏卿。

＊李良　御史中丞（兼）

《墓誌彙編》貞元一〇一《唐故興元元從雲麾將軍右神威軍將軍知軍事兼御史中丞上柱國順政郡王食邑三千戶實封五十戶贈夔州都督李公墓誌銘並序》：「維唐貞元庚辰歲多十二月乙丑朔，……雲麾將軍、右神威軍將軍知軍事兼御史中丞、上柱國、順政郡王李公薨於位，春秋六十有四。……公諱良，字良。」貞元庚辰歲，即貞元十六年（800）。

＊裴璩　侍御史　貞元十六年（800）～十七年（801）

《墓誌彙編》元和〇〇八《唐裴氏子墓誌銘並序》：「有唐故侍御史裴公諱璩，……貞元十七年，竟貶崖州澄邁縣尉，至廿年十一月，終於南海。」

＊裴復　侍御史

《墓誌彙編》元和〇二三《唐故河南少尹裴君墓誌銘》：「公諱復，字茂紹，河東人，……大夫曠，御史中丞、京畿採訪使。……公舉賢良，拜同官

尉，僕射南陽公開府徐州，召公主書記，三遷至侍御史，入朝歷殿中侍御史，累遷至刑部郎中，改河南少尹，興至官若干日卒，實元和三年四月二十三日，享年五十。……公幼有文，年十四，上《時雨詩》。……歷十一官而無宅於都，無田於野，無遺資以爲葬。」南陽公即張建封，貞元四年（788）至十六年（800）鎮徐州，《墓誌》云「三遷至侍御史」，則其遷侍御史應在張建封幕後期，約貞元十六年及稍前時間。

＊裴垍　殿中侍御史

《舊書》卷一四八本傳：「裴垍字弘中，河東聞喜人。……垍弱冠舉進士。貞元中，制舉賢良極諫，對策第一，授美原縣尉。秩滿，藩府交辟，皆不就。拜監察御史，轉殿中侍御史、尚書禮部考功二員外郎。時吏部侍郎鄭珣瑜請垍考詞判，垍守正不受請託，考核皆務才實。」唐監察御史二十五個月爲秩滿，裴垍貞元十三年爲監察御史，其轉殿中侍御史約在本年前後。

唐德宗貞元十七年（801）　辛巳

＊趙植　御史大夫（兼）

《舊書》卷一三《德宗紀下》：貞元十七年「五月……丙戌，以工部侍郎趙植爲廣州刺史、兼御史大夫、嶺南節度使。」《舊書》卷一七八《趙隱傳》：「趙隱，字大隱，京兆奉天人也。祖植，建中末朱泚之亂，……賊平，咸寧王渾瑊辟爲推官，累遷殿中侍御史。……（貞元）十七年，出爲廣州刺史、兼御史大夫、嶺南東道節度觀察等使，卒於鎮。」

＊高固　御史大夫（兼）

《舊書》卷一三《德宗紀下》：貞元十七年「六月戊戌，……己酉，以邠寧兵馬使高固爲邠州刺史、兼御史大夫、邠寧慶節度使。」

＊嚴綬　御史大夫（兼）

《舊書》卷一三《德宗紀下》：貞元十七年「八月戊午，以河東行軍司馬嚴綬檢校工部尚書、兼太原尹、御史大夫、河東節度使。」《舊書》卷一四六本傳：「貞元中，由侍御史充宣歙團練副使，深爲其使劉贊委遇，政事多所咨訪。……不周歲，儋卒，遷綬銀青光祿大夫、檢校工部尚書，兼太原尹、御史大夫、北都留守，充河東節度支度營田觀察處置等使。」

＊韋丹　御史中丞（兼）

《會要》卷九五「新羅」：「貞元……十六年，授俊邕開府儀同三司，檢校太尉，新羅王。令司封郎中兼御史中丞韋丹持節冊命。明年，至鄆州，聞俊邕卒，其子重興立，詔丹還。」又見《權德輿文集》卷二六《奉送韋中丞使新羅序》、《全詩》卷三二三權德輿《送韋中丞奉使新羅》：「淳化洽聲明，殊方均惠養。計書重譯至，錫命雙旌往……」本年韋丹任司封郎中兼御史中丞，在出使新羅途中。

＊裴佶　御史中丞

《全文》卷四九〇權德輿《奉送裴二十一兄閣老中丞赴黔中序》：「裴兄居諫大夫五年，休問籍甚，……壬子詔書有黔巫長帥之拜，秩於清憲。」《全詩》卷三二三權德輿《送黔中裴中丞閣老赴任》：「五諫留中禁，雙旌輟上才。內臣持鳳詔，天廄錫龍媒。……」《舊書》卷一三《德宗紀》：貞元十七年四月，「以諫議大夫裴佶為黔中觀察使。」

＊裴向　御史中丞（兼）　貞元十七年（801）～元和四年（809）

《舊書》卷一一三《裴遵慶傳·附裴向傳》：「德宗季年，天下方鎮副貳卒多自選於朝，防一日有變，遂就而授之節制。向已選為太原少尹，德宗召見喻旨，尋用為行軍司馬、兼御史中丞，改汾州刺史，轉鄭州。又復為太原少尹，兼河東節度副使。」戴偉華《唐方鎮文職僚佐考》（第138頁）考裴向於貞元十七年至元和四年在嚴綬幕府任掌書記，其兼任御史中丞當在此期間，具體年份待考。

＊崔放　御史中丞（兼）

《墓誌彙編》開成〇四九《唐故知鹽鐵轉運鹽城監事殿中侍御史內供奉范陽盧府君墓誌銘並序》：「維開成五年歲在庚申六月乙巳朔，殿中侍御史內供奉范陽盧公享年六十七，終於河南府之濟源縣之私室。……公諱伯卿，字元章。……夫人清河崔氏，夏州行軍司馬檢校尚書金部郎中兼御史中丞放之女。」《通鑒》卷二三六：「貞元十七年……春，正月，甲寅，韓全義至長安，竇文場為掩其敗跡，上禮遇甚厚。全義稱足疾，不任朝謁，遣司馬崔放入對。放為全義引咎，謝無功，……閏月，甲戌歸夏州。」《唐方鎮文職僚佐考》（第36頁）考崔放咸通六年（865）至十年（869）為夏州行軍司馬，誤，今移正。

＊張弈　侍御史（兼）

《墓誌彙編》貞元一一二《唐故清河張氏女殤墓誌銘並序》：「女殤韋出也，……貞元十七年歲次辛巳十二月四日，奄然而終，時年一十有九。……父弈，朝散大夫前尚書主客員外郎兼侍御史。」張弈兼侍御史應在貞元十七年及稍前。

＊孔戣　侍御史

《新書》卷一六三《孔巢父傳》：「巢父……從子戣、戡、戢。戣字君嚴，擢進士第。鄭滑盧群辟爲判官，群卒，攝總留務。……入爲侍御史。」《舊書》卷一四〇《盧群傳》：「貞元十六年四月，節度姚南仲歸朝，拜義成軍節度、鄭滑觀察等使。尋遇疾，其年十月卒。」孔戣入朝約在貞元十七年。

＊令狐楚　殿中侍御史　貞元十七年（801）～元和四年（809）

《舊書》卷一七二本傳：「楚，……兒童時已學文，弱冠應進士，貞元七年登第。……李說、嚴綬、鄭儋相繼鎮太原，……皆辟爲從事，自掌書記至節度判官，歷殿中侍御史。」戴偉華《唐方鎮文職僚佐考》（第 138 頁）考令狐楚於貞元十七年（801）至元和四年（809）在嚴綬幕府任掌書記，其任殿中侍御史當在此期間。

＊裴復　殿中侍御史

《墓誌彙編》元和〇二三《唐故河南少尹裴君墓誌銘》：「公諱復，字茂紹，河東人，……大夫曠，御史中丞、京畿採訪使。……公舉賢良，拜同官尉，僕射南陽公開府徐州，召公主書記，三遷至侍御史，入朝歷殿中侍御史，累遷至刑部郎中，改河南少尹，興至官若干日卒，實元和三年四月二十三日，享年五十。……公幼有文，年十四，上《時雨詩》。……歷十一官而無宅於都，無田於野，無遺資以爲葬。」裴復在張建封任侍御史在貞元十六年及稍前時間，其入朝爲殿中侍御史應在本年。

唐德宗貞元十八年（802）　壬午

＊周皓　御史大夫（兼）

《墓誌續編》貞元〇六七《唐故尼律師惠因墓銘》（父開府儀同三司檢校

左散騎常侍兼御史大夫太僕卿上柱國蔡國公周皓撰）：「本姓姬，因朝得姓。……祖皇開府儀同三司，河西節度探訪等使、兼御史大夫、贈太子太傅、潁國公佖。父官名具前列。……以貞元十八年歲次壬午四月一日丁亥……奄然而終。」

＊李康　御史大夫（兼）

《舊書》卷一三《德宗紀下》：貞元十八年「三月癸未，以劍南東川行軍司馬李康爲梓州刺史、兼御史大夫、劍南東川節度使。」

＊鄭元　御史大夫（兼）

《舊書》卷一三《德宗紀下》：貞元十八年「三月……丙戌，以河中行軍司馬鄭元爲河中尹、兼御史大夫、河中絳節度使。」

＊張正元　御史中丞

《舊書》卷一三《德宗紀下》：貞元十八年「八月，……以嶺南節度掌書記、試大理評事張正元爲邕州刺史、御史中丞、邕管經略使。」

＊房式　御史中丞（兼）　貞元十八年（802）～永貞元年（805）

《舊書》卷一一一《房琯傳・從子式附傳》：「式，琯之侄。舉進士。……韋皋表爲雲南安撫使，兼御史中丞。」《全文》卷七二四韋乾度《駁左散騎常侍房式諡議》：「式自忠州刺史故太師奏授劍南西川度支副使後，兼御史中丞，又剖符蜀州，是時貞元十八年也。」據《舊書》卷一四〇《韋皋傳》，韋皋永貞元年暴疾卒。

唐德宗貞元十九年（803）癸未

＊裴筠　御史大夫（兼）

《舊書》卷一三《德宗紀下》：貞元十九年「五月……乙木，以荊南行軍司馬裴筠爲江陵尹、兼御史大夫、荊南節度使。」

＊段祐　御史大夫（兼）

《舊書》卷一三《德宗紀下》：貞元十九年「五月……甲戌，以涇原節度

留後段祐爲涇州刺史、兼御史大夫、四鎮北庭行軍涇原節度使。」

＊鄭權　御史中丞

《舊書》卷一六二本傳：「鄭權，滎陽開封人也。登進士第，釋褐涇原從事。節度使劉昌符病亟，……度軍情必變，以權……俾主留務。及昌符上路，兵果亂。權挺身入白刃中，……殺其首亂者數人，……德宗聞而嘉之。時天子厭兵，藩鎮將吏得軍情者，多超授官爵。自試衛佐擢授行軍司馬、御史中丞。入朝爲倉部郎中，累遷至河南尹。」

霍按：《題名考》「碑額題名」僅云鄭權爲監察御史，不言其御史中丞。據《舊書》卷一五二《劉昌傳》，劉昌貞元四年（788）至十九年（803）鎮涇原。

＊崔澹　殿中侍御史（兼）　貞元十九年（803）～永貞元年（805）

《墓誌彙編》元和○二八《唐故殿中侍御史淄州長史知軍事崔府君墓誌銘並序》：「公諱澹，字□長，汲郡人也。……建中初，平盧、淄、青觀察節度（約泐四字）□太尉李公，廣延秀異，……公素爲親友敬伏，推公往也焉。……時司徒領曹□，太尉愛惜公之才，請往於曹爲輔益之。……如是□事廿四年，歷官一十八政，及侍中紹政，……公……重爲入幕，……侍中……遂錄其善奏聞，公始自大理評事、齊州歷城令、大曆司直，遷殿中侍御□。……乃□公鎮撫萊州，……不一年，遷領淄州，……遂寢疾，以永貞元年九月廿七日歿於淄州官舍。」

霍按：公由殿中侍御史遷萊州，不一年，轉淄州長史，永貞元年卒，據此推其任殿中侍御史應在貞元十九年（803）至永貞元年（805）期間。此崔澹與晚唐淮南節度使崔鉉幕府之崔澹爲兩人。

＊陸澧　監察御史　貞元十九年（803）～元和三年（808）

《全文》卷六九○符載《江陵陸侍御宅宴集觀張員外畫松石圖》：「荊州從事監察御史陸澧字深源，洎令弟曰灃、曰潤、曰淮，皆以文行穎耀當世，……秋七月，深源陳宴宇下，華軒沉沉，樽俎靜嘉，庭篁霽景，疏爽可愛。」《唐方鎮文職僚佐考》考陸澧貞元十九年至元和三年在裴均幕任監察御史，今從之。

＊韓愈　監察御史

《舊書》卷一六〇本傳：「韓愈字退之，昌黎人。……愈自以孤子，幼刻苦儒學，不俟獎勵。……尋登進士第。宰相董晉出鎮大梁，辟爲巡官。府除，徐州張建封又請爲其賓佐。愈發言眞率，無所畏避，操行堅正，拙於世務。調授四門博士，轉監察御史。德宗晚年，政出多門，宰相不專機務，宮市之弊，諫官論之不聽。愈嘗上章數千言極論之，不聽，怒貶爲連州陽山令，量移江陵府掾曹。」又見《通鑑》卷二三六。《全文》卷五四九有韓愈《御史臺上論天旱人饑狀》當於監察御史任上所作。《全詩》卷三三六韓愈《赴江陵途中贈王十二補闕李十一拾遺李二十六員外翰林三學士》：「是年京師旱，田畝少所收。上憐民無食，徵賦半已休。……適會除御史，誠當得言秋。拜疏移閤門，爲忠寧自謀。」可參證。

＊柳宗元　監察御史

《舊書》卷一六〇本傳：「柳宗元字子厚，河東人。後魏侍中濟陰公之系孫。曾伯祖奭，高宗朝宰相。父鎮，太常博士，終侍御史。宗元少聰警絕眾，尤精《西漢》、《詩》、《騷》。下筆構思，與古爲侔。精裁密緻，璨若珠貝。當時流輩咸推之。登進士第，應舉宏辭，授校書郎、藍田尉。貞元十九年，爲監察御史。」章士釗《柳文指要》同。

＊劉禹錫　監察御史

《舊書》卷一六〇本傳：「劉禹錫字夢得，彭城人。……世以儒學稱。禹錫貞元九年擢進士第，又登宏辭科。禹錫精於古文，善五言詩，今體文章復多才麗。從事淮南節度使杜佑幕，典記室，尤加禮異。從祐入朝，爲監察御史。與吏部郎中韋執誼相善。……貞元末，王叔文於東宮用事，後輩務進，多附麗之，禹錫尤爲叔文知獎，以宰相器待之。順宗即位，久疾不任政事，禁中文誥，皆出於叔文，引禹錫及柳宗元入禁中，與之圖議，言無不從。轉屯田員外郎、判度支鹽鐵案，兼崇陵使判官。宗元素不悅武元衡，時武元衡爲御史中丞，乃左授右庶子。侍御史竇群奏禹錫挾邪亂政，不宜在朝，群即日罷官。韓皋憑藉貴門，不附叔文黨，出爲湖南觀察使。既任喜怒凌人，京師人士不敢指名，道路以目，時號二王、劉、柳。」又見《通鑑》卷二三六。《舊書》卷一五八《武元衡》傳：「……監察御史劉禹錫，叔文之黨也，求充儀仗判官，元衡不與，其黨滋不悅。」《劉禹錫集》卷三九《子劉子自傳》：

「調補京兆渭南主簿，明年冬，擢爲監察御史。」

＊崔薳　監察御史

《舊書》卷一三《德宗紀下》：貞元「十一月戊寅朔，……壬申，監察御史崔薳入臺近，不練故事，違式入右神策軍。上怒，笞四十，配流崖州。」《新書》卷二〇七《宦官上》略同。《會要》卷六〇《御史臺》：「（貞元）十九年十二月。監察御史崔薳笞四十。配流崖州。初。建中元年。敕京城諸軍諸使。及府縣。季終命御史分曹巡視繫囚。省其冤濫以聞。近年以北軍職在禁密。但移牒而已。御史未嘗至。薳在官近。不諳故事。至右神策軍云。奉制巡視。軍使等以爲持有制命。頗驚愕。軍中遽奏之。上發怒。故有此命。」

＊崔群　監察御史裏行

《劉禹錫集》卷一七《舉崔監察群自代狀》：「宣、歙、池等州都團練官、監察御史裏行崔群，右臣蒙恩，授監察御史。……臣既深知，敢舉自代。貞元十九年閏十月日。」

＊張署　監察御史

《韓昌黎集》卷三〇《唐故河南令張君墓誌銘》：「君諱署，字某，河間人。……自京兆武功尉拜監察御史，爲幸臣所讒，與同輩韓愈、李方叔三人俱爲縣令南方。」舊注：「貞元十九年，公與張君同自監察御史以言事黜，張爲郴州臨武，公爲連州陽山。」

＊李正卿　監察御史（兼）　貞元十九年（803）～元和元年（806）

《墓誌彙編》會昌〇四〇《唐故綿州刺史江夏李公墓誌銘並序》：「有唐會昌四年四月十一日，左綿守李公歿於位。……公諱正卿，字肱生。……涇源節度使段祐強置府，試左武衛兵曹掾，轉大曆評事兼監察御史。……元和初，天雨嘉穀，公因貢獻賦，既美且諷，制授松滋令。」

霍按：《舊書》卷一三《德宗紀下》：貞元十九年「五月……甲戌，以涇原節度留後段祐爲涇州刺史、兼御史大夫、四鎮北庭行軍涇原節度使。」

＊楊鎰　監察御史

《會要》卷九九《南詔蠻》：貞元「十九年，……授南詔朝賀使楊鎰、龍武試太僕少卿，兼御史。」

＊龍武　監察御史

《會要》卷九九《南詔蠻》：貞元「十九年，……授南詔朝賀使楊鎮、龍武試太僕少卿，兼御史。」

＊李方乂　監察御史

《墓誌彙編》元和○七九《唐故試秘書省秘書郎兼河中府寶鼎縣令趙郡李府君墓誌銘並序》：「公諱方乂，字安道，趙郡贊皇人也。……累爲鹽鐵使辟署，大著功效，後應涇原連帥之命，改授監察御史兼節度判官，府罷，授陝州靈寶縣令……今河東公作鎮蒲津，請惠所部，遂兼秘書郎爲寶鼎令。」李方乂元和九年十一月卒，寶鼎令爲其終官，依時間推算，其在涇原節度使幕府任監察御史判官約在貞元末元和初，參《唐方鎮文職僚佐考》（第 22～23 頁）「涇原」。

＊張士陵　監察御史（兼）　貞元十九年（803）～元和三年（808）

《墓誌彙編》元和一○四《唐故朝散大夫使持節都督邕州諸軍事守邕州刺史兼御史中丞充本管經略處置招討等使賜紫金魚袋張公墓誌銘並序》（弟殿中侍御史賜緋魚袋士階奉述）：「維唐元和十一年秋九月四日，邕管經略使兼御史中丞張公終於里所，……公諱士陵，字公器，其先安定人也。……淮南節度王公鍔署爲參謀，改試大理評事兼監察御史。」《唐方鎮年表》（第 724～725 頁）考王鍔貞元十九年（803）至元和三年（808）爲淮南節度使，張士陵在其幕任監察御史參謀應在此期間。

唐德宗貞元二十年（804）甲申

＊張薦　御史大夫

《舊書》卷一三《德宗紀下》：貞元二十年「五月甲戌朔，罷御宣政殿。乙亥，以史館修撰、秘書監張薦爲工部侍郎、兼御史大夫，充入吐蕃弔祭使。」《舊書》卷一四九本傳：「貞元……二十年，吐蕃贊普死，以薦爲工部侍郎、兼御史大夫，充入吐蕃弔祭使。」《新書》卷一六一《張薦傳》：「薦占對詳辯，三使絕域，始兼侍御史、中丞，後大夫。」

＊趙昌　御史大夫（兼）

《舊書》卷一三《德宗紀下》：「三月甲申，以吐蕃贊普卒，廢朝。己亥，以國子祭酒趙昌爲安南都護、御史大夫、本管經略使。」

＊李惠登　御史大夫（加銜）

《新書》卷一九七《循吏》：「李惠登，營州柳城人，爲平盧軍裨將。安祿山亂，從董秦泛海，略定滄、棣等州。……史思明反，惠登陷賊，以計挺身走山南，依來瑱，表試金吾衛將軍。李希烈反，屬以兵二千，使屯隋州，……居二十年，田畝闢，戶口日增，……於是節度使于頓狀其績，詔加御史大夫。」《舊書》卷一八五《良吏傳下》，李惠登貞元初授隨州刺史、兼御史中丞，居二十年，即貞元二十年。又《唐方鎮文職僚佐考》考于頓貞元十四年（798）至元和三年（808）任山南東道節度使。

＊郗士美　御史大夫（兼）　貞元二十年（804）～元和二年（807）

《舊書》卷一五七本傳：「由坊州刺史爲黔州刺史、兼御史大夫、持節黔中經略招討觀察鹽鐵等使。」《唐方鎮文職僚佐考》考郗士美於貞元二十年（804）至元和二年（807）鎮黔中，其兼御史大夫在此期。

＊武元衡　御史中丞

《舊書》卷一五八本傳：「……元衡進士登第，累辟使府，至監察御史。……貞元二十年，遷御史中丞。……監察御史劉禹錫，叔文之黨也，求充儀仗判官，元衡不與，其黨滋不悅。……憲宗即位，始冊爲皇太子，元衡贊引，因識之，及登極，復拜御史中丞。」又見同書卷一六〇《劉禹錫傳》。《全詩》卷三一七武元衡《秋日臺中寄懷簡諸僚》，同書卷三六三劉禹錫《和武中丞秋日寄懷簡諸僚故》：「退朝還公府，騎吹息繁陰。吏散秋庭寂，烏啼煙樹深。」

＊李　御史中丞

《柳宗元集》卷四〇《祭李中丞文》：「維貞元二十年歲次甲申五月某朔二十二日，故吏儒林郎守侍御史王播……謹以清酌之奠，敬祭於故中丞贈刑部侍郎李公之靈。」李中丞，名不可考。

＊呂溫　侍御史

《舊書》卷一三七《呂渭傳・子溫附傳》：「（貞元）二十年冬，副工部侍

郎張薦爲入吐蕃使，行至鳳翔，轉侍御史，賜緋袍牙笏。」又見《新書》卷一六○《呂渭傳・附傳》。

＊淩準　侍御史

《舊書》卷一三五《王伾傳》：「淩準，貞元二十年自浙東觀察判官、侍御史召入，王叔文與準有舊，引用爲翰林學士，轉員外郎。坐叔文貶連州。準有史學，尚古文，撰《邠志》二卷。」

＊王播　侍御史

《舊書》卷一六四：「播擢進士第，登賢良方正制科，授集賢校理，再遷監察御史，轉殿中，歷侍御史。……元和五年，代李夷簡爲御史中丞。」《柳宗元集》卷四○《祭李中丞文》：「維貞元二十年歲次甲申五月某朔二十二日，故吏儒林郎守侍御史王播……謹以清酌之奠，敬祭於故中丞贈刑部侍郎李公之靈。」

＊竇群　侍御史

《舊書》卷一五五本傳：「中謝日，因對復薦群，徵拜左拾遺，遷侍御史，充入蕃使秘書監張薦判官，群因入對，奏曰：『陛下即位二十年，始自草澤擢臣爲拾遺，是難其進也。今陛下以二十年難進之臣，用爲和蕃判官，一何易也？』……德宗異其言，留之，復爲侍御史。……憲宗即位，轉膳部員外、兼侍御史知雜，出爲唐州刺史。《呂和叔文集》卷一《青海西寄竇三端公》。竇三端公，即竇群。參岑仲勉《唐人行第錄》。

＊馮邈　殿中侍御史

《柳宗元集》卷四○《祭李中丞文》：「維貞元二十年歲次甲申五月某朔二十二日，……奉議郎行殿中侍御史馮邈……謹以清酌之奠，敬祭於故中丞贈刑部侍郎李公之靈。」

＊穆質　殿中侍御史

《柳宗元集》卷四○《祭李中丞文》：「維貞元二十年歲次甲申五月某朔二十二日，……將仕郎守殿中侍御史穆贊……謹以清酌之奠，敬祭於故中丞贈刑部侍郎李公之靈。」穆贊，當作「穆質」。

＊元季方　殿中侍御史

《新書》卷二〇一《文藝傳上》：「元萬頃孫正、正子……季方，舉明經，調楚丘尉，歷殿中侍御史。兵部尚書王紹表爲度支員外郎，遷金、膳二部郎中，號能職。王叔文用事，憚季方不爲用，以兵部郎中使新羅。」《會要》卷九五「新羅」：「永貞元年，詔遣兵部郎中元季方持節冊重興爲王。」其任殿中侍御史約在貞元二十年前後，姑繫於此。

＊崔苀　殿中侍御史內供奉

《墓誌彙編》貞元一三〇《唐故中散大夫使持節台州諸軍事守台州刺史上柱國賜金魚袋潁川陳公（皆）墓誌銘並序》（故吏浙江東道都團練副使朝議郎殿中侍御史內供奉賜緋魚袋崔苀撰）：「公姓陳氏，潁川人，諱皆，……貞元十四年遷台州刺史，十八年十二月十五日遘癉薨。……以廿年二月十五日，葬於成周北原禮也。」

＊韓泰　監察御史

《柳宗元集》卷四〇《祭李中丞文》：「維貞元二十年歲次甲申五月某朔二十二日，……承奉郎守監察御史韓泰……謹以清酌之奠，敬祭於故中丞贈刑部侍郎李公之靈。」

＊范傳正　監察御史

《舊書》卷一八五《良吏傳下·范傳正傳》：「傳正舉進士，又以博學宏辭及書判皆登甲科，授集賢殿校書郎、渭南尉，拜監察、殿中侍御史。」《柳宗元集》卷四〇《祭李中丞文》：「維貞元二十年歲次甲申五月某朔二十二日，……宣德郎行監察御史范傳正……謹以清酌之奠，敬祭於故中丞贈刑部侍郎李公之靈。」

＊劉禹錫　監察御史

《柳宗元集》卷四〇《祭李中丞文》：「維貞元二十年歲次甲申五月某朔二十二日，……文林郎守監察御史劉禹錫……謹以清酌之奠，敬祭於故中丞贈刑部侍郎李公之靈。」《新書》卷一六八本傳：「劉禹錫字夢得，自言系出中山。世爲儒。擢進士第，登博學宏辭科，工文章。淮南杜佑表管書記。入爲監察御史。素善韋執誼。時王叔文得倖太子，禹錫以名重一時，與之交，叔文每稱有宰相器。」

＊柳宗元　監察御史裏行

《柳宗元集》卷四○《祭李中丞文》：「維貞元二十年歲次甲申五月某朔二十二日，……承務郎監察御史裏行柳宗元……謹以清酌之奠，敬祭於故中丞贈刑部侍郎李公之靈。」《新書》卷一六八《柳宗元傳》：「宗元少精敏絕倫，爲文章卓偉精緻，一時輩行推仰。第進士、博學宏辭科，授校書郎，調藍田尉。貞元十九年，爲監察御史裏行。善王叔文、韋執誼，二人者奇其才。及得政，引內禁近，與計事，擢禮部員外郎，欲大進用。」

＊李程　監察御史裏行

《舊書》卷一六七本傳：「程，貞元十二年進士擢第。又登宏辭科，累辟使府。二十年，入朝爲監察御史。……七月，徵爲左僕射，中謝日奏曰：「臣所忝官上禮，前後儀注不同。在元和、長慶中，僕射數人上日，不受四品已下官拜。近日再定儀注，四品已下官悉許受拜，王涯、竇易直已行之於前。今御史臺云：『已聞奏，太常寺定取十五日上。臣進退未知所據。』」《舊書》卷一三《德宗紀下》：貞元二十年「十一月丁酉，以監察御史李程、秘書正字張聿、藍田縣尉王涯並爲翰林學士。」《柳宗元集》卷四○《祭李中丞文》：「維貞元二十年歲次甲申五月某朔二十二日，……承務郎監察御史裏行李程等，謹以清酌之奠，敬祭於故中丞贈刑部侍郎李公之靈。」《新書》卷一三一《李程傳》：「李程字表臣，襄邑恭王神符五世孫也。擢進士宏辭，賦日五色，造語警拔，士流推之。調藍田尉，縣有滯獄十年，程單言輒判。京兆狀最，遷監察御史。召爲翰林學士，再遷司勳。」

＊獨孤郁　監察御史

《舊書》卷一六八本傳：「郁，貞元十四年登進士第，文學有父風，尤爲舍人權德輿所稱，以子妻之。貞元末，爲監察御史。」

＊程異　監察御史

《舊書》卷一三五本傳：「杜確刺同州，帥河中，皆從爲賓佐。貞元末，擢授監察御史，遷虞部員外郎，充鹽鐵轉運、揚子院留後。時王叔文用事，由徑放利者皆附之，異亦被引用。叔文敗，坐貶岳州刺史，改柳州司馬。元和初，鹽錢使李巽薦異曉達錢穀，請棄瑕錄用，擢爲侍御史，復爲揚子留後，累檢校兵部郎中、淮南等五道兩稅使。異自悔前非，屬已竭節，江淮錢穀之

弊，多所釐革。入爲太府少卿、太卿，轉衛尉卿，兼御史中丞，充鹽鐵轉運副使。……時淮西用兵，國用不足，異使江表以調徵賦，且諷有土者以饒羨入貢，至則不剝下，不瀋財，經費以贏，人頗便之。由是專領鹽鐵轉運使、兼御史大夫。三年九月，轉工部侍郎、同中書門下平章事，領使如故。」

＊張重政　監察御史（兼）

《舊書》卷一八七《忠義傳下・張伾傳》：「張伾，……以功遷泗州刺史。在州十餘年，拜右金吾衛大將軍，詔未至，病卒，貞元二十一年，贈尚書右僕射。有子重政，軍吏欲立爲瀋將。……詔曰：『前昭義軍泗州行營衙前兵馬使、大中大夫、試太子賓客、兼監察御史張重政，門有勳力，惟推義勇。……可起復雲麾將軍，守金吾衛大將軍員外置同正員，檢校太子詹事、兼御史中丞，仍委淮南節度使與要職事任使。』」《唐刺史考全編》考張伾貞元八年至貞元二十一年任泗州刺史。貞元二十一年病卒，其後詔張重政由昭義軍泗州行營衙前兵馬使兼監察御史升爲檢校太子詹事、兼御史中丞。可知張重政兼監察御史在貞元二十一年前。

＊盧翊　監察御史（兼）

《墓誌彙編》貞元一三三《大唐故銀青光祿大夫檢校太子賓客上柱國范陽郡開國子兼監察御史盧公墓誌銘並序》：「公姓盧氏，諱翊。……昭義軍行營都統使亞相兼泗州刺史、淮南節度、泗州留後使張公，作鎮淮泗，……署公都押衙同節度副使、泗州都團練兵馬使。時因徐方驛騷，戰伐殊等，詔授公銀青光祿大夫檢校太子賓客上柱國范陽郡開國子，報功也。尋以本官兼監察御史，掄才也。……以大唐貞元廿年三月五日卒然而終於泗州之官舍。」淮南節度、泗州留後使張公，即張伾，貞元八年（792）至貞元二十一年（805）爲淮南節度使，盧翊兼監察御史應在本年及稍前時間。

唐德宗貞元二十一年　順宗永貞元年（805）乙酉

正月癸巳，德宗病卒，太子李朗誦即位，是爲順宗。八月庚子，順宗禪位於太子李純，改貞元二十一年爲永貞元年。李純即位，即唐憲宗。《通鑑》卷二三六。

＊張薦　御史大夫

《舊書》卷一四《順宗紀》：「貞元……二十一年……夏四月……癸丑，贈入吐蕃使、工部侍郎、兼御史大夫張薦禮部尚書。」

＊任迪簡　御史大夫（兼）

《墓誌彙編》「元和○○二《唐故天德軍攝團練判官太原府參軍蕭府君墓誌銘並序》，從兄國子監丞策撰。《墓誌》曰：「公姓蕭，諱煉，……以選敘參於吏部，書判入暗等。授太原府參軍。……未幾，為鄰境天德軍使、御史大夫任公闢充團練判官，……以永貞元年八月三日遇疾，終於豐州之官舍。」又見《新書》卷一七○《任迪簡傳》。

按：豐州在今呼和浩特東，與太原府為鄰境，與墓誌合。蕭煉於永貞元年終於豐州任上，知任公至遲於貞元二十一年，即永貞元年在御史大夫任。《舊書》卷一八五《良吏傳下·任迪簡傳》：「表聞，德宗使察焉，具以軍情奏，除豐州刺史、天德軍使，自殿中授兼御史大夫，再加常侍。」又見《唐故天德軍攝團練判官太原府參軍蕭府君墓誌銘並序》。《墓誌》曰：「公姓蕭，諱煉，……以選敘參於吏部，書判入暗等。授太原府參軍。……未幾，為鄰境天德軍使、御史大夫任公辟充團練判官。」

＊潘孟陽　御史大夫（兼）

《會要》卷七七「諸使上」：「永貞元年八月詔曰：『宜令度支及諸道鹽鐵、轉運、戶部侍郎兼御史大夫潘孟陽專往宣諭。』」

＊武元衡　御史中丞　永貞元年（805）～元和二年（807）

《舊書》卷一五八本傳：「……元衡進士登第，累辟使府，至監察御史。……貞元二十年，遷御史中丞。……監察御史劉禹錫，叔文之黨也，求充儀仗判官，元衡不與，其黨滋不悅。……憲宗即位，始冊為皇太子，元衡贊引，因識之，及登極，復拜御史中丞。」《舊書》卷一四《憲宗紀上》：永貞元年十一月「……以右庶子武元衡為御史中丞。己卯，再貶撫州刺史韓泰為虔州司馬，河中少尹陳諫台州司馬，邵州刺史柳宗元為永州司馬，連州刺史劉禹錫朗州司馬，池州刺史韓曄饒州司馬，和州刺史凌準連州司馬，岳州刺史程異郴州司馬，皆坐交王叔文。初貶刺史，物議罪之，故再加貶竄。」《通鑑》卷二三六：永貞元年「以御史中丞武元衡為左庶子。德宗之末，

叔文之黨多爲御史。」《舊書》卷一四《憲宗紀上》：元和元年「三月……辛未，御史中丞武元衡奏……」《舊紀》：元和二年「十月丁卯，以門下侍郎平章事武元衡兼門下侍郎平章事、成都尹、充劍南西川節度觀察處置統押近界諸蠻及西山八國兼雲南安撫等使，改封南平郡王。」《新書》卷六二《宰相表中》：「元和二年己酉，御史中丞武元衡爲門下侍郎，中書舍人李吉甫爲中書侍郎，並同中書門下平章事。」《新書》卷七《憲宗紀》：元和二年「正月……己酉，御史中丞武元衡爲門下侍郎，中書舍人李吉甫爲中書侍郎、同中書門下平章事。」武元衡貞元二十年爲御史中丞，此爲復拜。

＊李墉　御史中丞

《舊書》卷一四《憲宗上》：永貞元年冬十月甲寅「御史中丞李墉爲京兆尹。」《新書》卷一四六《李墉傳》：「李墉字建侯，北海太守邕之從孫。第進士。又以書判高等補秘書省正字。李懷光辟致幕府，擢累監察御史。……順宗時，進御史中丞。憲宗立，爲京兆尹，進尚書右丞。元和初，京師多盜賊，復拜京兆。」

＊鄭雲逵　御史中丞（兼）

《舊書》卷一三七本傳：「鄭雲逵，滎陽人。大曆初，舉進士。……歷秘書少監、給事中，尋拜大理卿，遷刑部、兵部二侍郎，遷御史中丞，充順宗山陵橋道置頓使。」

＊孫杲　御史中丞（兼）　永貞元年（805）～元和四年（809）

《會要》卷九八「迴紇」：「永貞元年，懷信可汗卒，使來告喪，十一月，……以鴻臚少卿、兼御史中丞孫杲持節充弔祭冊立使。」《墓誌彙編》元和〇二九《唐故蘄州刺史兼御史中丞孫府君墓誌銘並序》：「府君諱杲，……依前充都護長史、尋加正議大夫兼侍御史，充伊西庭節度行軍司馬，賜紫金魚袋。……建中三年，奉使入朝，途徑玁狁，……單車而來。……屬順總昇遐，天下震悼。今上嗣位，率土稱慶。……蘄春丕變，朞月政成，……元和己丑歲閏三月廿有四日，薨於官舍，享年六十有八。」元和己丑歲即即元和四年（809）。

＊劉闢　御史中丞　約貞元後期至永貞間

《舊書》卷一四〇本傳：「劉闢者，貞元中進士擢第，宏詞登科，韋皋辟

爲從事，累遷至御史中丞、支度副使。永貞元年八月，韋臯卒，闢自爲西川節度留後，率成都將校上表請降節鉞。朝廷不許，除給事中，便令赴闕。闢不奉詔。」又見《新書》卷一五八《劉闢傳》。劉闢者，貞元中進士擢第，《舊書》本傳雲其「累遷至御史中丞、支度副使」，約在貞元後期至永貞年間。

＊張重政　御史中丞（兼）

《舊書》卷一八七《忠義傳下・張伾傳》：「張伾，……以功遷泗州刺史。在州十餘年，拜右金吾衛大將軍，詔未至，病卒，貞元二十一年，贈尚書右僕射。有子重政，軍吏欲立爲濬將。……詔曰：『前昭義軍泗州行營衙前兵馬使、大中大夫、試太子賓客、兼監察御史張重政，門有勳力，惟推義勇。……可起復雲麾將軍，守金吾衛大將軍員外置同正員，檢校太子詹事、兼御史中丞，仍委淮南節度使與要職事任使。』」張伾在泗州刺史任於貞元二十一年病卒，其後詔張重政由昭義軍泗州行營衙前兵馬使兼監察御史升爲檢校太子詹事、兼御史中丞。

＊盧虔　御史中丞（兼）

羅振玉《丙寅稿・秘書監盧虔神道碑跋》（第 55～56 頁）……尋除刑部郎中。除大府少卿，□□州刺史充本州防禦使，兼東都畿汝州都防禦副使、輕車都尉，賜紫金魚袋，就加左散騎常侍兼御史中丞。元和元年，拜左散騎常侍加朝請、朝議大夫，……三年十月遷檢校工部尚書兼秘書監，以四年三月卒。」

＊寶群　侍御史知雜（兼）

《舊書》卷一五五本傳：「中謝日，因對復薦群，徵拜左拾遺，遷侍御史，充入蕃使秘書監張薦判官。……憲宗即位，轉膳部員外、兼侍御史知雜，出爲唐州刺史。節度使于頔素聞其名，既謁見，群危言激切，頔甚悅，奏留充山南東道節度副使、檢校兵部郎中、兼御史中丞，賜紫金魚袋。……群奏刑部郎中呂溫、羊士諤爲御史，吉甫以羊、呂險躁，持之數日不下，群等怒怨吉甫。」又見《通鑒》卷二三六。《全文》卷六一三羊士諤《寶府君神道碑》：「有子曰群，……拜右拾遺，……驟升侍御史，簡自上心，〔三〕遷膳部〔員外郎〕□〔守唐〕州刺史□□□□御史中丞。」

□□　侍御史

《墓誌續編》貞元○八一《有唐歙州刺史范陽盧公墓誌銘並序》（亳州刺史兼侍御史賜紫金魚袋（下））：「有唐之名臣歙州刺史范陽盧公，貞元廿一年三月（下泐）公曆官十三，春秋六十五。」據墓誌知貞元廿一年，墓誌撰者□□任侍御史。

＊柳公綽　殿中侍御史　貞元末

《舊書》卷一六五本傳：「公綽……年十八，應制舉，登賢良方正、直言極諫科，授秘書省校書郎，貞元元年也。復應制舉，再登賢良方正科，時年二十一。……慈隰觀察使姚齊梧奏爲判官，得殿中侍御史。冬，薦授開州刺史，入爲侍御史，再遷吏部員外郎。」柳公綽元和初爲侍御史，其任殿中侍御史應在貞元末。

＊楊寧　殿中侍御史　侍御史

《墓誌彙編》元和一○五《唐故朝議大夫守國子祭酒致仕上騎都尉賜紫金魚袋贈右散騎常侍楊府君墓誌銘並序》：「……公諱寧，字庶玄，弘農華陰人也。……永貞初，有詔徵拜殿中侍御史、遷侍御史，轉尚書駕部員外郎。出宰河南，入遷戶部郎中。」《新書》卷一七五《楊虞卿傳》：「楊虞卿字師皋，……父寧，有高操，談辯可喜。擢明經，調臨渙主簿，棄官還夏，與陽城爲莫逆交。德宗以諫議大夫召城，城未拜，詔寧即諭，與俱來。陝虢觀察使李齊運表置幕府。齊運入爲京兆尹，表奉先主簿，拜監察御史，坐累免。順宗初，召爲殿中侍御史，終國子祭酒。」

＊韋乾度　殿中侍御史

《全文》卷七二四韋乾度《駁左散騎常侍房式諡議》：「……故使太師永貞元年八月薨，其時乾度任殿中侍御史，前使度支判官劉闢自攝行軍司馬節度留後。九月初乾度被逐，攝簡州刺史，名雖守郡，其實因之。」

故太師，指韋皋。據《舊書》卷一四○《韋皋傳》，韋皋在蜀二十一年，永貞元年暴疾卒。

＊柳宗元　監察御史

《舊書》卷一六○《柳宗元傳》：「順宗即位，王叔文、韋執誼用事，尤奇待柳宗元，……密引禁中，與之圖事。」《柳宗元集》卷三○《與蕭翰林俛書》：

「僕當時年三十三，甚少，自監察御史裏行得禮部員外郎，超取顯美。」柳宗元本年正月自監察御史裏行遷禮部員外郎。本年九月貶爲邵州刺史。

＊劉禹錫　監察御史

《柳宗元集》卷四〇《祭李中丞文》：「維貞元二十年歲次甲申五月某朔二十二日，……文林郎守監察御史劉禹錫……謹以清酌之奠，敬祭於故中丞贈刑部侍郎李公之靈。」《舊書》卷一六〇《劉禹錫傳》：「順宗即位，久疾不任政事，禁中文詰，皆出於叔文，引禹錫及柳宗元入禁中，與之圖議，言無不從。轉屯田員外郎、判度支鹽鐵案，兼崇陵使判官。」傅璇琮《唐五代文學編年史・中唐卷》繫劉禹錫本年四月由監察御史。轉屯田員外郎、判度支鹽鐵案，兼崇陵使判官。本年九月貶爲連州刺史。

＊韓參　監察御史　貞元末

《會要》卷七五「選部下」：「二年三月，考功員外郎陳歸爲嶺南選補使，選人留放，注官美惡，違背令文，惟意出入，復供求無厭，郵傳患之。監察御史韓參奏劾，得罪，配流恩州。」

＊韋貫之（淳、純）　監察御史

《舊書》卷一五八本傳：「韋貫之，本名純，以憲宗廟諱，遂以字稱。……永貞中，始除監察御史。……淮西之役，鎮州盜竊發簦下，殺宰相武元衡，傷御史中丞裴度。」《舊書》卷一四八《李藩傳》：「及太子即位，憲宗是也。宰相改郡縣名以避上名，唯監察御史韋淳不改。既而有詔以陸淳爲給事中，改名質。淳不得已改名貫之，議者嘉之。」《新書》卷一六九本傳：「貫之及進士第，爲校書郎，擢賢良方正異等，補伊闕、渭南尉。……永貞時，始爲監察御史，舉其弟繟自代，及爲右補闕，繟代爲御史，議者不渭之私。」

＊王叔雅　監察御史　永貞元年（805）～元和元年（806）

《墓誌彙編》元和〇二二《唐故江南西道觀察判官監察御史裏行太原王公墓誌銘》：「公諱叔雅，字元宏。太原祁人也。……爲嶺南連帥韋公丹舉列上介，表遷左金吾衛兵曹參軍。……屬本使節制東川，府幕遂散，邀公獨行，奏遷廷尉評兼監察御史。」韋丹永貞元年（805）～元和元年（806）節制東川，王叔雅任監察御史應在此期間。

＊李　御史

《權德輿文集》卷二八《送李十弟侍御赴嶺南序》：「……因想昔與今徐方連帥、王僕射德素、盛府主公、楊尚書達夫同登龍門於鍾陵，爾來二十年矣。二賢以大僚碩望，當明天子注意分閫之重，……況侍御溫良敏肅，用文術自賛。……今茲簪法冠，駕輶軒，感於已知，不計勤遠，又焉知圖南水擊之變化，不在此耶？」王僕射德素，即王紹，字德素；楊尚書達夫，即楊於陵，字達夫，權德輿、王紹、楊於陵貞元元年（785）～六年（790）在江西節度使李兼幕府，自貞元元年（785）至永貞元年（805）恰爲二十年，故《墓誌》云與「徐方連帥、王僕射德素、楊尚書達夫同登龍門於鍾陵，爾來二十年矣。」李十侍御，名不詳。

唐德宗建中元年至唐順宗永貞元年待考證御史

＊竇參　監察御史　建中中

《舊書》卷一三六本傳：「竇參，字時中，工部尚書誕之玄孫。參習法令，通政術，性矜嚴，強直而果斷。……時婺州刺史鄧珽坐贓八千貫，珽與執政有舊，以會赦，欲免贓。……參獨堅執正之於法，竟徵贓。明年，除監察御史，奉使按湖南判官馬彝獄。……參轉殿中侍御史，改金部員外郎、刑部郎中、侍御史、知雜事。無幾，遷御史中丞。」又見《新書》卷一四五《竇參傳》。

＊竇參　殿中侍御史　建中中

《舊書》卷一三六本傳：「竇參，字時中，工部尚書誕之玄孫。參習法令，通政術，性矜嚴，強直而果斷。……時婺州刺史鄧珽坐贓八千貫，珽與執政有舊，以會赦，欲免贓。……參獨堅執正之於法，竟徵贓。明年，除監察御史，奉使按湖南判官馬彝獄。……參轉殿中侍御史，

＊李說（李悅）　御史中丞　建中、貞元初

《舊書》卷一四六本傳：「李說，淮安王神通之裔也。父遇，天寶中爲御史中丞。說……累佐使幕。馬燧爲河陽三城、太原節度、皆辟爲從事。累轉御史郎官，御史中丞，太原少尹，出爲汾州刺史。節度使李自良復奏爲太原少尹、檢校庶子、兼中丞。」

郁賢皓《唐刺史考全編》考李說汾州刺史在貞元三年前，其任御史中丞應在此之前，故暫繫於建中、貞元初，待考。

＊竇覦　監察御史　貞元元年前

《舊書》卷一八三《外戚傳》：「鄜坊節度臧希讓奏（竇覦）爲判官，累授監察、殿中侍御史、檢校工部員外郎、坊州刺史。興元元年，討李懷光於河中。……賊平，以功兼御史中丞。」

竇覦貞元元年兼御史中丞，其任監察御史應在此前，具體任職年份待考。

＊竇覦　殿中侍御史　貞元元年前

見「竇覦　監察御史」條。

＊梁伯倫　御史大夫（兼）　貞元中

《隋唐五代墓誌彙編陝西卷》第四冊《唐故銀青光祿大夫檢校國子祭酒前兼彭州別駕御史大夫孫公夫人梁氏墓誌銘並序》：「夫人……曾祖崇義，皇鄧州刺史、兼御史中丞；祖伯倫，皇曹州刺史、御史大夫；嚴考叔明，皇攝濮州刺史、御史中丞，……夫人即濮州府君第十女也。……以咸通十一年正月二十九日遘疾。」享年三十五。

＊李彙　監察御史（兼）　貞元中

《墓誌彙編》元和〇二五《有唐故撫州法曹曹軍員外置隴西李府君墓誌銘並序》：「公諱彙，字伯揆，隴西郡人也。……年才弱冠，明經甲科，解褐授恒王府參軍，太常寺協律郎，大理評事，佐陝運使幕，以轉輸勤勞，遷監察御史賜緋魚袋。……又領襄州院事，……遷試祕書郎兼監察御史，……遂爲諂人潛飛謗諜，……貶崖州澄邁縣尉，……量移撫州法曹，……舟行遇疾，藥石無徵，以貞元廿一年六月廿三日，終於廣州旅泊，享年七十。」

＊李承　侍御史

《舊書》卷一一五本傳：「李承，趙郡高邑人，吏部侍郎至遠之孫，國子司業畲之第二子也。承幼孤，兄曄鞠養之既長，事兄以孝聞。舉明經高第，累至大理評事，充河南採訪使郭納判官。……兩京克復，例貶撫州臨川尉。數月除德清令，旬日拜監察御史。淮南節度使崔圓請留充判官，累遷檢校刑部員外郎、兼侍御史。」李承至德二載爲監察御史，其任侍御史當在至德二

載之後。具體任職年份待考。

劉晏　侍御史（兼）

《新書》卷一四九本傳：「再遷侍御史，祿山亂，避地襄陽，拜度支郎中，兼侍御史，領江淮租庸使。」

趙涓　監察御史（永泰初）侍御史

《舊書》卷一三七本傳：「趙涓，冀州人也。幼有文學。天寶初，舉進士，補鄠城尉，累授監察御史、右司員外郎。河南副元帥王緒奏充判官，授檢校兵部郎中、兼侍御史，遷給事中、太常少卿，出爲衢州刺史。……永泰初，涓爲監察御史。……德宗時在東宮，常感涓之究理詳細，及刺衢州，年考既深，又與觀察使韓滉不相得，滉奏免涓官，德宗見其名，謂宰臣曰：『豈非永泰初御史趙涓乎？』」

崔縱　監察御史

《舊書》卷一〇八《崔渙傳·子縱附傳》：「子縱，初以蔭補協律郎，三遷爲監察御史。……六遷大理卿、兼御史中丞、汴西水陸運兩稅監鐵等使。……德宗幸奉天，四方握兵，未有至者。縱先知之，潛告李懷光勸令奔命，懷光從之。縱乃悉斂軍財與懷光俱來，調給具備。……無幾拜京兆尹、兼御史大夫。」

＊韋皋　監察御史　建中三年前

《舊書》卷一四〇本傳：「韋皋字城武，京兆人。大曆初，以建陵挽郎調補華州參軍，累授使府監察御史。宰相張鎰出爲鳳翔隴右節度使，奏皋爲營田判官，得殿中侍御史，權知隴州行營留後事。」韋皋建中三年任殿中侍御史，參建中三年「韋皋」條，其任監察御史當在此前，待考。

＊馮河清　御史中丞　建中四年前

《舊書》卷一二五《張鎰傳·馮河清附傳》：「馮河清者，京兆人也。初以武藝從軍，隸朔方節度郭子儀，以戰功授左衛大將軍同正。……歷試太子詹事、兼御史中丞，充兵馬使。……建中四年，……拜四鎮北庭行軍涇原節度使、兼御史大夫。」馮河清建中四年兼御史大夫，其兼御史中丞應在此之前，待考。

＊穆贊　殿中侍御史　貞元四年（788）前

《舊書》卷一五五《穆寧傳・子贊質員賞附傳》：「贊字相明，釋褐爲濟源主簿。時父寧爲和州刺史，以剛直不屈於廉使，遂被誣奏，貶泉州司戶參軍。贊奔赴闕庭，號泣上訴，詔御史復問，寧方得雪。……累遷京兆兵曹參軍、殿中侍御史，轉侍御史，分司東都。」穆贊貞元四年任侍御史，其任殿中侍御史當在此前，待考。

＊穆賞　監察御史

《新書》卷一百六十三《列傳第八十八》：「（穆寧）四子：贊、質、員、賞。寧之老，贊爲御史中丞，質右補闕，員侍御史，賞監察御史，皆以守道行誼顯。」

＊衛次公　監察御史　貞元七年（791）前

《舊書》卷一五九本傳：「嚴震之鎮興元，辟爲從事，授監察，轉殿中侍御史。貞元八年，徵爲左補闕，尋兼翰林學士。二十　年正月，德宗昇遐。……改尚書左丞，恩顧頗厚。」《新書》卷一六四本傳：「衛次公字從周，河中河東人。舉進士，禮部侍郎潘炎異之，……高其第，調渭南尉。嚴震在興元，辟佐其府，累遷殿中侍御史。貞元中，擢左補闕、翰林學士。」衛次公任殿中侍御史在貞元七年，參貞元七年「衛次公「條，其任監察御史當在貞元七年前，具體任職年份待考。

＊趙憬　監察御史　建中前

《舊書》卷一三八本傳：「累遷監察御史，隨牒藩府，歷殿中侍御史、太子舍人。……尋授潭州刺史、兼御史中丞、湖南觀察使，仍賜金紫。……貞元四年，迴紇請結和親，詔以咸安公主降迴紇，命檢討右僕射關播充使，憬以本官兼御史中丞爲副。」

＊趙憬　殿中侍御史　建中前

《舊書》卷一三八本傳：「累遷監察御史，隨牒藩府，歷殿中侍御史、太子舍人。……尋授潭州刺史、兼御史中丞、湖南觀察使，仍賜金紫。……貞元四年，迴紇請結和親，詔以咸安公主降迴紇，命檢討右僕射關播充使，憬以本官兼御史中丞爲副。」

＊李夷簡　監察御史　貞元初

《新書》卷一三一本傳：「德宗幸奉天，朱泚外示迎天子，遣使東出關
至華。……夷簡謂曰：『泚必反。』……夷簡棄官去，擢進士第，中拔萃科，
調藍田尉。遷監察御史。……九歲，復爲殿中侍御史。元和時，至御史中丞。
京兆尹楊憑性驚倪，始爲江南觀察使，冒沒於財。夷簡爲屬刺史，不爲憑所
禮。至是發其貪，憑貶臨賀尉。」《舊書》卷一四《憲宗紀上》：元和四年「夏
四月丙子朔，……以刑部郎中、侍御史知雜李夷簡爲御史中丞。」德宗幸奉
天在建中四年，以此推李夷簡任監察御史在貞元初。具體任職年份代考。

＊唐款　御史　貞元中

《舊書》卷一九〇《文苑傳下》：「唐持次弟歡、款、欣。款貞元六年登進
士第，累辟使府，登朝爲御史，出爲郡守，卒。」

＊崔積　侍御史（兼）　貞元中後期

《墓誌彙編》大中一二八《有唐盧氏故崔夫人墓銘並序》（劍南西川節
度判官朝議郎檢校尚書駕部郎中兼侍御史柱國賜緋魚袋盧緘撰）：「夫人……
祖諱積，皇檢校尚書、金部郎中兼侍御史，贈太尉。……夫人……歿於大中
丁丑歲。」崔積生於大曆十一年（776）其父任侍御史約在貞元中後期。

＊李夷簡　殿中侍御史　貞元中期

《新書》卷一三一本傳：「德宗幸奉天，朱泚外示迎天子，遣使東出關至
華。……夷簡謂曰：『泚必反。』……夷簡棄官去，擢進士第，中拔萃科，調
藍田尉。遷監察御史。……九歲，復爲殿中侍御史。元和時，至御史中丞。」
李夷簡任監察御史在貞元初。《新書》本傳云「九歲，復爲殿中侍御史。」則
其任殿中侍御史在貞元十年左右。具體任職年份代考。

＊趙植　殿中侍御史　貞元十七年（801）前

《舊書》卷一七八《趙隱傳》：「趙隱，字大隱，京兆奉天人也。祖植，
建中末朱泚之亂，……賊平，咸寧王渾瑊辟爲推官，累遷殿中侍御史。……
（貞元）十七年，出爲廣州刺史、兼御史大夫、嶺南東道節度觀察等使，卒
於鎮。」

＊嚴綬　侍御史　貞元十七年前

《舊書》卷一四六本傳：「貞元中，由侍御史充宣歙團練副使，深爲其使劉贊委遇，政事多所咨訪。……不周歲，儋卒，遷綬銀青光祿大夫、檢校工部尙書，兼太原尹、御史大夫、北都留守，充河東節度支度營田觀察處置等使。」

《舊書》卷一三《德宗紀下》：貞元十七年「八月戊午，以河東行軍司馬嚴綬檢校工部尙書、兼太原尹、御史大夫、河東節度使。」

＊武元衡　監察御史　貞元二十年前

《舊書》卷一五八本傳：「……元衡進士登第，累辟使府，至監察御史。……貞元二十年，遷御史中丞。

＊王播　監察御史　貞元二十年前

《舊書》卷一六四：「播擢進士第，登賢良方正制科，授集賢校理，再遷監察御史，轉殿中，歷侍御史。」

《柳宗元集》卷四○《祭李中丞文》：「維貞元二十年歲次甲申五月某朔二十二日，故吏儒林郎守侍御史王播……謹以清酌之奠，敬祭於故中丞贈刑部侍郎李公之靈。」王播任監察御史當在貞元二十年之前，具體任職年份待考。

＊王播　殿中侍御史　貞元二十年前

《舊書》卷一六四：「播擢進士第，登賢良方正制科，授集賢校理，再遷監察御史，轉殿中，歷侍御史。」

《柳宗元集》卷四○《祭李中丞文》：「維貞元二十年歲次甲申五月某朔二十二日，故吏儒林郎守侍御史王播……謹以清酌之奠，敬祭於故中丞贈刑部侍郎李公之靈。」王播任殿中侍御史當在貞元二十年之前，具體任職年份待考。

＊范傳正　殿中侍御史　貞元二十年後

《舊書》卷一八五《良吏傳下·范傳正傳》：「傳正舉進士，又以博學宏辭及書判皆登甲科，授集賢殿校書郎、渭南尉，拜監察、殿中侍御史。」《柳宗元集》卷四○《祭李中丞文》：「維貞元二十年歲次甲申五月某朔二十二日，……宣德郎行監察御史范傳正……謹以清酌之奠，敬祭於故中丞贈刑部侍郎李公之靈。」范傳正任殿中侍御史當在貞元二十年後，具體任職年份待考。

＊裴肅　御史中丞（兼）　貞元中

《舊書》卷一七七《裴休傳》：「父肅。肅，貞元中自常州刺史兼御史中丞、越州刺史、浙東團練觀察等使。肅生三子，儔、休、俅。皆登進士第。」具體任職年份待考。

＊潘孟陽　殿中侍御史　永貞元年（805）前

《舊書》卷一六二本傳：「孟陽以父蔭進，登博學宏辭科，累遷殿中侍御史，降爲司議郎。」《會要》卷七七「諸使上「：「永貞元年八月詔曰：『宜令度支及諸道鹽鐵、轉運、戶部侍郎兼御史大夫潘孟陽專往宣諭。』」潘任殿中侍御史在永貞元年前，具體任職年份待考。

＊呂元膺　侍御史

《舊書》卷一五四本傳：「元膺質度瑰偉，有公侯之器。……貞元初，論惟明節制渭北，延在賓席。惟明卒，王棲耀代領其鎮，德宗俾棲耀留署使職，咨以軍政，累轉殿中侍御史，徵入眞拜本官，轉侍御史。……元和初，徵拜右司郎中、兼侍御史知雜事，遷諫議大夫、給事中。」《新書》卷一六二《呂元膺傳》：「呂元膺字景夫，鄆州東平人。姿儀環秀，有器識。……拜殿中侍御史。戴偉華《唐方鎮文職僚佐考》「鄜坊丹延節度觀察處置等使」考王棲耀貞元四年（788）至貞元十八年（802）任鄜坊節度使，呂元膺任侍御史當在此期間。姑繫於此，待考。

＊薛存誠　監察御史　元和前

《舊書》卷一五三本傳：「存誠進士擢第，累辟使府，入朝爲監察御史，知館驛。……元和初，……轉殿中侍御史，遷度支員外郎。」薛存誠元和初轉殿中侍御史，其任監察御史應在元和之前，待考。

＊胡證　殿中侍御史　貞元中

《舊書》卷一六三本傳：「證，貞元中繼登科，咸寧王渾瑊辟爲河中從事。自殿中侍御史拜韶州刺史，以母年高不可適遠，改授太子舍人。……元和四年，由侍御史歷左司員外郎、長安縣令、戶部郎中。」郁賢皓《唐刺史考》卷二五八「嶺南道」考胡證由殿中侍御史拜韶州刺史（未之任）亦在貞元中（唐刺史考》第五冊第3187頁）。具體任職年份代考。

＊劉逸準（全諒）　御史中丞　貞元中

《舊書》卷一四五本傳：「全諒本名逸準，以父勳授別駕、長史。建中初，劉玄佐爲宋亳節都使，玄佐以宗姓厚遇之，累署都知兵馬使，試太僕卿、兼御史中丞。」據《舊書》卷一四五本傳，劉逸準賜名全諒。具體任職年份待考。

＊鄭元　御史中丞　貞元十八年（802）前

《舊書》卷一四六本傳：「鄭元，舉進士第，累遷御史中丞。」《舊書》卷一三《德宗紀下》：貞元十八年「三月……丙戌，以河中行軍司馬鄭元爲河中尹、兼御史大夫、河中絳節度使。」鄭元任御史中丞應在此之前，具體任職年份待考。

＊史周洛　御史中丞（兼）　貞元中

《舊書》卷一八一《史憲誠傳》：「史憲誠，……父周洛，爲魏博軍校，事田季安，至兵馬大使、銀青光祿大夫、檢校太子賓客、兼御史中丞、柱國、北海郡王。」《中國邊疆史地研究》2007 年第 6 期《唐故寧慶等州節度觀察處置等使朝散大夫檢校戶部尚書兼御史大夫賜紫金魚袋贈尚書右僕射北海史公墓誌銘並序》：「公諱孝章，字得仁，其先北海人。……祖周洛，皇銀青光祿大夫、檢校太常卿兼御史中丞、北海郡王、贈太子太保。」據《新唐書》卷二一〇《藩鎮魏博》，元和七年（812 年）八月田季安暴卒。《舊書・史憲誠傳》云「周洛，爲魏博軍校，事田季安」，其任御史中丞約在貞元中，具體任職年份待考。

＊韋翃　侍御史　貞元初

《舊書》卷一六〇《韋辭傳》：「韋辭……父翃，官至侍御史。」韋辭任侍御史在元和九年，其父翃約活動於貞元初，待考。

＊史憲誠　監察御史（兼）　貞元中

《舊書》卷一八一本傳：「憲誠始以材勇，隨父歷軍中右職，兼監察御史。」史憲誠父史周洛爲「魏博軍校，事田季安」，其主要活動約在貞元中，史憲誠「隨父歷軍中右職，兼監察御史」亦應在此期間，具體任職年份待考。

＊楊憑　監察御史　貞元中

《新書》卷一六〇本傳：「楊憑字虛受，一字嗣人，虢州弘農人，……長

善文辭，與弟凝、淩皆有名。大曆中，踵擢進士第，時號「三楊」。……歷事節度府，召爲監察御史，不樂，輒免去。累遷太常少卿、湖南江西觀察使。」《會要》卷六〇「御史臺」：「元和四年七月，御史中丞李夷簡奏京兆尹楊憑前爲江西觀察使贓罪及他不法事，敕副御史臺刑部尚書李墉、大理卿趙昌鞫問，貶憑賀州臨賀縣尉。」楊憑元和四年爲京兆尹，其任監察御史約在貞元中，具體任職年份待考。

＊楊淩　侍御史　貞元中

《新書》卷一六〇《楊憑傳》：「楊憑字虛受，一字嗣人，虢州弘農人，……與弟凝、淩皆有名。……淩字恭履，最善文，終侍御史。」《全文》卷五八八《唐故兵部郎中楊君墓碣》：「……君諱凝，字懋功，與季弟淩生同日。」可見其活動在貞元中，具體任職年份待考。

＊皇甫湜　御史　貞元中

《全詩》卷三九三孟郊《高軒過》：「華裾織翠青如蔥，金環壓轡搖玲瓏。……我今垂翅附冥鴻，他日不羞蛇作龍。」詩注曰：「韓員外愈、皇甫侍御湜見過，因而命作。」

＊吳元濟　監察御史（兼）

《舊書》卷一四五《吳元濟傳》：「初爲試協律郎、兼監察御史、攝蔡州刺史。」吳元濟元和十二年卒，其任監察御史似在貞元中，待考。

＊侯惟謙　侍御史　建中中？

《墓誌彙編》大中〇九八《大唐涿州范陽縣主簿蘭陵蕭公夫人侯氏墓誌銘》：「夫人侯氏，……皇曾祖諱惟謙，寧武軍使、金紫光祿大夫、檢校國子祭酒、侍御史。皇祖諱紹宗，使持節瀛洲諸軍事守瀛洲刺史，充本州營田防禦等使，太子左贊善大夫兼御史中丞。」夫人卒大中九年，享年二十四。

＊趙悅　殿中侍御史　建中中？

《墓誌彙編》「元和〇〇九」《大唐故將作監丞清河郡張府君墓誌銘並序》：「……夫人趙氏先遇疾。……貞元九年，壽軍元帥、御史大夫兼左散騎常侍楊公，以公名家子，才可理戎，乃補軍職。……故太中大夫、兵部郎中、兼侍御史濟，即夫人之曾祖矣。……祖頎，皇貝州司功參軍，……父悅，皇金

紫光祿大夫、試太子賓客、兼殿中侍御史、贈滁州刺史。……於是元和二年二月一日，遷祔於壽春崇義原，禮也。」

＊曹　（曹乂之子）　殿中侍御史　貞元中？

《墓誌彙編》元和○一九《唐故曹府君墓誌銘並序》：「府君諱乂，字元意，……令子舍秦適周，返耕築室，終東都留守都虞候兼殿中侍御史，……景命斯忽，歸道政之私第。……府君有嫡孫曰少華，泣血過常，……以元和而年十月十九日，遂遷窆於洛陽城東北邙之原，禮也。」曹乂之子，名不詳。

＊張翔　殿中侍御史　貞元中

《墓誌彙編》元和一○四《唐故朝散大夫使持節都督邕州諸軍事守邕州刺史兼御史中丞充本管經略處置招討等使賜紫金魚袋張公墓誌銘並序》（弟殿中侍御史賜緋魚袋士階奉述）：「公諱士陵，字公器，其先安定人也。……殿中侍御史府君諱翔之子，……夫人京兆杜氏，故太傅岐國公祐之女也。」張士陵元和十一年秋九月四日卒，其父與杜佑同時，活動於貞元中。

＊楊　（楊仲雅之父）　侍御史　約貞元初

《墓誌彙編》元和一一七《唐故鹽鐵轉運等使河陰留後巡官前徐州蘄縣主簿弘農楊君墓誌銘並序》：「君諱仲雅，字繼周，弘農華陰人，……君即皇西臺侍郎、同東西臺三品之玄孫，宣、泗、饒、合四州使君之曾孫、均州長史君之孫，尚書工部員外郎兼侍御史之元子。」楊仲雅元和十三年卒。其父名不詳，任侍御史約在貞元初，待考。據《舊書》卷八二《楊弘武傳》：「弘武……遷西臺侍郎。乾封二年，與戴至德、李安期等同東西臺三品。……子元亨，則天時為司府少卿；元禧，尚食奉御。元禧頗有醫術，為則天所任。……張易之誅後，元亨等皆復任京職，元亨至齊州刺史，元禧台州刺史，元禕宣州刺史。」

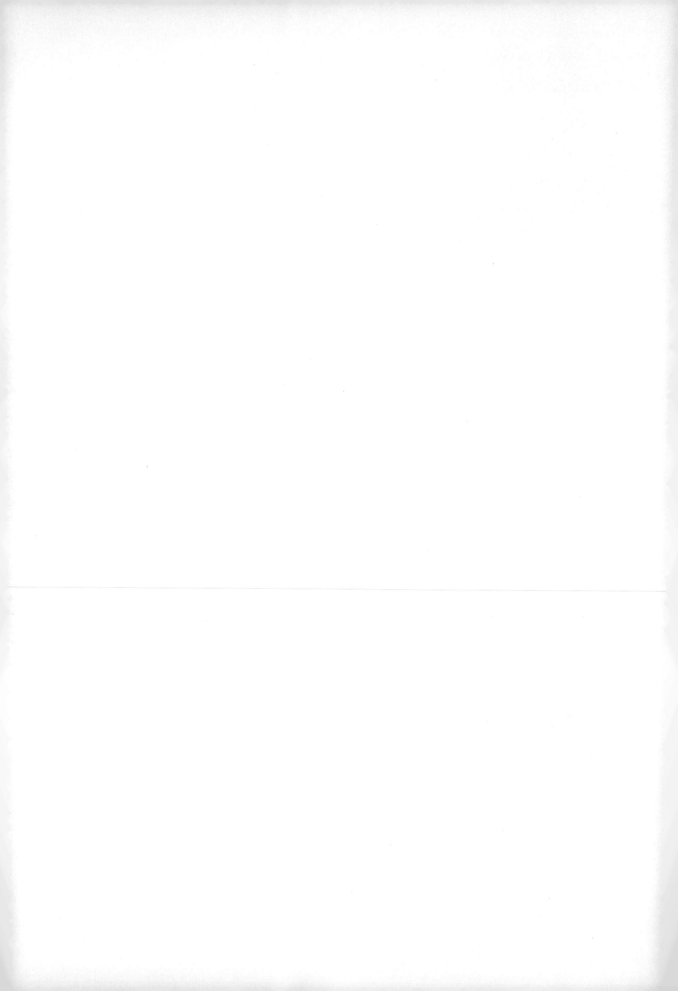

唐憲宗元和元年至元和十五年

唐憲宗元和元年（806） 丙戌

正月丙寅朔，改元元和，大赦。《舊書》卷一四《憲宗上》。

正月甲申，順宗卒，年四十六。《通鑑》卷二三七。

＊袁滋　御史大夫

《舊書》卷一四《憲宗紀上》：元和元年九月「庚辰，以吉州刺史袁滋爲御史大夫，充義成軍節度使。」

＊韋武　御史大夫（兼）

《舊書》卷一四《憲宗紀上》：元和元年「五月……辛未，以兵部侍郎韋武爲京兆尹兼御史大夫。」

＊高崇文　御史大夫（兼）

《舊書》卷一四《憲宗紀上》：元和元年九月「丙寅，以劍南東川節度使‧檢校兵部尚書、梓州刺史、封渤海郡王高崇文檢校司空，兼成都尹、御史大夫，充劍南西川節度副大使、知節度事、管內度支營田觀察使、處置統押近界諸蠻及西山八國兼雲南安撫等使，仍改封南平郡王，食邑三千戶。」

《舊書》卷一五一本傳：「元和元年春，拜檢校工部尚書、兼御史大夫，充左神策行營節度使，兼統左右神策、奉天麟遊諸鎮兵以討闢。」

＊王紹　御史大夫（兼）　元和元年（806）～元和六年（811）

　　《全文》卷六四六李絳《兵部尙書王紹神道碑》：「元和九年冬十一月晦，銀靑光祿大夫兵部尙書判戶部事上柱國太原郡公食邑二千戶王公歿於位。……公諱紹，字德素。……公……累授殿中侍御史江西觀察推官遂踐臺閣，自倉部員外郎遷戶部、兵部郎中，專判戶部事。……順宗諒暗，奸豎竊柄，拜工部尙書。……上即位，……檢校吏部尙書東都留守判都省事兼御史大夫，充東都畿汝州都防禦使，保釐東郊，鎭衛舊都。遷檢校尙書右僕射徐州刺史兼御史大夫，充武寧軍節度支度營田兼徐、泗、宿、濠等州觀察處置等使。居鎭六年，復徵拜兵部尙書。明年春，詔兼判戶部事。在位三歲，享齡七十有二，徹席於長安永樂里之私第。優詔追贈尙書右僕射。」《神道碑》云「上即位」，即元和元年，王紹檢校吏部尙書東都留守判都省事兼御史大夫，充東都畿汝州都防禦使。又云其「居鎭六年」，則元和元年至六年，王紹兼御史大夫，充東都畿汝州都防禦使。元和七年兼判戶部事，在位三歲，即元和九年卒，正與《神道碑》合。又《墓誌彙編》大中〇六一：「有唐大中五年歲次辛未十月己亥十五日癸丑，妣太原王氏以疾終於東都。……先時當元和中，父兼御史大夫自魏覲闕，從環衛出刺四郡，迄今五十年矣。」此御史大夫即王紹。

＊趙宗儒　御史大夫（兼）

　　《舊書》卷一六七《趙宗儒傳》：「元和初，檢校禮部尙書，判東都尙書省事、兼御史大夫，充東都留守、畿汝都防禦使。」

＊王士清　御史大夫

　　《舊書》卷一四二《王武俊傳・子士清附傳》：「元和初，爲冀州刺史、御史大夫，封北海郡王，早卒。」

＊李師道　御史大夫（兼）

　　《舊書》卷一二四《李正己傳・納子師道附傳》：「元和元年七月，遂命建王審遙領節度，授師道檢校左散騎常侍、兼御史大夫，權知鄆州事。」

＊朱忠亮　御史大夫（加）

　　《舊書》卷一五一本傳：「憲宗即位，加御史大夫。」《新書》卷一七〇本

傳：「朱忠亮字仁輔，……舉明經不中，往事昭義節度使薛嵩裨將，……以功
擢太子賓客。……憲宗立，加御史大夫。」

＊高霞寓　御史大夫（兼）

《舊書》卷一六二本傳：「元和初，詔授兼御史大夫，從崇文將兵擊劉闢，
連戰皆克，下鹿頭城，降李文悅、仇良輔。」

＊吳少陽　御史大夫（兼）

《舊書》卷一四五《吳少誠傳・弟少陽附傳》：「少陽度少誠猜忍，懼爲
所害，乃請出外以任防捍之任，少誠乃表爲申州刺史、兼御史大夫，凡五年。」
《舊書・憲宗紀上》：元和五年三月「己未，以申州刺史吳少陽爲申光蔡節度
留後。」《舊書》云兼御史大夫凡五年，則應爲元和元年至五年。

＊穆贊　御史中丞（兼）

《舊書》卷一五五《穆寧傳・子贊質員賞附傳》：「憲宗即位，拜宣州刺
史、御史中丞，充宣歙觀察使，所涖皆有政聲。」

＊程異　侍御史

《元龜》卷八九七《總錄部》：「程異，初爲虞部員外郎，充揚子院留後，
坐王叔文黨貶柳州司馬。元和初復爲侍御史。」《舊書》卷一三五本傳：「程
異，京兆長安人，……貞元末，擢授監察御史，遷虞部員外郎，充鹽鐵轉運、
揚子院留後。時王叔文用事，由徑放利者皆附之，異亦被引用。叔文敗，坐
貶岳州刺史，改柳州司馬。元和初，鹽錢使李巽薦異曉達錢穀，請棄瑕錄用，
擢爲侍御史。」《新書・程異傳》：「爲叔文所引，由監察御史爲鹽鐵揚子院留
後。」考嚴耕望《唐僕尚丞郎表》卷十四《鹽運》：「李巽，元和元年春或上
年冬，以兵侍充度支鹽鐵轉運副使。四月十四丁未，進判度支，兼諸道鹽鐵
轉運使。」知程異被詔，擢爲侍御史應在元和元年。

＊柳公綽　侍御史　元和二年（807）前

《舊書》卷一六五本傳：「公綽幼聰敏，年十八，應制舉，登賢良方正、
直言極諫科，授秘書省校書郎，貞元元年也。復應制舉，再登賢良方正科，
時年二十一。……慈隰觀察使姚齊梧奏爲判官，得殿中侍御史。冬，薦授開
州刺史，入爲侍御史，再遷吏部員外郎。武元衡罷相鎮西蜀，與裴度俱爲元

衡判官，尤相善。先度入爲吏部郎中，度以詩餞，有『兩人同日事征西，今日君先捧紫泥』之句。」武元衡元和二年十二月罷相鎮西蜀，柳公綽「入爲侍御史」當在此之前。故繫於此。

＊竇群　侍御史知雜（兼）

《新書》卷一七五本傳：「竇群字丹列，京兆金城人。……德宗擢爲左拾遺。時張薦持節使吐蕃，乃遷群侍御史，爲薦判官。……憲宗立，轉膳部員外郎，兼侍御史知雜事。出爲唐州刺史。」

＊呂元膺　侍御史知雜

《舊書》卷一五四本傳：「元膺質度瑰偉，有公侯之器。……貞元初，論惟明節制渭北，延在賓席。惟明卒，王棲耀代領其鎮，德宗俾棲耀留署使職，咨以軍政，累轉殿中侍御史，徵入眞拜本官，轉侍御史。……元和初，徵拜右司郎中、兼侍御史知雜事，遷諫議大夫、給事中。

＊薛存誠　殿中侍御史

《舊書》卷一五三本傳：「存誠進士擢第，累辟使府，入朝爲監察御史，知館驛。……元和初，……轉殿中侍御史，遷度支員外郎。」

＊獨孤郁　監察御史

《通鑑》卷二三七：「元和元年……四月……丙午，策試制舉之士，於是校書郎元稹、監察御史獨孤郁、校書郎下邽白居易、前進士蕭俛、沈傳師出焉。」《全詩》卷三三二羊士諤《西川獨孤侍御見寄七言四韻一首爲郡翰墨都捐遺此酬答誠乖拙速》：「百雉層城上將壇，列營西照雪峰寒。文章立事須銘鼎，談笑論功恥據鞍。草檄清油推健筆，曳裾黃閣聳危冠。雙金未比三千字，負弩空慚知者難。」獨孤侍御，即獨孤郁。

＊羊士諤　監察御史

《舊書》卷一四八《李吉甫傳》：「……吉甫早歲知獎羊士諤，擢爲監察御史。又司封員外郎呂溫有詞藝，吉甫亦眷接之。」《全文》卷六一六孟簡《建南鎮碣記》：「今皇上踐阼，宰臣論其冤濫，故福建廉使閻公得以上請，復歷大理評事，遽徵拜監察御史。」

羊士諤永貞元年爲閻濟美所辟，本年秋任監察御史。見傅璇琮《唐五代

文學編年史・中唐卷》「元和元年」條。

＊蕭祐　監察御史

　　《全詩》卷三三二羊士諤《臺中寓直晨覽蕭侍御壁畫山水》，同書同卷又有羊士諤《和蕭侍御監祭白帝城西村寺齋沐覽鏡有懷吏部孟員外並見贈》：「晚沐金仙宇，迎秋白帝祠。……南宮有高步，歲晏豈磷緇。」《全詩》卷三三二羊士諤《酬彭州蕭使君秋中言懷》亦酬蕭祐詩作，自注：「元和初，接武南臺、週旋兩院。」言與蕭祐同官御史臺。

＊崔玄亮　監察御史

　　《舊書》卷一六五本傳：「玄亮貞元十一年登進士第，……至元和初，……再遷監察御史，轉侍御史。」《新書》卷一六四本傳：「崔玄亮字晦叔，磁州昭義人。貞元初，擢進士第，累署諸鎮幕府。……元和初，召爲監察御史，累轉駕部員外郎。」

＊韋繟　監察御史

　　《舊書》卷一五八本傳：「韋貫之，本名純，以憲宗廟諱，遂以字稱。……永貞中，始除監察御史。……上疏舉季弟繟自代，時議不以爲私。轉右補闕，而繟自代爲監察。元和元年，杜從鬱爲左補闕，貫之與崔群奏論，尋降爲左拾遺。又論遺、補雖品不同，皆是諫官。父爲宰相，子爲諫官，若政有得失，不可使子論父。改爲秘書丞。」《新書》卷一六九本傳：「貫之及進士第，爲校書郎，擢賢良方正異等，補伊闕、渭南尉。……永貞時，始爲監察御史，舉其弟繟自代，及爲右補闕，繟代爲御史，議者不渭之私。」從韋貫之元和元年活動來看，其已在諫官任上，故其弟繟自代爲監察。自代爲監察御史應在本年。

＊許季同　監察御史

　　《新書》卷一六二《許孟容傳》：「許孟容……帝季同，始署西川韋皋府判官。劉闢反，棄妻歸，拜監察御史。」劉闢反在元和元年。《舊書》卷一四○《劉闢傳》：「元和元年正月，崇文出師（討劉闢），三月，收復東川。」

＊趙　　監察御史裏行

　　《墓誌彙編》開成○四五《大唐王屋山上清大洞三景女道士柳尊師真宮

誌銘》：「開成五年六月廿九日，唐故監察御史裏行天水趙府君夫人王屋山柳尊師遷解於東都聖眞觀之道院。……尊師……年十四，歸趙氏。……歷廿年，遭未亡之酷，尊師哀奉喪紀，罔不合禮。……遂居王屋山中岩曰陽臺貞一先生司馬子微之故居，……享年六十八。」據《墓誌》，柳尊師年十四（786）歸趙氏，歷廿年，即元和元年（806 年），趙氏卒。趙氏不知其姓名，其任監察御史裏行應在元和元年及稍前時間。

唐憲宗元和二年（807） 丁亥

＊李元素　御史大夫

　　《舊書》卷一五《憲宗紀上》：元和二年「十月己酉，……以御史大夫李元素爲潤州刺史，鎮海軍、浙西節度使。」《舊書》卷一三二《李澄傳・族弟元素附傳》：「時杜亞爲東都留守，惡大將令狐運，會盜發洛城之北，運適與其部下畋於北郊，亞意其爲盜，遂執訊之，逮擊者四十餘人。……監察御史楊寧按其事，亞以爲不直，密表陳之，寧遂得罪……遷尚書左丞。數月，鄭滑節度盧群卒，遂命元素兼御史大夫，鎮鄭滑，就加檢校工部尚書，在鎮稱理。……元和初，徵拜御史大夫。……元素爲御史時，執德不回。」《新書》卷一四七《李元素傳》：「李元素字大樸，邢國公密裔孫，仕爲御史。……元和初，召爲御史大夫。大夫，自貞元後難其人不補，而元素以夙望召拜，中外企聽風采。既而一不建爲，容容持祿。」

＊王紹　御史大夫（兼）

　　見本卷「元和元年」條考證。

＊鄭元　御史大夫（兼）

　　《舊書》卷一四六本傳：「鄭元，舉進士第，累遷御史中丞。貞元中爲河中節度使杜確行軍司馬。確卒，遂繼爲節度使，入拜尚書左丞。元和二年，轉戶部侍郎、兼御史大夫、判度支。

＊竇群　御史中丞

　　《新書》卷一七五本傳：「竇群字丹列，京兆金城人。……群兄弟皆擢進士第，獨群以處士客隱毗陵。……著書數十篇。蘇州刺史韋夏卿薦之朝，並

表其書，報聞，不召。後夏卿入爲京兆尹，復言之，德宗擢爲左拾遺。時張薦持節使吐蕃，乃遷群侍御史，爲薦判官。……憲宗立，轉膳部員外郎，兼侍御史知雜事。出爲唐州刺史。節度使于頔聞其名，與語，奇之，表以自副。武元衡、李吉甫皆所厚善，故召拜吏部郎中。元衡輔政，薦群代爲中丞。」《全詩》卷三一六武元衡《竇三中丞去歲有臺中五言四韻未及酬報今領黔南途經蜀門百里而近願言款覯封略間然因追曩篇持以贈之》：「在昔謬司憲，常僚惟有君。報恩如皎日，致位等青雲。」竇三中丞，即竇群。《呂和叔文集》卷三《代竇中丞與襄陽於相公書》，竇中丞，即竇群。《新書》卷一七五本傳云「元衡輔政，薦群代爲中丞。」武元衡於本年正月拜相，十月出鎮西川。則竇群由吏部郎中遷御史中丞當在本年。

＊盧坦　御史中丞（四月後）

《舊書》卷一五三本傳：「累遷至庫部員外郎、兼侍御史知雜事。」《會要》卷六○「御史臺」：「元和二年四月，以刑部郎中兼侍御史知雜事盧坦爲御史中丞、東都留臺。」《新書》卷一五九《柳晟傳》：「晟敏於辯，下士樂施，唯自興元入朝，貢獻不如詔，爲御史中丞盧坦所劾。」《舊書》卷一五九《盧坦傳》：「盧坦……仕爲河南尉。時杜黃裳爲尹，召坦立堂下，曰：『子與惡人遊，破產，盍察之？』坦曰：『官廉，雖大臣無厚畜，其能積財者必剝下以致之。如子孫善守，是天富不道之家，不若恣其不道，以歸於人。』黃裳驚其言，自是遇加厚。」

＊羊士諤　侍御史

《舊書》卷一四八《李吉甫傳》：「……吉甫早歲知獎羊士諤，擢爲監察御史。又司封員外郎呂溫有詞藝，吉甫亦眷接之。竇群亦與羊、呂善，群初拜御史中丞，奏請士諤爲侍御史。」竇群遷御史中丞在元和二年，其奏請士諤爲侍御史應在本年。

＊盧坦　侍御史知雜事（兼）

《會要》卷六○「御史臺」：「元和二年四月，以刑部郎中兼侍御史知雜事盧坦爲御史中丞、東都留臺。」

＊崔元方　監察御史

《舊書》卷一四《憲宗紀上》：元和二年「秋七月……戊子，錄配享功臣

之後，……崔玄暐孫元方、張說孫岊，並爲監察御史。……甲子，以職方員外郎王潔爲嶺南選補使，監察御史崔元方監之。」《會要》卷七五「選部下」：「元和二年八月，命職方員外郎王潔充嶺南選補使，監察御史崔元方監焉。」又見《會要》卷四五「功臣」。

＊張岊　監察御史

《舊書》卷一四《憲宗紀上》：元和二年「秋七月……戊子，錄配享功臣之後，……崔玄暐孫元方、張說孫岊，並爲監察御史。」又見《會要》卷四五「功臣」。

＊袁德師　監察御史

《舊書》卷一五上《憲宗紀上》：元和二年「秋七月……戊子，錄配享功臣之後，得蘇瓌孫系，用爲京兆府司錄。崔玄暐孫元方、張說孫□，並爲監察御史。狄仁傑後玄範，爲右拾遺。敬暉孫元亮、袁恕己孫德師，相次敘用。」《全詩》卷六一四皮日休《華亭鶴聞之舊矣，及來吳中，以錢半千得一隻養之，殆經歲不幸，爲飲啄所誤，經夕而卒，悼之不已。遂繼以詩南陽潤卿博士，浙東德師侍御，毗陵魏不琢處士，東吳陸魯望秀才及厚於予者，悉寄之，請垂見和》，同卷又有《奉送浙東德師侍御罷府西歸》。《全詩》卷四八七鮑溶《見袁德師侍御說江南有仙檀花，因以戲贈》，《全詩》卷六二六陸龜蒙《送浙東德師侍御罷府西歸》，《全詩》卷六三一張賁《送浙東德師侍御罷府西歸》。各詩中德師均爲一人，即袁德師。

＊李景儉　監察御史

《舊書》卷一七一本傳：「景儉，貞元十五年登進士第，性俊朗，博聞強記，頗閱前史。……竇群爲御史中丞，引爲監察御史。」《新書》卷八一《李景儉傳》：「景儉字寬中。及進士第。疆記多聞，善言古成敗王霸大略，高自負，於士大夫無所屈。王叔文等更譽之以爲管仲、諸葛亮比。叔文敗，景儉以母喪得不坐。韋夏卿守東都，辟幕府。竇羣任中丞，引爲監察御史，羣貶，景儉亦爲江陵戶曹參軍。累擢忠州刺史。」竇群任御史中丞在本年，其擢李景儉應在本年。

＊高幼成　監察御史（兼）

《墓誌彙編》元和○一六《唐故朝散郎前太子左贊善大夫高府君墓誌銘

並序》：「府君諱岑，字柳奴，……夫人弘農尚氏，……元和二年八月十七日歸葬於先府君之舊塋，禮也。……長嗣邠寧節度押衙、兼右隨四廂兵馬使、知邠州留後兵馬事、銀青光祿大夫、檢校太子賓客、兼監察御史幼成，……血淚成疾，喪禮有加。」

＊王叔雅　監察御史裏行　元和二年（807）～四年（809）

《墓誌彙編》元和○三三《唐故江南西道觀察判官監察御史裏行太原王公墓誌銘》：「公諱叔雅，字元宏。太原祁人也。……府公再遷慈晉，俄領江西，復隨鎮拜監察御史裏行。……以元和四年正月七日，告終於洪州南昌縣之官舍。春秋五十有五。」

＊李虛中　監察御史

《墓誌彙編》元和○六五《大唐故殿中侍御史隴西李府君墓誌銘》：「殿中侍御史李君名虛中，……宰相武公元衡之出劍南，奏奪為觀察推官、授監察御史。未幾，御史臺疏言行能高不宜用外府，即詔以為真御史。半歲，分部東都臺，遷殿中侍御史。元和八年四月詔徵，既至，宰相欲白以為起居舍人，經一月，疽發背，六月甲乙酉卒，年五十二。」《權載之文集》卷三七《送李十二弟侍御赴成都序》：「相國臨淮公，觀風俗於井絡之下，闢禮所及，皆隽人賢士。隴西李侯虛中，敏厚而文，嘗再中正鵠於春官天官氏，同門生已翰飛三臺，出入承明，獨用恬退，結黃綬於伊洛，或靜以勝熱，或嬴而不囂。予意其必遇真工大冶……」《全詩》卷二一七武元衡《同幕中諸公送李侍御歸朝》云：「昔年專席奉清朝，今日持書即舊僚」，與《墓誌》所述生平合。武元衡元和二年（807）至八年（813）為劍南西川節度使。李虛中在武元衡幕不久即赴御史臺真拜監察御史。

唐憲宗元和三年（808）戊子

＊高郢　御史大夫

《舊書》卷一四《憲宗紀上》：元和三年「十月……癸亥，以太常卿高郢為御史大夫。」《舊書》卷一四七本傳：「元和元年冬，復拜太常卿，尋除御史大夫。」

＊王紹　御史大夫（兼）

見本卷「元和元年」條考證。

＊鄭元　御史大夫（兼）

《舊書》卷一四六本傳：「鄭元，舉進士第，累遷御史中丞。……（元和）三年春，遷刑部尚書，兼京兆尹。九月，復判度支，依前刑部尚書、兼御史大夫。元性嚴毅，有威斷，更踐劇任，時稱其能。元和四年，以疾辭職，守本官，逾月卒。」

＊竇群　御史中丞

《舊書》卷一四《憲宗紀上》：元和三年「十月己酉朔。……甲子，以御史中丞竇群爲湖南觀察使，既行，改爲黔中觀察使。群初爲李吉甫擢用，及持憲，反傾吉甫，吉甫劾其陰事，故貶之。」

＊盧坦　御史中丞

《會要》卷六○「彈劾」：「元和三年三月，御史中丞盧坦舉奏前山南西道節度使柳晟。」

＊房式　御史中丞（兼）

《舊書》卷一一一《房琯傳・從子式附傳》：「……時河朔節度劉濟、王士眞、張茂昭皆以兵壯氣豪，相持短長，屢以表聞，疊請加罪。上欲止其兵，李吉甫薦式爲給事中，將命於河朔。式歷使諸鎭諷諭之，還奏愜旨，除陝虢觀察使、兼御史中丞。」據吳廷燮《唐方鎭年表・陝虢》，房式元和三年至四年任陝虢觀察使，其兼御史中丞應在此時。

＊段平仲　御史中丞（兼）

《會要》卷九九「南詔」：「元和……三年十一月，……以諫議大夫段平仲兼御史中丞，持節充冊立南詔及弔祭使。」

＊李夷簡　侍御史知雜

《舊書》卷一四《憲宗紀上》：元和四年「夏四月丙子朔，……以刑部郎中、侍御史知雜李夷簡爲御史中丞。」李夷簡元和四年由侍御史知雜李夷簡遷御史中丞，則本年當在侍御史知雜任。

＊李虛中　殿中侍御史（東都留臺）　元和三年（808）～八年（813）

《墓誌彙編》元和○六五《大唐故殿中侍御史隴西李府君墓誌銘》：「殿中侍御史李君名虛中，……宰相武公元衡之出劍南，奏奪爲觀察推官、授監察御史。未幾，御史臺疏言行能高不宜用外府，即詔以爲眞御史。半歲，分部東都臺，遷殿中侍御史。元和八年四月詔徵，既至，宰相欲白以爲起居舍人，經一月，疽發背，六月乙酉卒，年五十二。……妻范陽盧氏，鄭滑節度使兼御史大夫群之女。」《墓誌彙編》元和一○○《唐故殿中侍御史隴西李府君夫人范陽盧氏墓誌銘並序》：「夫人范陽涿人也，……父群，皇銀青光祿大夫義成軍節度使兼御史大夫贈工部尙書，夫人即府君之長女。……殿中府君先夫人五年而歿。（夫人）以元和十二年五月十六日終……」《舊書》卷一四○《盧群傳》：「……群以奉使稱旨，俄遷檢秘書監，兼御史中丞、義成軍節度行軍司馬。貞元十六年四月，節度姚南仲歸朝，拜義成軍節度、鄭滑觀察等使。」

＊鄭博古　殿中侍御史　元和二年後，元和初

《墓誌彙編》會昌○○五《滎陽鄭夫人墓誌銘》：「元和四年己丑歲九月，夫人生於長安南社陵……會昌元年辛酉歲五月歿於東都康俗里。……夫人諱瓊，字德潤，……父爲鹽鐵司、殿中御史諱博古。外祖趙郡李公，爲戶部尙書諱欒。」又《全文》卷五六四韓愈《息國夫人墓誌銘》：「貞元十五年，靈州節度使御史大夫李公諱欒，守邊有勞，……元和二年，李公入爲戶部尙書，薨，……公之男五人，女二人。……女子嫁興元參軍鄭博古。」

＊張士陵　殿中侍御史　侍御史　元和三年（808）～元和七年（812）？

《墓誌彙編》元和一○四《唐故朝散大夫使持節都督邕州諸軍事守邕州刺史兼御史中丞充本管經略處置招討等使賜紫金魚袋張公墓誌銘並序》（弟殿中侍御史賜緋魚袋士階奉述）：「維唐元和十一年秋九月四日，邕管經略使兼御史中丞張公終於里所，……季弟殿中侍御史士階，乃執筆含哀而書於石曰：公諱士陵，字公器，其先安定人也。……淮南節度王公鍔署爲參謀，改試大理評事兼監察御史，公文雅之稱，溢於朝聽，拜京兆府士曹，尋擢殿中侍御史，轉侍御史，遷尙書倉部員外郎，……除虔州刺史。」

據《唐方鎭年表》，王鍔貞元十九年（803）至元和三年（808）爲淮南節度使。又《唐刺史考全編》（第2332～2333頁）考張士陵元和八年前後任

虔州刺史。由此推其任殿中侍御史、侍御史應在元和三年（808）至元和七年（812）前後。

＊張仲方　監察御史

《舊書》卷一七一本傳：「仲方伯祖始興文獻公張九齡，開元名相。仲方，貞元中進士擢第，宏辭登科。……出爲邠州從事，入朝歷侍御史、倉部員外郎。……大和初，出爲福州刺史、兼御史中丞、福建觀察使。」《舊書》卷九九《張九齡傳》：「九皐曾孫仲方，少朗秀。爲兒童時，父友高郢見而奇之，……後郢爲御史大夫，首請仲方爲御史。……開成二年卒，年七十二，贈禮部尚書，諡曰成。」《舊書》卷一四《憲宗紀上》載，元和三年「十月……癸亥，以太常卿高郢爲御史大夫。」其擢張仲方任御史應在本年。

唐憲宗元和四年（809）　己丑

＊高郢　御史大夫

《舊書》卷一四《憲宗紀上》：元和四年「夏四月丙子朔，……甲辰，……以御史大夫高郢爲兵部尚書。」《舊書》卷一四六《嚴綬傳》：「（元和四年）綬入拜尚書右僕射，……綬居兩班之首，在方鎮時識江朝，敘語次，不覺屈膝而拜，御史大夫高郢亦從而拜。是日，爲御史所劾，綬待罪於朝，命釋之。」

＊王紹　御史大夫（兼）

見本卷「元和元年」條考證。

＊烏重胤　御史大夫（兼）

《墓誌彙編》元和○六二《唐河陽軍節度故左馬軍虞侯秦府君夫人太原王氏墓誌銘並序》：「公諱士寧，其先風姓之後，……考諱讓，皇河陽軍武牢鎮遏兵馬使、同都團練副使兼侍御史，贈使持節石州刺史。公即使君之子也。……節度使御史大夫衡公濟補馬軍十將，元和四年，節度使兼御史大夫烏公補署左馬軍軍虞侯，豈期上天不弔，喪歿賢哲，以元和七年六月六日終於私第，享年卅四。」清吳廷燮《唐方鎮年表》卷四考烏重胤元和五年（810）至元和十三年（818）爲河陽節度使（第362～363頁），《墓誌》云：「元和四年，節度使兼御史大夫烏公」，則烏重胤本年已在河陽節度使任。

＊王承宗　御史大夫（兼）

《舊書》卷一四二《王武俊傳・承宗附傳》：「元和四年……八月，……起復雲麾將軍、左金吾衛大將軍同正、檢校工部尚書、鎮州大都督府長史、御史大夫、成德軍節度、鎮冀深趙等州觀察等使。」

＊薛昌朝　御史大夫（兼）

《舊書》卷一四二《王武俊傳・承宗附傳》：「「元和四年……八月，……又以德州刺史薛昌朝檢校右散騎常侍、德州刺史、御史大夫，充保信軍節度、德棣觀察等使。」

＊馬總　御史中丞（兼）

《舊書》卷一五七本傳：「元和……四年，兼御史中丞，充嶺南都護、本管經略使。」

＊李夷簡　御史中丞

《舊書》卷一四《憲宗紀上》：元和四年「夏四月丙子朔，……以刑部郎中、侍御史知雜李夷簡爲御史中丞。」又同書卷一四八《裴垍傳》：「裴垍擢李夷簡爲御史中丞，其後繼踵入相，咸著名跡。其餘量材賦職，皆叶人望，選任之精，前後莫及。議者謂垍作相，才與時會，知無不爲，於時朝無倖人，百度浸理，而再周遘疾，以至休謝，公論惜之。」《會要》卷六〇「御史臺」：「元和四年七月，御史中丞李夷簡奏京兆尹楊憑前爲江西觀察使贓罪及他不法事，敕副御史臺刑部尚書李墉、大理卿趙昌鞫問，貶憑賀州臨賀縣尉。」《通鑒》卷二三八元和四年，「秋，七月，壬戌，御史中丞李夷簡彈京兆尹楊憑，前爲江西觀察使，貪污僭侈。」又見《會要》卷六〇「御史中丞」。《元稹集》卷三四《代李中丞謝官表》一文，「李中丞」爲李夷簡，李夷簡拜御史中丞在「元和四年四月二十九日」，與《謝官表》中的「今月二十九日」正合，《謝官表》中所云「蔭分天屬」，「頃以材駑氣直，屢棄遐荒。陛下擢自遠藩，任兼臺閣」皆與李夷簡的宗室身份及貞元、元和間的經歷相符。

＊武少儀　御史中丞（兼）

《會要》卷九九「南詔」：「元和……四年正月，以太常卿武少儀兼御史中丞，充冊立及弔祭使。」《舊書》卷一五六《于頔傳》：「……尋出付臺獄，詔御史中丞薛存誠、刑部侍郎王播、大理卿武少儀爲三司使按問，乃搜死奴

於其第，獲之。」

＊吳元慶　御史中丞（兼）

《舊書》卷一四五《吳少誠傳・弟少陽附傳》：「少誠子元慶，年二十餘，先爲軍職，兼御史在丞，少陽密害之。」據《舊書》卷一四五《吳少誠傳》，吳少誠元和四年卒，少陽自爲留後，其密害元慶應在此時。

＊韋顗　侍御史

《舊書》卷一四六《楊憑傳》：「元和四年，……捕得（楊）憑前江西判官、監察御史楊瑗繫於臺，覆命大理少卿胡珦、左司員外郎胡證、侍御史韋顗同推鞫之。」《會要》卷六〇「御史臺」：「元和四年七月，……追捕憑前江西判官監察御史楊瑗，繫在臺。命……左司員外郎胡證、侍御史韋顗同推。」

＊胡證　侍御史

《舊書》卷一六三本傳：「證，貞元中繼登科，咸寧王渾瑊辟爲河中從事。自殿中侍御史拜韶州刺史，以母年高不可適遠，改授太子舍人。……元和四年，由侍御史歷左司員外郎、長安縣令、戶部郎中。」

＊李夷簡　侍御史知雜

《舊書》卷一四《憲宗紀上》：元和四年「夏四月丙子朔，……以刑部郎中、侍御史知雜李夷簡爲御史中丞。」李夷簡本年四月由侍御史知雜李夷簡遷御史中丞，則本年四月前當在侍御史知雜任。

＊劉遵古　監察御史

《會要》卷一八「緣廟裁制下」：「（元和）四年九月，監察御史劉遵古奏：太廟五享攝祭三公等。伏准開元二十五年七月八日敕。每至五饗之日。應攝三公。令中書門下。及丞相師傅尚書御史兼嗣郡王。擇德望高者通攝。諸司不在差限者。」

＊元稹　監察御史　本年二月至六月

《舊書》卷一六六本傳：「元稹，字微之，河南人。……丁母憂，服除，拜監察御史。……流放蠻荊者僅十年。……稹自御史府謫官，於今十餘年矣，閒誕無事，遂專力於詩章。……及爲監察御史，又不規避，專心糾繩，復爲

宰相怒臣不庇親黨，因以他事貶臣江陵判司。」《舊書》卷一一七《嚴礪傳》：
「（嚴礪）元和四年三月卒。卒後，御史元稹奉使兩川按察，糾劾礪在任日
贓罪數十萬。詔徵其贓，以死恕其罪。」《舊書》卷一六六《白居易傳》：「稹
自監察御史謫爲江陵府士曹掾，翰林學士李絳、崔群上前面論稹無罪，居易
累疏切諫曰：『自授御史已來，舉奏不避權勢，只如奏李佐公等事，多是朝
廷親情。……今中官有罪，未聞處置；御史無過，卻先貶官。……若無此三
不可，假如朝廷誤左降一御史，蓋是小事，臣安敢煩瀆聖聽，至於再三。』」
《舊書》卷一八三《外戚傳》：「（柳晟）罷鎮入朝，以違詔進奉，爲御史元
稹所劾，詔宥之。」《元稹集》卷五《臺中鞠獄憶開元觀舊事呈損之兼贈周
兄四十韻》：「二月除御史，三月使巴蠻。……歸來五六月，旱色天地殷。」
同前卷一七《使東川並序》：「元和四年三月七日，予以監察御史使東川，往
來鞍馬間，賦詩凡三十二首秘書省校書郎白行簡爲予手寫爲東川卷。」《白
居易集》卷一《贈樊著作》：「元稹爲御史，以直立其身。其心如肺石，動必
達窮民。東川八十家，冤憤一言伸。」

＊元稹　東臺監察御史　本年六月後

《舊書》卷一六六本傳：「元雖奉職，而執政有與礪厚者，惡之。使還，
令分務東臺。……稹長慶末曾編纂其文稿，自敘曰：『……無何，分蒞東臺，
天子久不在都，都下多不法者。百司皆牢獄，有栽接吏械人逾歲而臺府不得
而知之者，予因飛奏絕百司專禁錮。河南尉叛官，予劾之，忤宰相旨。監徐
使死於軍，徐帥郵傳其柩，柩至洛，其下毆詬主郵吏，予命吏徒柩於外，不
得復乘傳。浙西觀察使封杖決安吉令至死；河南尹誣奏書生尹太階請死之；
飛龍使誘趙寔家逃奴爲養子；田季安盜取洛陽衣冠女；汴州沒入死商錢且千
萬；滑州賦於民以千，授於人以八百；朝廷饋東師，主計者誤命牛車四千三
百乘窮越太行。類事數十事，或移、或奏，皆止之。貞元以來，不慣用文法，
內外寵臣皆暗鳴。會河南尹房式詐援事發，奏攝之。』」《會要》卷六一「館
驛使」：「元和四年……監察御史元稹劾奏劾奏徐州節度使王召，傳送故監軍
使孟升喪柩還京，給券乘驛，仍於郵舍安喪柩，有違典例。」《元稹集》卷
五《臺中鞠獄憶開元觀舊事呈損之兼贈周兄四十韻》：「二月除御史，三月使
巴蠻。……歸來五六月，旱色天地殷。」其分務東臺當在此時。

＊徐晦　監察御史

《舊書》卷一六五本傳：「徐晦，進士擢第，登直言極諫制科，授溧陽尉。……不數日，御史中丞李夷簡請爲監察，晦白夷簡曰：『生平不踐公門，公何取信而見獎拔？』……歷殿中侍御史、尙書郎，出爲晉州刺史。（寶曆）二年，入爲工部侍郎，出爲同州刺史、兼御史中丞。」《通鑒》卷二三八：「（元和四年）秋，七月，壬戌，御史中丞李夷簡彈京兆尹楊憑，前爲江西觀察使，貪污僭侈。丁卯，貶憑臨賀尉。……憑之親友無敢送者，櫟陽尉徐晦獨至藍田與別。太常卿權德輿素與晦善，謂之曰：『君送楊臨賀，誠爲厚矣，無乃爲累乎！』對曰：『晦自布衣蒙楊公知獎，今日遠謫，豈得不與之別！借如明公它日爲讒人所逐，晦敢自同路人乎！』德輿嗟歎，稱之於朝。後數日，李夷簡奏爲監察御史。晦謝曰：『晦平生未嘗得望公顏色，公何從而取之！』夷簡曰：『君不負楊臨賀，肯負國乎！』」

＊楊瑗　監察御史

《舊書》卷一四六《楊憑傳》：「元和四年，……捕得（楊）憑前江西判官、監察御史楊瑗繫於臺，覆命大理少卿胡珦、左司員外郎胡證、侍御史韋顗同推鞫之。」

＊孔戢　監察御史

《舊書》卷一五四《孔巢父傳・附從子戢傳》：「戢字方舉。……舉明經登第，判入高等，授秘書省校書郎、陽翟尉，入拜監察御史，轉殿中，分司東都。」《新書》卷一六三《孔戢傳》不言孔戢任監察御史。孔戢元和五年任殿中侍御史，其任監察御史應在元和四年或稍前。

＊盧璠　監察御史

《墓誌彙編》元和一三一《唐故歸州刺史盧公墓誌銘並序》：「公諱璠，字璠，……歷監察殿中御史，佐湖南東川幕。」盧璠元和五年至元和七年任殿中侍御史，其任監察御史應在本年及稍前時間。參元和五年「盧璠」條。

唐憲宗元和五年（810）庚寅

＊王紹　御史大夫（兼）

見本卷「元和元年」條考證。

＊李遜　御史大夫（兼）　元和五年（810）～九年（814）

《舊書》卷一五五本傳：「以政績殊尤，遷越州刺史、兼御史大夫、浙東都團練觀察使。」

＊烏重胤　御史大夫　元和五年（810）～十三年（818）

《墓誌彙編》元和一〇一《唐故懷州錄事參軍清河崔府君故夫人滎陽鄭氏合祔墓誌銘並序》：「公諱，字嘉成，清河動武城人也。……元和四祀，調補右金吾衛錄事參軍。未幾，御史大夫烏重胤統戎三城，俾公權主河內，紀綱掾。」烏重胤元和五年（810）至元和十三年（818）爲御史大夫、河陽三城節度使。參吳廷燮《唐方鎮年表》。

＊李夷簡　御史中丞

《舊書》卷一五《憲宗紀上》：「夏四月丙子朔。……甲辰，……以刑部郎中、侍御史知雜李夷簡爲御史中丞。……秋七月乙巳朔，……壬戌，御史中丞李夷簡彈京兆尹楊憑前爲江西觀察使時贓罪，貶憑臨賀尉。……三月……乙巳，以御史中丞李夷簡爲戶部侍郎、判度支。」

＊王播　御史中丞

《舊書》卷一六四：「播擢進士第，登賢良方正制科，授集賢校理，再遷監察御史，轉殿中，歷侍御史。……元和五年，代李夷簡爲御史中丞。」同書卷一六四《李絳傳》：「……（李絳）又嘗與御史中丞王播相遇於道，播不爲之避，絳奏論事體，敕命兩省詳議，咸以絳論奏是。」又同書卷一三五《李實傳》：「故事，府官避臺官，實常遇侍御史王播於道，實不肯避，導從如常。」《舊書》卷一五《憲宗紀上》：元和五年「三月辛丑朔，……乙巳……以兵部侍郎王播爲御史中丞。」

＊呂元膺　御史中丞

《舊書》卷一五《憲宗紀上》：元和五年「冬十月戊辰朔，……以中丞王播代孟容，又以呂元膺代播。」《舊書》卷一五四本傳：「元膺質度瑰偉，有公侯之器。……貞元初，論惟明節制渭北，延在賓席。惟明卒，王栖耀代領其鎮，德宗俾栖耀留署使職，咨以軍政，累轉殿中侍御史，徵入眞拜本官，轉侍御史。……元和初，徵拜右司郎中、兼侍御史知雜事，遷諫議大夫、給事中。……尋拜御史中丞，未幾，除鄂岳觀察使，入爲尚書左丞。」《新書》

卷一六二《呂元膺傳》：「呂元膺字景夫，鄆州東平人。姿儀瓌秀，有器識。……拜殿中侍御史。歷右司員外郎。出爲蘄州刺史。嘗錄囚，囚或白：……左右曰：未幾，兼皇太子侍讀，進御史中丞。拜鄂岳觀察使。嘗夜登……左右曰：中丞也。對曰：夜不可辨。乃還。明日，擢守者爲大將。猶不可爲天下法。請遣御史按問，宰相不能奪。……許孟容字公範，京兆長安人。擢進士異等，又第明經，調校書郎。……孟容曰：府縣上事不實，罪應罰。然陛下遣宦者覆視，紊綱紀。宜更擇御史一人參驗，乃可。不聽。」《舊書》卷一五《憲宗紀上》：元和五年「十二月丁卯朔。……壬午……以前御史中丞呂元膺爲鄂州刺史、鄂黃岳沔蘄安黃等州觀察使。」又見《通鑑》卷二三八「元和五年」條。

＊李聽　御史中丞（兼）

《舊書》卷一三三《李晟傳·子聽附傳》：「時昭義盧從史持兩端，承璀用聽計，擒從史以獻，轉左驍衛將軍、兼御史中丞。」據《舊書》卷一三二《盧從史傳》，盧從史被擒在元和五年。

＊李少和　御史中丞（兼）　元和五年（810）～六年（811）

《墓誌彙編》元和○七八《唐故洪州都督府武寧縣令於府君墓誌銘並序》：「府君諱季文，……江南西道觀察使御史中丞李公少和薦，以公器濟時，元和五年，奏授洪州武寧縣令。」

＊柳公綽　御史中丞　元和五年（810）～元和十一年（816）

《舊書》卷一五《憲宗紀上》：「（元和五年）十二月丁卯朔。……壬午，以吏部郎中柳公綽爲御史中丞。……甲申，以御史中丞柳公綽爲湖南觀察使。」《舊書》卷一六五本傳：「元和五年十一月，（公綽）獻《太醫箴》一篇，……逾月，拜御史中丞。……六年，吉甫復輔政，以公綽爲潭州刺史、兼御史中丞，充湖南觀察使。」

＊穆員　侍御史

《新書》卷一百六十三《列傳第八十八》：「（穆寧）四子：贊、質、員、賞。寧之老，贊爲御史中丞，質右補闕，員侍御史，賞監察御史，皆以守道行誼顯。先是，韓休家訓子姓至嚴。貞元間，言家法者，尚韓、穆二門云。」《舊書》卷一五五《穆寧傳·子贊質員賞附傳》：「員工文辭，尚節義。杜亞

為東都留守，辟為從事。」《全文》卷七八三小傳：「穆員，員字與直，秘書監寧子。杜亞留守東都，署佐其府，授侍御史。」《唐會要》卷六二「御史臺下」：「元和五年四月，命監察御史楊寧往東都按大將令狐運事。時杜亞為東都留守。」

＊孔戡　殿中侍御史（東都）

《新書》卷一六三《孔戡傳》：「戡字方舉。……擢明經，書判高等，為校書郎、陽翟尉，累遷殿中侍御史，分司東都。昭義判官徐玟，故嘗助盧從史為跋扈者，從史敗，孟元陽……欲復用之。戡移書昭義前係玟，……流玟播州。轉侍御史、庫部員外郎。」《舊書》卷一三二《盧從史傳》，盧從史元和五年敗，孔戡任殿中侍御史、彈劾判官徐玟約在此期。

＊盧璠　殿中侍御史內供奉　元和五年（810）～七年（812）

《墓誌彙編》元和○五三《劍南東川節度推官殿中侍御史內供奉盧公夫人崔氏墓誌銘並序》：「夫人諱元二，姓崔氏，清河貝人也。……祖著，皇監察御史。……夫人……年廿一，歸我仲兄殿中侍御史璠，……以元和五年八月十三日遇疾於潭州官舍，……以元和七年八月十六日歸葬於東都邙山之北原。」《墓誌》云夫人元和五年遇疾於潭州官舍，可知此時盧璠已在劍南東川節度幕府任殿中侍御史。又見《墓誌彙編》元和一三一《唐故歸州刺史盧公墓誌銘並序》：「歷監察殿中御史，佐湖南東川幕。」

＊李景儉　監察御史

《元稹集》卷一一《泛江玩月十二韻》序云：「予以元和五年自監察御史貶授江陵士曹掾。六月十四日，張季友、李景儉二侍御……為予載酒炙，選聲音，自府城之南橋乘月泛舟，窮盡一夕，予因賦詩以寄之。」《全詩》卷三五五劉禹錫《臥病聞常山旋師策勳宥過王澤大洽因寄李六侍郎》，「侍郎」為「侍御」之誤。李六侍御，即李景儉。

＊元稹　東臺監察御史

《舊書》卷一五《憲宗紀上》：元和五年「二月辛未朔。戊子，禮院奏東宮殿閣名及宮臣姓名，與太子名同者改之，其上臺官列、王官爵土無例輒改，從之。東臺監察御史元稹攝河南尹房式於臺，擅令停務，貶江陵府士曹參軍。」《元稹集》卷一一《泛江玩月十二韻》序云：「予以元和五年自監察

御史貶授江陵士曹掾……」

＊張季友　御史

《元稹集》卷一一《泛江玩月十二韻序》云：「予以元和五年自監察御史貶授江陵士曹掾。六月十四日，張季友、李景儉二侍御……爲予載酒炙，選聲音，自府城之南橋乘月泛舟，窮盡一夕，予因賦詩以寄之。」元稹云「張季友、李景儉二侍御」，其中李景儉爲監察御史，張季友具體任職不詳，待考。

＊羅讓　監察御史　元和五年（810）～元和十二年（817）

《舊書》卷一八八《孝友傳・羅讓傳》：「讓少以文學知名，舉進士，應詔對策高第，爲咸陽尉。……李墉爲淮南節都使，就其所居，請爲從事。除監察御史，轉殿中，歷尚書郎、給事中，累遷至福建觀察使、兼御史中丞，甚著仁惠。」見《題名考》「碑額題名」條。又見《新書》卷一九七《循吏・羅讓傳》。此羅讓與「乾符三年」之羅讓爲兩人。參戴偉華《唐方鎮文職僚佐考》「淮南鎮」（第263頁）

唐憲宗元和六年（811）　辛卯

＊李藩　御史大夫（兼）

《舊書》卷一四八本傳：「李藩字叔翰，趙郡人。……元和初，遷吏部郎中。……李吉甫自揚州再入相，數日，罷藩爲詹事。後數月，上思藩，召對，復有所論列。元和六年，出爲華州刺史、兼御史大夫，未行卒，年五十八，贈戶部尚書。」

＊王紹　御史大夫（兼）

見本卷「元和元年」條考證。

＊竇易直　御史大夫（兼）　十一月後

《舊書》卷一六七本傳：「元和六年，遷御史中丞，謝日，賜緋魚袋。……十一月，改戶部，兼御史大夫，判度支。……易直時爲御史中丞，奏駁餘慶所議。」

＊李光顏　御史大夫（兼）　元和六年（811）～九年（814）

《舊書》卷一六一《李光進傳》：「……（光顏）自憲宗元和已來，歷授代、洺二州刺史、兼御史大夫。」《舊書・憲宗紀上》：元和六年五月「洺州刺史光顏……」元和九年九月「以洺州刺史李光顏爲陳州刺史、忠武軍都知兵馬使。」光顏兼御史大夫在此期間。

＊竇易直　御史中丞

《舊書》卷一六七本傳：「元和六年，遷御史中丞，謝日，賜緋魚袋。……十一月，改戶部，兼御史大夫，判度支。……易直時爲御史中丞，奏駁餘慶所議。」《舊書》卷一五《憲宗紀上》：（元和）六年六月，「乃命給事中段平仲、中書舍人韋貫之、兵部侍郎許孟容、戶部侍郎李絳等詳定減省。甲申，以御史中丞柳公綽爲湖南觀察使。丁亥，太白近右執法。戊子，賜御史中丞竇易直緋魚袋。」《新書》卷一五一《竇易直傳》：「竇易直字宗玄，京兆始平人。擢明經，補校書郎。十年不應辟，以判入等，爲藍田尉。累遷吏部郎中。元和六年，進御史中丞。繇陝虢觀察使，入爲京兆尹。萬年尉韓晤坐賕，易直令官屬按之，得贓三十萬，憲宗疑未盡，詔窮治，至三百萬，貶易直爲金州刺史。久之，起爲宣歙、浙西觀察使。」

＊柳公綽　御史中丞

《舊書》卷一六五本傳：「元和五年十一月，（公綽）獻《太醫箴》一篇，……逾月，拜御史中丞。……六年，吉甫復輔政，以公綽爲潭州刺史、兼御史中丞，充湖南觀察使。」《舊書》卷一五《憲宗紀上》：（元和）六年六月，「甲申，以御史中丞柳公綽爲湖南觀察使。」又見《會要》卷九三「諸司諸色本錢上」：「元和……六年……五月，御史中丞柳公綽奏……」

＊楊寧　御史中丞（兼）　元和六年、七年（811、812）

《墓誌彙編》元和一○五《唐故朝議大夫守國子祭酒致仕上騎都尉賜紫金魚袋贈右散騎常侍楊府君墓誌銘並序》：「……公諱寧，字庶玄，弘農華陰人也。……永貞初，有詔徵拜殿中侍御史、遷侍御史，轉尚書駕部員外郎。出宰河南，入遷戶部郎中，……以公爲鄭州刺史、朞而報政，就增御史中丞，錫金印紫綬。」《新書》卷一七五《楊虞卿傳》未及楊寧御史中丞，《郎官石柱題名考》戶部郎中有楊寧，在李元素、熊執易之後，於皋謨、潘孟陽之前，約元和六、七年間。

*崔從　殿中侍御史

《新書》卷一一四《崔從傳》：「從字子乂，少孤貧，與兄能偕隱太原山中。會歲饑，拾橡實以飯，講學不廢。擢進士第。……盧坦表宣州副使，……入爲殿中侍御史，遷吏部員外郎。……裴度爲御史中丞，奏以右司郎中知雜事。度已相，代爲中丞。所彈治，不屈權倖。事繫臺閣而付仗內者，必請還有司。薦引御史，務取質重廉退者。」又見《舊書》卷一七七《崔慎由傳》。戴偉華《唐方鎮文職僚佐考》考崔從元和五年在盧坦幕，其入爲殿中侍御史當在本年。

*竇常　侍御史

《舊書》卷一五五《竇群傳·兄常附傳》：「元和六年，自湖南判官入爲侍御史，轉水部員外郎。」

*孔戢　侍御史

《新書》卷一六三《孔巢父傳》：「戢字方舉。……擢明經，書判高等，爲校書郎、陽翟尉，累遷殿中侍御史，分司東都。昭義判官徐玫，故嘗助盧從史爲跋扈者，從史敗，孟元陽……欲復用之。戢移書昭義前係玫，……流玫播州。轉侍御史、庫部員外郎。」孔戢遷殿中侍御史約在元和五年，其任侍御史應在此稍後，暫繫於此。

*于敖　監察御史

《舊書》卷一四九《于休烈傳·肅子敖附傳》：「（于休烈子肅，肅子敖）自協律郎、大理評事試監察御史。……元和六年，眞拜監察御史。」

*李宗奭　監察御史

《舊書》卷一六○《韓愈傳》：「時華州刺史閻濟美以公事停華陰令柳澗縣務，俾攝掾曹。居數月，濟美罷郡，出居公館，澗遂諷百姓遮道索前年軍頓役直。後刺史趙昌按得澗罪以聞，貶房州司馬。愈因使過華，知其事，以爲刺史相黨，上疏理澗，留中不下。詔監察御史李宗奭按驗，得澗贓狀，再貶澗封溪尉。」據《唐刺史考全編》考證，閻濟美罷華州刺史在元和六年、趙昌繼任華州刺史。監察御史李宗奭按驗柳澗贓狀事應在本年。

唐憲宗元和七年（812） 壬辰

＊張茂宣　御史大夫（兼）

《會要》卷九八「迴紇」：「元和……六年，迴紇可汗卒，……七年正月，……命檢校工部尚書、鴻臚卿、兼御史大夫張茂宣持節弔祭冊立之。」

＊薛平　御史大夫

《舊書》卷一二四《薛嵩傳子平附傳》：「嵩子平，年十二，為磁州刺史。……在南衙凡三十年。宰相杜黃裳深器之，薦為汝州刺史、兼御史中丞，理有能名。元和七年，淮西用兵，自左龍武大將軍授兼御史大夫、滑州刺史、鄭滑節度觀察等使，累有戰功。」又見《新書》卷一六四《薛平傳》。

＊田興（田弘正）　御史中丞

《舊書》卷一五《憲宗紀下》：元和七年「冬十月，……甲辰，以魏博都知兵馬使、兼御史中丞、臨沂國公田興為銀青光祿大夫、檢校工部尚書、兼魏州大都督府長史，充魏博節度使。」《舊書》卷一五《憲宗紀下》：「元和……八年……二月乙酉朔，辛卯，田興改名弘正。」

＊胡證　御史中丞（兼）

《舊書》卷一六三本傳：「……田弘正以魏博內屬，請除副貳，乃兼御史中丞，充魏博節度副使，仍兼左庶子。……（元和）九年，以党項寇邊，以證有安邊才略，乃授單于都護、御史大夫、振武軍節度使。」《舊書》卷一五《憲宗紀下》：元和七年「冬十月，……甲辰，以魏博都知兵馬使、兼御史中丞、臨沂國公田興為銀青光祿大夫、檢校工部尚書、兼魏州大都督府長史，充魏博節度使。」可知田興元和七年充魏博節度使，其拔擢胡證為御史中丞在本年。

＊崔廷　御史中丞（攝）

《舊書》卷一九九《東夷傳・新羅傳》：「（元和）七年，……兼命職方員外郎、攝御史中丞崔廷持節弔祭冊立，以其質子金士信副之。」《會要》卷九五「新羅」：「元和……七年……七月，授彥升開府儀同三司，檢校太尉，持節大都督，雞林州諸軍事，兼持節寧海軍使，上柱國，新羅王。……命職方員外郎攝御史中丞崔廷持節弔祭冊立。」

＊李宗閔　監察御史

《舊書》卷一七六本傳：「宗閔，貞元二十一年進士擢第，元和四年，復登制舉賢良方正科。……七年，吉甫卒，方入朝爲監察御史，累遷禮部員外郎。」

唐憲宗元和八年（813）　癸巳

＊趙宗儒　御史大夫（兼）

《舊書》卷一六七《趙宗儒傳》：「元和初，檢校禮部尚書，判東都尚書省事、兼御史大夫，充東都留守、畿汝都防禦使。入爲禮部、戶部二尚書，尋檢校吏部尚書，守江陵尹、兼御史大夫、荊南節度營田觀察等使。散冗食之戍二千人。六年，又入爲刑部尚書。八年，轉檢校吏部尚書、興元尹、兼御史大夫，充山南西道節度觀察等使。九年，召拜御史大夫，俄遷檢校右僕射、河中尹、兼御史大夫、晉絳慈隰節度觀察等使。」

＊李光進　御史中丞（兼）、御史大夫（兼）　元和八年（813）～十年（815）

《舊書》卷一六一本傳：「元和……八年，光進遷靈武節度使，光進嘗從馬遂救臨、洺，戰恒水、收河中，皆有功。前後軍中之職，無所不歷；中丞、大夫，悉曾兼帶。……十年七月卒。」

＊薛存誠　御史中丞

《會要》卷六〇「御史中丞」：「（元和）八年二月，僧鑒虛付京兆尹府，決重杖一頓處死。仍籍其財產。鑒虛在貞元中，以講說爲事。斂用貨利，交權貴，爲奸濫。事發，中外掌權者，更欲搖動之。有詔，初命釋其罪。時御史中丞薛存誠不受詔。翌日，宣旨曰：『吾要此僧面詰其事，非赦之也。』存誠又奏曰：『鑒虛罪狀已具，陛下將召之，請先貶臣，然後可取。』上嘉其有守。遂令杖殺之。其年，洪州監軍誣奏信州刺史李位，謀大逆，追赴京師。上敕令付仗內鞫問。御史中丞存誠一日三表，請付位於御史臺。……未幾，授存誠給事中。數月，中丞闕，……遂復授之。」《舊書》卷一五三本傳：「存誠進士擢第，累辟使府，入朝爲監察御史，知館驛。……元和初，轉殿中侍御史，遷度支員外郎。……裴垍作相，用爲起居郎，轉司勳員外、

刑部郎中、兼侍御史知雜事，改兵部郎中、給事中。……上聞甚悅，命中使
嘉慰之，由是擢拜御史中丞。……存誠一日三表，請付位於御史臺。……數
月，中丞闕，上思存誠前效，謂宰相持憲無以易存誠，遂復爲御史中丞。」
《舊書》卷一五六《于頔傳》：「……尋出付臺獄，詔御史中丞薛存誠、刑部
侍郎王播、大理卿武少儀爲三司使按問，乃搜死奴於其第，獲之。」《全文》
卷六六〇白居易《薛存誠除御史中丞制》：「薛存誠居必靜專，言皆讜正，章
疏駁議，多所忠益。可以執憲，立於朝端。況副相方缺，臺綱是領；糾正百
官，爾得傳之。夫直而不絞，威而不猛；不附上而急下，不犯弱以違強。率
是而行，號爲稱職。」《全詩》卷四二四白居易《薛中丞》：「百人無一直，
百直無一遇。借問遇者誰，正人行得路。中丞薛存誠，守直心甚固。皇明爛
如日，再使秉王度。……裴相昨已夭，薛君今又去。以我惜賢心，五年如旦
暮。況聞善人命，長短係運數。今我一涕零，豈爲中丞故。」《全詩》卷二
七六盧綸《顏侍御廳叢篁詠送薛存誠》：「玉幹百餘莖，生君此堂側。拂簾寒
雨響，擁砌深溪色。」

＊胡證　御史中丞

　　胡證在元和七年、元和九年均在御史中丞，可知其本年當在御史中丞
任。參本書元和七年、元和九年「胡證」條。

＊李叔政　侍御史（兼）

　　甘肅省成縣大雲寺有今存唐代題壁，該題壁內容錄文如下：「元和八年
六月十五日，／敕授成州刺史、開府兼侍御史李叔政／到任。其本州殘破已經
數載，穀麥／不收，又汎水惟沫，管□百姓饑，蝗□／便祔褸□。九年，一境
春夏大豐，倉稟／盈溢，以其年八月八日設清齋□□以／答前願，兼□聖像
壞者，而報餪□／其寺自擾搶之後，道路荒穢，藉典□□，／綿密廢束久矣，
遂□功□斫創□通行□／其月七日，送供到此寺宿住，兩夜晴天，忽／雲霧
斗暗。遂真心稽告，瞬息之間，雲／行霧卷，當時晴明，其應如答其解也。
有／一蛇出，長十八尺，錦綺文成，從□／盤下，有□□此必龍象，□而□
□／道場之人悉皆見也。時元和……／開府儀同三司、（使）持節成州諸（軍
事）、／成州刺史、充本州守捉使、上（柱國）……／記之／節度……開倚……
／□檢校……」李叔政，正史無載，由題壁可知李叔政元和八年任成州刺史
兼侍御史。

＊崔元略　殿中侍御史

《舊書》卷一六三本傳：「崔元略，博陵人。祖渾之。父儆，貞元中官至尚書左丞。元略舉進士，歷佐使府。元和八年，拜殿中侍御史。」

＊王裒　監察御史裏行（兼）（元和八年～元和十年）

《隋唐五代墓誌彙編》洛陽卷第十三冊《王裒墓誌》：「元和初，……調補伊闕主簿，……今竇司空之分陝也，薦授監察裏行充判官，崔淮南續竇爲陝，又從而辟署，俄以本官歸御史府。」戴偉華《唐方鎮文職僚佐考》「陝虢都防禦使」（第125頁）考王裒元和八年～元和十年任監察御史裏行充判官，從之。

唐憲宗元和九年（814）甲午

＊趙宗儒　御史大夫（兼）　三月前

《舊書》卷一六七《趙宗儒傳》：「元和初，檢校禮部尚書，判東都尚書省事、兼御史大夫，充東都留守、畿汝都防禦使。入爲禮部、戶部二尚書，尋檢校吏部尚書，守江陵尹、兼御史大夫、荊南節度營田觀察等使。散冗食之戍二千人。六年，又入爲刑部尚書。八年，轉檢校吏部尚書、興元尹、兼御史大夫，充山南西道節度觀察等使。九年，召拜御史大夫，俄遷檢校右僕射、河中尹、兼御史大夫、晉絳慈隰節度觀察使。」

＊鄭餘慶　御史大夫　三月後

《舊書》卷一五下《憲宗紀下》：元和九年「三月……以太子少傅鄭餘慶檢校右僕射、興元尹、山南西道節度使，代趙宗儒爲御史大夫。」

＊胡證　御史大夫　十一月後，元和九年（814）～十三年（818）

《舊書》卷一五《憲宗紀下》：「元和……九年……十一月……甲午，以御史中丞胡證爲單于大都護、振武麟勝等軍節度使。」《舊書》卷一六三本傳：「（元和）九年，以党項寇邊，以證有安邊才略，乃授單于都護、御史大夫、振武軍節度使。」本年十一月後，胡證爲御史大夫，又《舊書》卷一六三《胡證傳》云「（元和）十三年，徵爲金吾大將軍，依前兼御史大夫。」知從元和九年（814）至十三年（818），胡證一直在御史大夫任。

＊呂元膺　御史大夫（兼）

《舊書》卷一五四本傳：「呂元膺，字景夫，鄆州東平人。……祖需，殿中侍御史。……貞元初，論惟明節制渭北，延在賓席，自是名達於朝廷。……德宗俾棲曜留署使職，咨以軍政。累轉殿中侍御史，徵入，眞拜本官，轉侍御史。丁繼母憂，服闋，除右司員外郎。出爲蘄州刺史，頗著恩信。……元和初，徵拜右司郎中、兼侍御史，知雜事，遷諫議大夫、給事中。……出爲同州刺史，……尋兼皇太子侍讀，賜以金紫。尋拜御史中丞。未幾，除鄂岳觀察使，入爲尙書左丞。……代權德輿爲東都留守、檢校工部尙書、兼御史大夫、都畿防禦使。……（元和）十年七月，鄆州李師道留邸伏甲謀亂。……元膺追兵伊闕，圍之，半月無敢進攻者。……改太子賓客。元和十五年二月卒，年七十二，贈吏部尙書。」《舊書》卷一五《憲宗紀下》：元和九年「冬十月，……以尙書左丞呂元膺檢校工部尙書、東都留守。」據此知呂元膺代權德輿爲東都留守、檢校工部尙書、兼御史大夫、都畿防禦使應在本年十月。

＊裴度　御史中丞　十一月後

《會要》卷六○「御史臺」：「元和……九年，裴度爲御史中丞，奏崔從爲侍御史、知雜事。及度作相，奏自代爲御史中丞。從正色立朝。彈奏不避權倖。事關臺閣。或付仗內者。必抗章疏論列。請歸有司。凡所取御史。必先質重勇退者。時論嘉之。」《舊書》卷一五《憲宗紀下》：元和九年「十一月，……戊戌，以中書舍人裴度爲御史中丞。」《新書》卷一七三本傳：「裴度字中立，河東聞喜人。貞元初，擢進士第，以宏辭補校書郎。舉賢良方正異等，調河陰尉。遷監察御史，論權嬖梗切，出爲河南功曹參軍。……元和六年，以司封員外郎知制誥。……久之，進御史中丞。」《全詩》卷一四六陶翰《晚出伊闕寄河南裴中丞》，裴中丞，即裴度。本年十一月，胡證由御史中丞升御史大夫，裴度繼胡證爲中丞。

＊胡證　御史中丞　十一月前

《舊書》卷　五《憲宗紀下》：「元和……九年……十一月甲戌朔。甲申，以吏部尙書韓皋爲太子賓客。甲午，以御史中丞胡證爲單于大都護、振武麟勝等軍節度使。」又見《冊府元龜》卷一二○。

＊孟簡　御史中丞（兼）

《舊書》卷一六三本傳：「孟簡字幾道，平昌人。……工詩有名，擢進士

第，登宏辭科，累官至倉部員外郎。（元和）九年，出爲越州刺史、兼御史中丞、浙東觀察使。」

＊韋辭　侍御史

《舊書》卷一六〇本傳：「韋辭字踐之。……辭少以兩經擢第，判入等，爲秘書省校書郎。貞元末，東都留守韋夏卿辟爲從事。後累佐使府，……元和九年，自藍田令入拜侍御史，以事累出爲朗州刺史，再貶江州司馬。」

＊崔從　侍御史知雜事

《會要》卷六〇「御史臺」：「元和……九年，裴度爲御史中丞，奏崔從爲侍御史、知雜事。及度作相，奏自代爲御史中丞。」《舊書》卷一七七《崔慎由傳·父從附傳》：「父從，少孤貧。……元和……九年，裴度爲中丞，奏從爲侍御史知雜，守右司郎中。度作相，用從自代爲中丞。從氣貌孤俊，正色立朝，彈奏不避權倖。事關臺閣或付仗內者，必抗章論列，請歸有司。選辟御史，必先質重貞退者。」又見《新書》卷一一四《崔從傳》。

＊陸峴　侍御史（兼）

《墓誌彙編》大中一四一《唐故朝請大夫前行幽州大都督府錄事參軍幽州節度押雅使持節薊州諸軍事守薊州刺史靜塞軍營田等使銀青光祿大夫檢校國子祭酒兼侍御史上柱國吳郡陸府君故夫人王氏墓誌銘並序》：「……幽州節度押雅使持節薊州諸軍事守薊州刺史靜塞軍營田等使銀青光祿大夫檢校國子祭酒兼侍御史上柱國吳郡陸公曰峴，……元和九年四月二十六日遇疾，……享年四十八。」

＊李璆　殿中侍御史　元和九年（814）～十一年（816）

《墓誌彙編》會昌〇〇九《唐故河南府司錄參軍趙郡李府君墓誌銘並序》：「趙郡李君諱璆，字子韞，……江陵帥表君參軍，詔授試大理司直殿中侍御史。」據《舊書》卷一八五《良吏傳下·袁滋傳》，袁滋元和九年（814）至元和十一年（816）鎮江陵，參《唐方鎮文職僚佐考》（第243頁）袁滋條。

＊竇從直　殿中侍御史內供奉

《墓誌彙編》「元和〇七六」《唐故河南府司錄盧公夫人崔氏誌銘》（殿中侍御史內供奉竇從直撰）：「元和甲午歲，有夫人崔氏，……終於東都正俗里

之私第，享年六十九。」元和甲午歲即元和九年（814）。

＊李翱　監察御史（攝）

《墓誌彙編》元和○七○《唐故叔氏墓誌並序》：「元和九年，歲直甲午，正月十九日丁卯，浙東道觀察判官、將仕郎、試大理評事、攝監察御史李翱奉其叔氏之喪葬於茲。」

＊劉密　監察御史（兼）

《墓誌彙編》元和○七四《唐朝請大夫唐州長史兼監察御史彭城劉公故夫人崔氏墓誌銘並序》：「夫人博陵崔氏，……自歸乎劉氏，已二十餘年。……劉公名密，……歷官唐州長史兼監察御史，（夫人）……以元和九年六月十八日終於襄陽郡之私第。」劉密任監察御史應在元和九年即稍前時間。

唐憲宗元和十年（815）　乙未

＊趙宗儒　御史大夫（兼）

《舊書》卷一六七《趙宗儒傳》：「元和初，檢校禮部尚書，判東都尚書省事、兼御史大夫，充東都留守、畿汝都防禦使。入為禮部、戶部二尚書，尋檢校吏部尚書，守江陵尹、兼御史大夫、荊南節度營田觀察等使。散冗食之戎二千人。六年，又入為刑部尚書。八年，轉檢校吏部尚書、興元尹、兼御史大夫，充山南西道節度觀察等使。九年，召拜御史大夫，俄遷檢校右僕射、河中尹、兼御史大夫、晉絳慈隰節度觀察等使。赴鎮後，擅用供軍錢八千餘貫，坐罰一月俸。十一年七月，入為兵部尚書。

＊胡證　御史大夫　元和九年（814）～十三年（818）

見元和九年「胡證　御史大夫」條考證。

＊呂元膺　御史大夫（兼）

《舊書》卷一五四本傳：「呂元膺，字景夫，鄆州東平人。……代權德輿為東都留守、檢校工部尚書、兼御史大夫、都畿防禦使。……（元和）十年七月，鄆州李師道留邸伏甲謀亂。……元膺追兵伊闕，圍之，半月無敢進攻者。……改太子賓客。元和十五年二月卒，年七十二，贈吏部尚書。」呂元膺元和九年冬十月代權德輿為東都留守、檢校工部尚書、兼御史大夫、都畿

防禦使（見元和九年「呂元膺」條考證），本年鄆州李師道叛亂，呂元膺正在東都留守任上。

＊裴度　御史中丞

《舊書》卷一五《憲宗下》：「（元和）十年……三月壬申朔，以右金吾將軍李奉仙爲豐州刺史、天德軍西城中城都防禦使。己卯，以劍南西川節度行軍司馬李程爲兵部郎中、知制誥。乙酉，以虔州司馬韓泰爲漳州刺史，以永州司馬柳宗元爲柳州刺史、饒州司馬韓曄爲汀州刺史，朗州司馬劉禹錫爲播州刺史，台州司馬陳諫爲封州刺史。御史中丞裴度以禹錫母老，請移近處，乃改授連州刺史。……五月辛未朔。辛巳，御史中丞裴度兼刑部侍郎。……六月辛丑朔。癸卯，鎮州節度使王承宗遣盜夜伏於靖安坊，刺宰相武元衡，死之。又遣盜於通化坊刺御史中丞裴度，傷首而免。……乙丑，制以朝議郎、守御史丞、兼刑部侍郎、飛騎尉、賜紫金魚袋裴度爲朝請大夫、守刑部侍郎、同中書門下平章事。」《新書》卷六二《宰相表中》：「元和十年乙丑，御史中丞裴度爲中書侍郎、同中書門下平章事。」

＊崔從　御史中丞

《會要》卷六〇「御史臺」：「元和……九年，裴度爲御史中丞，奏崔從爲侍御史、知雜事。及度作相，奏自代爲御史中丞。」《舊書》卷一七七《崔愼由傳・父從附傳》：「父從，少孤貧。……元和……九年，裴度爲中丞，奏從爲侍御史知雜，守右司郎中。度作相，用從自代爲中丞。」裴度由御史中丞升爲中書侍郎同中書門下平章事在本年，其奏崔從代已爲御史中丞應在本年。

＊徐俊　御史中丞（兼）　元和十年（815）～十一年（816）

《全詩》卷三五二柳宗元《酬徐二中丞普寧郡內池館即事見寄》。《舊書・憲宗紀下》：元和十年三月「壬戌，以長安縣令徐俊爲邕管經略使。」岑仲勉《唐人行第錄》云「徐二中丞」指徐俊，今從之。元和十二年，陽旻代徐俊爲邕管經略使。

＊李仲升　殿中侍御史（兼）

《墓誌彙編》元和〇八三《唐故興元元從正議大夫行內侍省內侍知省事上柱國賜紫金魚袋贈特進左武衛大將軍李公墓誌銘並序》，墓主李輔光，元和十年正月十七日薨於官次，「有子四人，……次曰仲升，開府儀同三司、檢校太

子詹事兼殿中侍御史，充河東節度保寧軍使。」

＊陳中師　監察御史

《通鑑》卷二三九：「元和十年……六月……庚戌，神策將軍王士則等告王承宗遣晏等殺元衡。吏捕得晏等八人，命京兆尹裴武、監察御史陳中師鞫之。」

＊牛僧孺　監察御史

《舊書》卷一七二本傳：「僧孺進士擢第，登賢良方正制科，釋褐伊闕尉，遷監察御史，轉殿中，歷禮部員外郎。穆宗即位，……其年十一月，改御史中丞。」《全文》卷七五五杜牧《唐故太子少師奇章郡開國公贈太尉牛公墓誌銘並序》：「郤公士美以昭義軍書記辟，凡三上請，詔除河南尉，拜監察御史。丁母夫人憂，制終復拜監察御史，轉殿中侍御史。」又見《白居易集》卷五五《牛僧孺監察御史制》、《全文》卷七二○李玨《牛僧孺神道碑》。參李潤強《牛僧孺研究》（第114頁）《牛僧孺年譜》「元和十年」。

＊宇文籍　監察御史

《舊書》卷一六○本傳：「宇文籍字夏龜。父滔，官卑。少好學，尤通《春秋》。竇群自處士徵爲右拾遺，表籍自代，由是知名。登進士第，宰相武元衡出鎮西蜀，奏爲從事。以咸陽尉直史館，與韓愈同修《順宗實錄》，遷監察御史。」《韓昌黎集》卷三八《進順宗實錄表狀》：「韓愈修《順宗實錄》在元和九年，宇文籍遷監察御史應在本年或稍前。

＊王袞　監察御史裏行（兼）　元和十年（815）～元和十三年（818）

《隋唐五代墓誌彙編》洛陽卷第十三冊《王袞墓誌》：「元和初，……調補伊闕主簿，……今竇司空之分陝也，薦授監察裏行充判官，崔淮南續竇爲陝，又從而辟署，俄以本官歸御史府。」崔淮南，即崔從，大和四年至大和六年爲淮南節度使。戴偉華《唐方鎮文職僚佐考》「陝虢都防禦使」（第125頁）考崔從元和十年（815）至十三年（818）爲陝虢觀察使，工袞繼續在崔從幕。

＊王玄質　監察御史

《全文》卷六四六李絳《兵部尚書王紹神道碑》：「元和九年冬十一月晦，銀青光祿大夫兵部尚書判戶部事上柱國太原郡公食邑二千戶王公歿於

位。……公諱紹，字德素，次子劍南東川節度掌書記大理評事攝監察御史玄質……以十年秋八月四日，封窆於萬年縣之洪固鄉。」

唐憲宗元和十一年（816） 丙申

＊李愬 御史大夫（兼）

《舊書》卷一三三本傳：「元和十一年，用兵討蔡州吳元濟。七月，唐鄧節度使高霞寓戰敗，又命袁滋爲帥，滋亦無功。愬抗表自陳，願於軍前自效。宰相李逢吉亦以愬才可用，遂檢校左散騎常侍，兼鄧州刺史、御史大夫，充隨、唐、鄧節度使。」

＊柳公綽 御史大夫（兼）

《舊書》卷一六五本傳：「（元和）十一年，入爲給事中，……轉兵部侍郎、兼御史大夫，領使如故。長慶元年，罷使，復爲京兆尹、兼御史大夫。……二年九月，遷御史大夫。」

＊陳楚 御史大夫（兼） 元和十一年（816）～長慶二年（822）

《墓誌彙編》大中一三三《唐故權知忻州長史銀青光祿大夫檢校太子賓客兼殿中侍御史潁川郡陳公墓誌》：「公諱論，字子明，其先潁川郡人也。……祖楚，河陽軍節度使、檢校左僕射兼御史大夫，贈太子太保。……父賞，易武軍節度使、檢校右僕射兼御史大夫，贈太子少保。……公……大中十年三月四日終於上都私第，享年卌三。」

＊陽旻 御史中丞（加）

《新書》卷一五六《陽惠元傳》：「陽惠元少子旻，字公素，……歷刑州刺史。……王師討吳元濟，以唐州刺史提兵深入二百里，薄申州，拔外郛，殘其垣。以功加御史中丞。」

＊崔從 御史中丞

《會要》卷九三「諸司諸色本錢下」：「（元和）十一年八月敕：『京城百司諸軍諸使。及諸道應差所由。並召人捉本錢。』右御史中丞崔從奏……」

*李孝誠　御史中丞（兼）

《會要》卷九八「迴紇」：「元和……十一年，迴紇可汗卒，……命宗正少卿、兼御史中丞李孝誠持節弔祭冊立之。」

*田布　御史中丞

《新書》卷二一四《吳元濟傳》：「（元和）十一年，……進拜光顏檢校尚書左僕射，重胤右僕射，布御史中丞，公武御史大夫。」《新書·田布傳》：「布字敦禮，……王師誅蔡，以軍隸嚴綬，屯唐州……。凡十八戰，破凌雲柵，下鄗城，以功授御史中丞。」

*皇甫鎛　御史中丞（兼）

《舊書》卷一三五本傳：「皇甫鎛，安定朝那人。……鎛貞元初登進士第，登賢良文學制科，授監察御史。……轉吏部員外郎、判南曹，凡三年，頗鈐制奸吏。改吏部郎中，三遷司農卿、兼御史中丞，賜金紫，判度支，俄拜戶部侍郎。」《通鑑·元和十一年》：「四月，……辛亥，司農卿皇甫鎛以兼中丞權判度支。」嚴耕望《唐僕尚丞郎表》卷三考皇甫鎛元和十一年四月稍後，由司農卿兼御史中丞、判度支。

*張士陵　御史中丞（兼）

《墓誌彙編》元和一〇四《唐故朝散大夫使持節都督邕州諸軍事守邕州刺史兼御史中丞充本管經略處置招討等使賜紫金魚袋張公墓誌銘並序》（弟殿中侍御史賜緋魚袋士階奉述）：「維唐元和十一年秋九月四日，邕管經略使兼御史中丞張公終於里所，……公諱士陵，字公器，其先安定人也……」

*王智興　侍御史

《舊書》卷一五六本傳：「元和中，王師誅吳元濟，李師道與蔡賊謀撓沮王師，頻出軍侵徐，徐帥李愬以所部步騎悉委智興以抗之。……賊又令姚海率勁兵二萬圍豐，攻城甚急。智興復擊敗之。……累官至侍御史、本軍都押衙。《通鑑》卷二三九載此事在元和十年十二月，王智興因功遷侍御史應在本年。

＊韓伉　殿中侍御史　元和十一年（816）～元和十二年（817）

《舊書》卷一〇一《韓思復傳・曾孫伉附傳》：「曾孫伉，……少有文學，性尚簡澹。舉進士，累辟藩方。自襄州從事徵拜殿中侍御史。」《新書》卷一一八《韓朝宗傳》：「朝宗孫伉，字相之，性清簡。元和初第進士。自山南東道使府入爲殿中侍御史。」《唐方鎮文職僚佐考》考韓伉元和十一年至元和十二年在李愬山南東道幕，其任殿中侍御史應在此期。

＊張士階　殿中侍御史

《墓誌彙編》元和一〇四《唐故朝散大夫、使持節都督邕州諸軍事、守邕州刺史、兼御史中丞、充本管經略處置招討等使、賜紫金魚袋張公墓誌銘並序》（弟殿中侍御史賜緋魚袋士階奉述）：「維唐元和十一年秋九月四日，邕管經略使兼御史中丞張公終於里所，……季弟殿中侍御史士階，乃執筆含哀而書於石曰：公諱士陵，字公器，其先安定人也……」

＊王正雅　監察御史

《舊書》卷一六五本傳：「正雅……元和初，舉進士，登甲科，……元和十一年，拜監察御史，三遷爲萬年縣令。」又見《新書》卷一四三《王正雅傳》。

＊董昌齡　監察御史（兼）

《舊書》卷二〇五《烈女傳》：「董昌齡母楊，世居蔡。昌齡更事吳少陽，至元濟時，爲吳房令。母常密戒曰……會王師逼郾城，昌齡乃降。憲宗喜，即拜郾城令兼監察御史。」《新書》卷二一四《吳元濟傳》：「（元和）十一年，光顏敗郾城兵兩萬。」

唐憲宗元和十二年（817）　丁酉

以中書侍郎、平章事裴度持節蔡州諸軍事，討淮西，裴度幕府有馬總、韓愈、崔植、李宗閔、李正封、馮宿等。《舊書》卷一五《憲宗紀下》。

＊李愬　御史大夫（兼）

本年李愬任檢校左散騎常侍，兼鄧州刺史、御史大夫，充唐、鄧節度使，討吳元濟。

＊馬總　御史大夫（兼）

《舊書》卷一五《憲宗紀下》：「（元和）十二年……秋七月戊子朔……以刑部侍郎馬總兼御史大夫，充淮西行營諸軍宣慰副使。」《舊書》卷一五七本傳：「裴度宣慰淮西，奏爲制置副使，吳元濟誅，度留總蔡州，知彰義軍留後。尋檢校工部尙書、蔡州刺史、兼御史大夫，充淮西節度使。」《新書》卷一六三本傳：「馬揔字會元，……貞元中，辟署滑州姚南仲幕府，……元和中……十二年，兼御史大夫，副裴度宣慰淮西。」《劉禹錫集》卷三五《南海馬大夫見惠著述三通勒成四帙上自邃古達於國朝采其菁華至簡如富欽受嘉貺詩以謝之》、《南海馬大夫遠示著述兼酬拙詩輒著微誠再有長句時蔡戎未彌故見於篇末》，馬大夫，即馬總。

＊衛次公　御史大夫（兼）

《舊書》卷一五九本傳：「嚴震之鎮興元，辟爲從事，授監察，轉殿中侍御史。貞元八年，徵爲左補闕，尋兼翰林學士。二十一年正月，德宗昇遐。……改尙書左丞，恩顧頗厚。……次公累疏請罷。會有捷書至，相詔方出，憲宗令追之，遂出爲淮南節度使、檢校工部尙書，兼揚州大都督府長史、御史大夫。元和十三年十月，受代歸朝，道次病卒。」清人吳廷燮《唐方鎭年表》卷五考衛次公兼御史大夫在元和十二年。嚴耕望《唐僕尙丞郎表》卷二「尙書左丞」：「元和十二年，衛次公：約夏秋間出兵部侍郎遷，十月二十八甲申檢校工尙，出爲淮南節度。」

＊王沛　御史大夫（加）

《舊書》卷一六一本傳：「……吳元濟反，李光顏受命功討，奇沛節概，署行營兵馬使。……蔡賊平，沛隨李光顏入朝，光顏具陳沛功，加御史大夫。」《舊書》卷一四五《吳元濟傳》：「（元和）十二年……十一月，……擒吳元濟。」

＊李祐　御史大夫（兼）

《舊書》卷一六一本傳：「李祐，本蔡州牙將，事吳元濟驍勇善戰。元和十二年，爲李愬所擒。憲宗特恕，……竟以祐破蔡，擒元濟。以功授神武將軍，遷金吾將軍、檢校左散騎常侍、夏州刺史、御史大夫、夏綏銀宥節度

使。」《舊書》卷一四五《吳元濟傳》：「（元和）十二年……十一月，……擒吳元濟。」

＊孔戣　御史大夫（兼）　元和十二年（817）～十五年（820）

《舊書》卷一五四《孔戣傳》：「戣字君嚴，登進士第，……入爲待御史，累轉尚書郎。……（元和）十二年，嶺南節度使崔詠卒，……度徵疏進之，即日授廣州刺史、兼御史大夫、嶺南節度使。……穆宗即位，徵爲吏部侍郎。」

＊皇甫鎛　御史大夫（兼）

《舊書》卷一三五本傳：「皇甫鎛，安定朝那人。……時方討淮西，切於饋運，鎛勾剝嚴急。……益承寵遇，加兼御史大夫。」

＊陽旻　御史大夫（兼）　元和十二年（817）～元和十五年（820）

《新書》卷一五六《陽惠元傳》：「陽惠元少子旻，字公素，……容州西原蠻反，授本州經略招討使，擊定之。進御史大夫。」《舊書・穆宗紀》：「元和十五年七月，……邕（容）管經略使楊（陽）旻卒。」《舊書・憲宗紀下》：元和十二年「容管經略使陽旻克欽、橫、潯、貴四州。」此即《新書》本傳雲陽旻「授本州經略招討使，擊定之。」可知陽旻元和十二年（817）至元和十五年（820）任容管經略使、兼御史大夫。《唐刺史考全編》云陽旻元和十年（815）至元和十五年（820）任容管經略使，誤，此條可補《唐刺史考全編》之不足。

＊辛秘　御史大夫（兼）

《舊書》卷一五七《辛秘傳》：元和「十二年，拜檢校工部尚書，代郗士美爲潞州大都督府長史、御史大夫，充昭義軍節度、澤潞磁洺邢等州觀察使。」

＊韋乾度　御史中丞

《元龜》卷五二二：「元和十二年，韋乾度自中丞貶朗州刺史。」又見《姓纂》卷二「韋」條。

＊韓愈　御史中丞（兼）

《舊書》卷一五《憲宗紀下》：元和十二年「秋七月戊子朔。……丙辰，

……以刑部侍郎馬總兼御史大夫，充淮西行營諸軍宣慰副使。以太子右庶子韓愈兼御史中丞，充彰義軍行軍司馬。以司勳員外郎李正封、都官員外郎馮宿、禮部員外郎李宗閔皆兼侍御史，爲判官書記：從度出征。詔以郾城爲行蔡州治所。」

＊裴行立　御史中丞　元和十二年（817）～十五年（820）

《柳河東集》卷二七《桂州裴中丞作訾家洲亭記》：「元和十二年，御史中丞裴公來此邦，都督二十七州諸軍事，期年政成。」韓愈《柳子厚墓志銘》：「元和十五年七月，歸葬萬年，費皆出觀察使裴君行立。」《柳河東集》尚存《爲裴中丞賀克東年赦表》、《爲裴中丞賀破東平表》等文多篇。

＊崔元略　御史中丞

《舊書》卷一六三本傳：「崔元略，（元和）八年，拜殿中侍御史。十二年，遷刑部郎中、知臺雜事，擢拜御史中丞。」《舊書》卷一五下《憲宗紀下》：「元和十二年……九月丁亥朔。辛丑，以御史中丞爲京兆尹。……乙巳，以刑部郎中知雜崔元略爲御史中丞。」

＊崔植　御史中丞

《會要》卷六〇「御史臺上」：「（元和）十二年，御史中丞崔植奏：當臺新除三院御史，以受旨職事先後立。」

＊高承簡　御史中丞

《舊書》卷一五一《高崇文傳・子承簡附傳》：「裴度征淮、蔡，奏承簡以本官兼御史中丞，爲其軍都押衙。」

＊令狐通　御史中丞（檢校）

《舊書》卷一二四《令狐彰傳・子通附傳》：「通，元和中，宰相李吉甫奏曰……憲宗念彰之忠，即授通贊善大夫，出爲宿州刺史。時討淮、蔡，用爲泗州刺史。歲中改壽州團練使、檢校御史中丞。」

＊李宗閔　侍御史（兼）

《舊書》卷一五《憲宗紀下》：「元和……十二年……秋七月戊子朔。……丙辰，……以刑部侍郎馬總兼御史大夫，充淮西行營諸軍宣慰副使。以太子

右庶子韓愈兼御史中丞，充彰義軍行軍司馬。以司勳員外郎李正封、都官員外郎馮宿、禮部員外郎李宗閔皆兼侍御史，爲判官書記，從度出征。詔以郾城爲行蔡州治所。」

＊李正封　侍御史（兼）

《舊書》卷一五《憲宗紀下》：「元和……十二年……秋七月戊子朔。……丙辰，……以司勳員外郎李正封、都官員外郎馮宿、禮部員外郎李宗閔皆兼侍御史，爲判官書記，從度出征。詔以郾城爲行蔡州治所。」

＊馮宿　侍御史（兼）

《舊書》卷一五《憲宗紀下》：「元和……十二年……秋七月戊子朔。……丙辰，……以司勳員外郎李正封、都官員外郎馮宿、禮部員外郎李宗閔皆兼侍御史，爲判官書記，從度出征。詔以郾城爲行蔡州治所。」《新書》卷二○三載《文藝傳下·歐陽詹傳》：「（貞元八年）舉進士，與韓愈、李觀、李絳、崔群、王涯、馮宿、庾承宣聯第，皆天下選，時稱『龍虎榜』。」

＊盧璠　侍御史（兼）

《墓誌彙編》元和一三一《唐故歸州刺史盧公墓誌銘並序》：「元和戊戌歲正月，盧公以簡易慈惠之化牧秭歸，己亥歲七月朔旦，終於官。……公諱璠，字璠，……歷監察殿中御史，佐湖南東川幕。……授侍御史，賜緋魚袋，充荊南節度判官。居一年，復表授歸州刺史。」元和戊戌歲爲元和十三年（818），盧璠爲歸州刺史。《墓誌》云其在充荊南節度判官兼侍御史任上「居一年，復表授歸州刺史」，則其充荊南節度判官兼侍御史應在元和十二年（817）。

＊牛僧孺　殿中侍御史

《全文》卷七五五杜牧《唐故太子少師奇章郡開國公贈太尉牛公墓誌銘並序》：「郤公士美以昭義軍書記辟，凡三上請，詔除河南尉，拜監察御史。轉殿中侍御史，遷禮部員外郎都官員外郎兼侍御史知雜事。改考功員外郎集賢學士庫部郎中知制誥，賜五品命服。半歲遷御史中丞。」牛僧孺遷禮部員外郎、都官員外郎、兼侍御史知雜事在元和十三年，其由監察御史轉殿中侍御史應在本年末，參李潤強《牛僧孺研究》（第 118 頁）第二編《牛僧孺年譜》「元和十二年」。

＊王仲衆　殿中侍御史內供奉

《墓誌彙編》元和○九八《唐故處州刺史崔公後夫人竇氏墓誌銘並序》（朝議郎殿中侍御史內供奉上輕車都尉王仲眾撰）：「夫人……以元和十二年三月二十三日遇疾，薨於漢中。」

＊范傳式　監察御史

《會要》卷六五「閒廄使」：「元和十二年十月敕，閒廄使所理岐陽馬舊地，方三百四十七頃。據監察御史范傳式奏……」

＊韋楚材　監察御史

《元龜》卷五二二《憲官部・遣讓》：「元和十二年，朝廷召監察御史韋楚材原人京議事。」

＊崔鄯　監察御史

《元龜》卷五二二《憲官部・遣讓》：「元和十二年，朝廷召監察御史韋楚材原人京議事。又見《題名考》：「崔鄯見郎官倉外。舊傳：元和中，歷監察御史。」

＊牛僧孺　監察御史

《全文》卷七五五杜牧《唐故太子少師奇章郡開國公贈太尉牛公墓誌銘並序》：「郤公士美以昭義軍書記辟，凡三上請，詔除河南尉，拜監察御史。丁母夫人憂，制終復拜監察御史，」又見《全文》卷七二○李玨《牛僧孺神道碑》。

參李潤強《牛僧孺研究》（第 118 頁）第二編《牛僧孺年譜》「元和十二年」。

＊權琚　監察御史裏行

《墓誌彙編》元和一○二《權氏殤子墓誌銘並序》：「殤子……父琚，前監察御史裏行。……殤子以元和十二年六月廿四日夭於興元大父里所。」據《墓誌》，權琚任監察御史裏行應在元和十二年稍前時間。暫繫於此。

＊石默啜　監察御史

《墓誌彙編》元和一○六《唐義武軍節度易州高陽軍故馬軍知兵馬使銀青光祿大夫兼監察御史樂陵郡石府君墓誌銘並序》：「府君諱默啜、字默啜，……即銀青光祿大夫兼監察御史河東縣開國男，賞封食邑五百戶，是公之爵祿此

者，……奄休壽於元和十二祀季春姑洗之月十三日。」

唐憲宗元和十三年（818） 戊戌

＊李夷簡　御史大夫（兼）

《舊書》卷一五《憲宗紀下》：元和十三年「三月庚寅，以前劍南西川節度使李夷簡爲御史大夫。丙申，以同州刺史鄭絪爲東都留守、都畿汝防禦使。庚子，以御史大夫李夷簡爲門下侍郎、同平章事。」《舊書》卷一六三《崔元略傳》：「……元和十三年，以李夷簡自西川徵拜御史大夫，乃命元略留司東臺。尋除京兆少尹，知府事，仍加金紫。數月，眞拜京兆尹。明年，改左散騎常侍。」《舊書》卷一四六《楊憑傳》記載同。《新書》卷六二《宰相表中》：「元和十三年戊戌，御史大夫李夷簡爲門下侍郎、同中書門下平章事。」

＊程異　御史大夫（兼）

《會要》卷八七「轉運鹽鐵總敘」：「貞元……十三年，……以播守禮部尚書，以衛尉卿程異代之。明年，異以本官兼御史大夫、平章事。」《新書》卷一六八《程異傳》：「程異字師舉，京兆長安人。居鄉以孝稱。第明經，再補鄭尉。精吏治，爲叔文所引，由監察御史爲鹽鐵揚子院留後。叔文敗，貶郴州司馬。李巽領鹽鐵，薦異心計可任，請拔擢用之，乃授侍御史，復爲揚子留後。稍遷淮南等道兩稅使。異起痕廢，能厲己竭節，悉矯革徵利舊弊。入遷累衛尉卿、鹽鐵轉運副使。方討蔡，異使江表調財用，因行諭諸帥府，以羨贏貢，故異所至不剝下，不加斂，經用以饒。遂兼御史大夫爲鹽鐵使。」《舊書》卷一三五本傳同。

＊胡證　御史大夫（兼）

《舊書》卷一六三《胡證傳》：「（元和）十三年，徵爲金吾大將軍，依前兼御史大夫。」韓愈《奉酬振武胡十二丈大夫》，胡大夫，即胡證。

＊王承宗　御史大夫（兼）

《舊書》卷一四二《王武俊傳・承宗附傳》：「（元和）十三年……詔曰：『……承宗可依前銀青光祿大夫、檢校吏部尚書、鎮州大都督府長史、御史大夫，充成德軍節度、鎮冀深趙觀察等使。』」

＊王士則　御史大夫（兼）

《全文》卷六一《絕王承宗朝貢敕》：「……忠武將軍守左神武將軍事兼御史大夫賜紫金魚袋王士則，並志秉恭德，家承茂勳，既申（闕）惡之議，亦以全功臣紹續之慶，示朝典旌別之宜，委中書門下即加獎授。」

＊郝玼　御史大夫（檢校）

《舊書》卷一五二本傳：「（元和）十三年，檢校左散騎常侍、渭州刺史、御史大夫，充涇原行營節度、平涼鎮遏都知兵馬使，封保定郡王。」

＊崔元略　御史中丞

《舊書》卷一六三《孟簡傳》：「孟簡字幾道，平昌人。……（元和）十三年，代崔元略爲御史中丞，仍兼戶部侍郎。」《會要》卷六〇「御史臺」：「元和……十三年三月。以權知御史中丞崔元略。爲東都留臺。自後但以侍御史殿中侍御史監察御史共主留臺之務。而三院御史。亦不嘗備焉。」

＊王智興　御史中丞

《舊書》卷一五六本傳：「……（元和）十三年，王師誅李師道，智興率徐軍八千會諸道之師進擊，與陳許之軍大破賊於金鄉，拔魚臺，俘斬萬計，以功遷御史中丞。」

＊孟簡　御史中丞

《舊書》卷一六三本傳：「孟簡字幾道，平昌人。……（元和）九年，出爲越州刺史、兼御史中丞、浙東觀察使。……十三年，代崔元略爲御史中丞，仍兼戶部侍郎。」又見《全文》卷七二〇李珏《牛僧孺神道碑》。

＊蕭俛　御史中丞

《舊書》卷一七二本傳：「蕭俛字思謙。……貞元七年進士擢第。……（元和）十三年，皇甫鎛用事，言於憲宗，拜俛御史中丞。」《舊書》卷一七〇《裴度傳》：「御史中丞蕭俛及諫官上疏陳其暴橫之狀，度與崔群因延英對，極言之。」

＊楊元卿　御史中丞

《舊書》卷一六一本傳：「元和十三年，授蔡州刺史、兼御史中丞。」

＊李程　御史中丞（兼）　元和十三年（818）～長慶三年（823）

《新書》卷一三一《李程傳》：「李程字表臣，襄邑恭王神符五世孫也。……元和三年，出爲隨州刺史，以能政賜金紫服。李夷簡鎮西川，辟成都少尹。以兵部郎……歷御史中丞、鄂岳觀察使，還爲吏部侍郎。敬宗初，以本官同中書門下平章事。」《唐僕尙丞郎表》（第 179 頁）考李程長慶三年（823）由鄂岳觀察使遷吏部侍郎，今從之。

唐武（唐慶）　侍御史

《新書》卷一三二《蔣乂傳》：蔣乂，……初名武，憲宗時因進見，請曰：『陛下今日偃武修文，群臣當順承上意，請改名乂。』帝悅。時討王承宗兵方罷，……它日，帝見侍御史唐武曰：『命名固多，何必曰武？乂既改之矣。』更曰慶。群臣乃知帝且厭兵雲。」又見《題名考》碑額題名（德宗至憲宗）「唐武」。元和十三年（818 年），淮西平定，王承宗迫於形勢，獻地謝罪，淄青節度使李師道戰死，史稱「元和中興」。

＊許康佐　侍御史內供奉

《舊書》卷一八九《儒學傳下》：「康佐，登進士第，又登宏詞科，……遷侍御史，轉職方員外郎，累遷至駕部郎中，充翰林侍講學士。」《新書》卷二〇〇《儒學下》：「許康佐，貞元中舉進士、宏辭，連中之。……遷侍御史。以中書舍人爲翰林侍講學士。」《墓誌彙編》元和一二四《唐右金吾衛倉曹參軍鄭公故夫人隴西李氏墓誌銘並序》（承務郎侍御史內供奉賜緋魚袋許康佐撰）：「……夫人隴西成紀人也，……元和戊戌歲，隨長子績之官，以其年九月二日寢疾，終於上洛官舍。」元和戊戌歲，即元和十三年。

＊牛僧孺　侍御史知雜事

《全文》卷七五五杜牧《唐故太子少師奇章郡開國公贈太尉牛公墓誌銘並序》：「郤公士美以昭義軍書記辟，凡三上請，詔除河南尉，拜監察御史。轉殿中侍御史，遷禮部員外郎都官員外郎兼侍御史知雜事。改考功員外郎集賢學士庫部郎中知制誥，賜五品命服。半歲遷御史中丞。」又見《全文》卷七二〇李珏《牛僧孺神道碑》。參李潤強《牛僧孺研究》（第 119 頁）第二編《牛僧孺年譜》「元和十三年」。

＊李德裕　監察御史（兼）　元和十一年（816）至十三年（818）

《舊書》卷一七四本傳：「祖棲筠，御史大夫。……德裕幼有壯志，苦心力學，尤精《西漢書》、《左氏春秋》。……（元和）十一年，張弘靖罷相，鎮太原，辟為掌書記。由大理評事得殿中侍御史。……十四年府罷，從弘靖入朝，真拜監察御史。」張彥遠《歷代名畫記》卷一《敘畫之興衰》：「元和十三年，高平公鎮太原。不能承奉中貴，為監軍使內官魏弘簡所忌，無以指其瑕，且驟言於憲宗，……遂降宸翰，索其所珍。惶駭不敢緘藏，科簡登時進獻，……又別進《玄宗馬射真圖》表曰：『玄宗天縱神武，藝冠前王。凡所游畋，必存繪事。豈止雲夢殪兕，楚人美旍蓋之雄；濦陽射蛟，漢史稱舳艫之盛。前件圖，臣瞻奉先靈，素所寶惜。陛下傍求珍跡，以備石渠。祖宗之美，敢不獻呈。』（掌書記監察御史李德裕製詞）」李德裕元和十一年至十三年在張弘靖幕任大理評事兼監察御史。《舊書》本傳言其「由大理評事得殿中侍御史」，誤。

＊李仍叔　監察御史裏行

《墓誌彙編》元和一二○《唐渤海王五代孫陳許殷蔡觀察判官監察御史裏行李仍叔四歲女德孫墓誌銘並序》：「女生元和乙未歲七月廿日，亡戊戌歲七月十八日於同州內城官舍。……元和十三年戊戌七月癸未朔廿七日己酉，仍叔撰文。」

唐憲宗元和十四年（819）　己亥

＊令狐楚　御史大夫（兼）

《舊書》卷一五《憲宗紀下》：「（元和）十四年……秋七月丁……丁酉，以河陽三城懷州節度使、朝議郎、使持節懷州諸軍事、守懷州刺史、兼御史大夫、賜紫金魚袋令狐楚可朝議大夫、守中書侍郎、同中書門下平章事。」

＊崔從　御史大夫（兼）

《舊書》卷一七七《崔從傳》：「淄青賊平，鎮州王承宗懼，上章請割德、棣二州自贖，又令二子入侍。……其年八月，出為興元尹、御史大夫、山南西道節度觀察等使。」

　　淄青節度使李師道戰死在元和十四年。本年八月，崔從出爲出爲興元尹、御史大夫、山南西道節度觀察等使。又見《李紳詩注》卷一《南梁行》，原注：「元和十四年，故山南節度僕射崔公奏觀察判官。」

＊李聽　御史大夫（兼）　元和十四年（819）～元和十五年（820）

　　《新書》卷一五四《李聽傳》：「聽字正思，七歲以蔭爲協律郎，父吏少之，不甚敬，聽輒使鞭之，晟奇其才。長乃辟佐于頓府。……帝討李師道，出聽楚州刺史。……以功兼御史大夫，夏綏銀宥節度使。」李祐元和十五年代李聽爲夏綏銀宥節度使。

＊蕭俛　御史中丞

　　《會要》卷九三「諸司諸色本錢下」：「（元和）十四年十月，御史中丞蕭俛奏……」

＊李象古　御史中丞（兼）

　　《墓誌彙編》長慶○○五《唐故安南都護充本管經略招討使兼御史中丞李公墓誌銘並序》：「粵有安南都護兼御史中丞隴西李公諱象古，春秋五十三，以元和十四祭祀秋八月十九日遇部將楊湛清構亂於軍部。……公太宗皇帝六代孫、襄州節度戶部尙書嗣曹王贈太師皋之子也。初以門蔭，授左武衛倉曹參軍，又轉協律郎，尋攝監察御史，俄遷裏行，又換殿中，皆參淮河節度府之右職。」

＊裴弘泰　侍御史（兼）

　　《墓誌彙編》元和一三七：「大唐河東裴氏室女曰琪，……元和己亥十一月四日戊寅終於白馬津，……厥父河北稅鹽使、朝議郎、檢校尙書工部員外郎、兼侍御史、輕車都尉、賜緋魚袋弘泰銜痛申哀，爲之志曰……」元和己亥歲即元和十四年（819）。

＊韋紓　殿中侍御史（兼）

　　《墓誌彙編》元和一四一《唐故朝散大夫秘書省著作郎致仕京兆韋公玄堂志》（第四子前山南西道節度判官將仕郎試大理司直兼殿中侍御史紓謹撰並書）：「唐元和十四年三月廿三日，公棄背於長安新昌里私第，享壽八十有三。」

＊劉悟　監察御史

《舊書》卷一五下《憲宗紀下》：「（元和十四年）二月己酉朔，……庚午，制以淄青兵馬使、金紫光祿大夫、試殿中監、兼監察御史劉悟檢校工部尚書、滑州刺史，充義成軍節度使，封彭城郡王，食邑三千戶，賜錢二萬貫、莊宅各一區。」《全文》卷六二憲宗《平李師道德音》：「淄青都知兵馬使金紫光祿大夫試殿中監兼監察御史劉悟……」

＊李德裕　監察御史

《舊書》卷一七四本傳：「祖棲筠，御史大夫。……德裕幼有壯志，苦心力學，尤精《西漢書》、《左氏春秋》。……（元和）十一年，張弘靖罷相，鎮太原，辟爲掌書記。由大理評事得殿中侍御史。……十四年府罷，從弘靖入朝，眞拜監察御史。」

＊李踐方　監察御史（兼）　元和十四年（819）～十五年（820）

《全文》卷六四九元稹《授李踐方大理寺丞制》：「前湖南都團練判官兼監察御史李踐方，參練卒於湘中，號爲柔立。……踐方可大理寺丞。」據《舊書‧崔群傳》，崔群元和十四年～十五年任湖南節度使。

＊王袞　東都留臺監察御史

《隋唐五代墓誌彙編》洛陽卷第十三冊《王袞墓誌》：「元和初，……調補伊闕主簿，……今竇司空之分陝也，薦授監察裏行充判官，崔淮南續竇爲陝，又從而辟署，俄以本官歸御史府。滿歲，轉殿中，皆留臺爲監察。時奉詔鞠權長孺獄，委曲得情。爲殿中時，有鹽鐵贓吏，本罪抵死，大理斷流，敕下東臺，公不奉詔，抗疏論奏，竟當厥辜。由是穆宗深奇之，特拜刑部員外郎。家在洛，以膝下爲戀，刑曹決獄，不宜分司，轉都官員外。」《舊書》卷一五九《崔群傳》：「元和……十四年……，鹽鐵福建院官權長孺坐贓，詔付京兆府決殺。長孺母劉氏求哀於宰相，群因入對言之。憲宗愍其母耄年，……長孺竟得免死長流。」此又見趙璘《因話錄》：「憲宗知權文公甚眞。後權長孺知鹽鐵福建院，贓污盈積，有司以具獄奏。上曰：『必致極法。』崔相群救之云：『是德輿族子。』上曰：『德輿必不合有子弟犯贓，若德輿在，自犯贓，朕且不赦，況其宗從也？』」戴偉華《唐方鎮文職僚佐考》「陝虢都防禦使」（第 125 頁）考崔從元和十年（815）至十三年（818）爲陝虢觀察使，《墓誌》云王袞繼續在崔從幕，「俄以本官歸御史府」，則其歸御史臺任

監察御史約在元和十三年末、或十四年初。

＊曹　　侍御

《全詩》卷三五二柳宗元《酬曹侍御過象縣見寄》：「破額山前碧玉流，騷人遙駐木蘭舟。春風無限瀟湘意，欲採蘋花不自由。」尹占華《柳宗元集校注》編此詩爲元和十四年作。曹侍御，名不詳。

唐憲宗元和十五年（820）庚子

＊李絳　御史大夫

《舊書》卷一六四本傳：「……穆宗即位，改御史大夫。」《舊書》卷一六《穆宗紀》：「元和十五年……九月庚子朔，……丁卯，以兵部尙書李絳爲御史大夫。」《會要》卷二七「行幸」條：「元和十五年……十一月二十日，將幸華清宮溫湯，宰臣疏請罷行，御史大夫李絳率百僚與常侍崔元略等又疏諫，三請不從。又伏延英門，及暮方退。」

＊崔群　御史大夫

《舊書》卷一五九本傳：「穆宗即位，徵拜吏部侍郎，……未幾，改華州刺史、兼御史大夫，復改宣州刺史、歙池等州都團練觀察等使，徵拜兵部尙書。」《舊書》卷一五《憲宗紀下》：「十二月乙巳朔，……乙卯，以諫議大夫、守中書侍郎、同中書門下平章事、上柱國、賜紫金魚袋崔群爲潭州刺史、兼御史大夫，充湖南觀察使。爲皇甫鎛所譖。及群被貶，人皆切齒於鎛。」《舊書》卷一六《穆宗紀》：「（元和）十五年……九月庚子朔，……以吏部侍郎崔群爲御史大夫。……丙寅，以御史大夫崔群檢校兵部尙書、徐州刺史，充武寧軍節度、徐泗宿濠觀察等使。以將作監崔能爲廣州刺史，充嶺南節度使。」《新書》卷一六五本傳：「崔群字敦詩，貝州武城人。未冠，舉進士，陸贄主貢舉，梁肅薦其有公輔才，擢甲科，舉賢良方正，授秘書省校書郎。累遷右補闕、翰林學士、中書舍人。……穆宗立，……俄拜御史大夫。未幾，檢校兵部尙書，充武寧節度使。」

＊令狐楚　御史大夫（兼）

《舊書》卷一六《穆宗紀》：「秋七月辛丑朔。……丁卯，以門下侍郎、

平章事令狐楚爲宣州刺史、兼御史大夫，充宣歙池觀察使。……八月庚午朔。……請中書門下、御史臺諸司官長重議施行。」

＊劉悟　御史大夫（兼）

《舊書》卷一六一本傳：「……元和末，……擢拜悟檢校工部尙書、兼御史大夫、義成軍節度使，封彭城郡王。」

＊王遂　御史大夫

《舊書》卷一六二本傳：「王遂，宰相方慶之孫也。以吏能聞於時，尤長於興利。銳於操下，法頗嚴酷。……數年，用兵淮西，天子藉錢穀吏以以集財賦，知遂強幹，乃用爲宣州刺史。……淮、蔡平，……以光祿職當祠祭，改檢校左散騎常侍、兼御史大夫。」《新書》卷一一六《王遂傳》：「（王）遂好興利……會兵宿淮西，亟財賦，藉遂幹彊，拜宣歙觀察使。蔡已平，師東討李師道，召爲光祿卿、淄青行營量料使。辭卿職，換檢校左散騎常侍，兼御史大夫。」王師東討李師道在元和十四年，其由光祿卿換檢校左散騎常侍，兼御史大夫應在本年。

＊王承元　御史大夫（兼）

《舊書》卷一六《穆宗紀》：元和十五年「冬十月庚午朔，……以鎭冀深趙等觀察度支使、朝議郎、試金吾左衛冑曹參軍、兼監察御史王承元可銀青光祿大夫、檢校工部尙書、使持節滑州諸軍事、守滑州刺史、御史大夫，充義成軍節度、鄭滑等州觀察等使。」《舊書》卷一四二《王武俊傳·士眞子承元附傳》：「兄承宗既領節鉞，奏承元爲觀察支使、朝議郎、左金吾衛冑曹參軍，兼監察御史，年始十六。……居鎭十年，加檢校司空、御史大夫，移授平盧軍節度、淄青登萊觀察等使。」

＊田布　御史大夫（兼）

《舊書》卷一六《穆宗紀》：元和十五年「冬十月庚午朔，……乙酉，……以左金吾將軍田布爲檢校左散騎常侍、兼懷州刺史、御史大夫，充河陽三城懷孟節度使。」

＊崔植　御史中丞

《舊書》卷一六《穆宗紀》：「（元和）十五年正月庚子，憲宗崩。……

三月……丁巳，御史中丞崔植奏：『元和十二年敕，御史臺三院御史據除拜上日爲後，未上日不得計月數。又准其年九月十七日敕，逾一個月不在此限，行立班次，即宜以敕內先後爲定。臣觀此後敕未便事宜，請自今後三院御史職事行立，一切依敕文先後爲定，除拜上日便爲月數』。……八月……戊戌，以朝議郎、守御史中丞、武騎尉、賜紫金魚袋崔植爲朝散大夫、守中書侍郎、同中書門下平章事。」《新書》卷六二《宰相表中》：「元和十五年，八月戊戌，俛爲門下侍郎，御史中丞崔植守中書侍郎、同中書門下平章事。」《全文》卷六四《授崔植平章事制》：「……朝議郎守御史中丞武騎尉賜紫金魚袋崔植，氣志凝遠，風標粹清，率性而行，潔己以進，周歷臺閣，藹然聲猷。……可朝散大夫守中書侍郎平章事。」

＊蕭俛　御史中丞

《新書》六二《宰相表中》：「元和十五年……辛亥，楚爲門下侍郎，御史中丞蕭俛、中書舍人翰林學士段文昌並守中書侍郎、同中書門下平章事。」《全文》卷六四《授蕭俛中書侍郎平章事制》：「……朝議郎守御史中丞飛騎尉襲徐國公賜緋衣魚袋蕭俛，識通化源，道契休運。有戴君峻節之志，秉見義匡躬之誠，……可朝散大夫守中書侍郎平章事。」

＊王仲舒　御史中丞

《舊書》卷一六《穆宗紀》：「元和十五年……六月……戊寅，……以中書舍人王仲舒爲洪州刺史、御史中丞，充江西觀察使。」《舊書》卷一九○《文苑傳下・王仲舒傳》：「其年出爲洪州刺史、御史中丞、江南西道觀察使。」《全文》卷五六二韓愈《唐古江南西道觀察使中大夫洪州刺史兼御史中丞上柱國賜紫金魚帶贈左散騎常侍太原王公神道碑銘》：「……公諱仲舒，字弘中，……長慶三年十一月十七日薨於洪州，年六十二。」

＊牛僧孺　御史中丞

《舊書》卷一六《穆宗紀》：「元和十五年……十二月己巳朔。……己丑，以庫部郎中、知制誥牛僧孺爲御史中丞。」

＊董重質　御史中丞（兼）

《舊書》卷一六一本傳：「（元和）十五年，徵入，授左神武軍將軍，知軍事，兼御史中丞。」

＊邵同　御史中丞（兼）

《舊書・吐蕃傳下》：元和十五年「十月，侵逼涇州。以太府少卿、兼御史中丞持節入吐蕃，充答請和好使。」《全文》卷六四九元稹《授邵同太府少卿充吐蕃和蕃使制》：「敕：邵同：修好息人，古之善政。……可守太府少卿兼通事舍人兼御史中丞持節充入吐蕃答請和蕃使。」又見《通鑒・元和十五年》。

＊張蒙　侍御史（兼）　約元和十二年（817）～十五年（820）

《韓昌黎詩繫年集釋》卷一二《將至韶州先寄張端公使君借圖經》，張端公，即張蒙。又《晚次宣溪，辱韶州張端公使君惠書敘別酬以絕句二章》：「韶州南去接宣溪，雲水蒼茫日向西。客淚數行先自落，鷓鴣休傍耳邊啼。」又《韶州留別張端公使君》注：「時憲宗元和十四年十月。」《唐刺史考全編》（第3189頁）引《韶州府志》卷二七：「張蒙，元和中知韶州，歷任四年。」張蒙約於元和十二年至十五年任韶州刺史、兼侍御史。

＊楊虞卿　侍御史

《舊書》卷一七六本傳：「元和末，累官至監察御史。」《會要》卷六一「諫諍」：元和十五年二月，監察御史楊虞卿以上頻行幸盤遊，上疏諫曰……」

＊段文通　殿中侍御史

《會要》卷四五「功臣」：「（元和）十五年六月敕：以大理正段文通爲殿中侍御史。前淮南營田副使殿中侍御史顏顧爲員外郎。長安縣丞顏諗權知大理正。渭南縣尉郭承嘏爲監察御史。」

＊顏顧　殿中侍御史

《會要》卷四五「功臣」：「（元和）十五年六月敕：以大理正段文通爲殿中侍御史。前淮南營田副使殿中侍御史顏顧爲員外郎。長安縣丞顏諗權知大理正。渭南縣尉郭承嘏爲監察御史。」

＊王袞　東都留臺殿中侍御史　元和十五年（820）～長慶元年（821）

《隋唐五代墓誌彙編》洛陽卷第十三冊《王袞墓誌》：「元和初，……調

補伊闕主簿，……今竇司空之分陝也，薦授監察裏行充判官，崔淮南續竇爲陝，又從而辟署，俄以本官歸御史府。滿歲，轉殿中。皆留臺爲監察。時奉詔鞫權長孺獄，爲殿中時，有鹽鐵贓吏，本罪抵死，大理斷流，敕下東臺，公不奉詔，抗疏論奏，竟當厥辜。由是穆宗深奇之，特拜刑部員外郎。家在洛，以膝下爲戀，刑曹決獄，不宜分司，轉都官員外。」王袞歸御史臺任監察御史在元和十四年，《墓誌》云「滿歲，轉殿中」，則其任殿中侍御史在元和十五年（820）至長慶元年（821）。

＊郭承嘏　監察御史

《會要》卷四五「功臣」：「（元和）十五年六月敕：以大理正段文通爲殿中侍御史。前淮南營田副使殿中侍御史顏顥爲員外郎。長安縣丞顏誌權知大理正。渭南縣尉郭承嘏爲監察御史。」

＊崔銳　監察御史

《會要》卷一八「緣廟裁制下」：「（元和）十五年六月敕：今月祔享太廟，闕憲宗皇帝室祝版，劃睿宗皇帝室祝版勾當點檢，並進署官知廟宗正少卿嗣寧王李子鴻，監察御史崔銳，太常博士王彥威等，各得款狀。」

＊李德裕　監察御史

《舊書》卷一六《穆宗紀》：「元和十五年……正月甲寅……以監察御史李德裕、右拾遺李紳、禮部員外郎庾敬休並守本官，充翰林學士。」

＊韋表微　監察御史

《舊書》卷一八九《儒學傳下·韋表微傳》：「韋表微，始舉進士登第，累佐藩府，元和十五年，拜監察御史。」

＊王承元　監察御史（兼）

《舊書》卷一六《穆宗紀》：元和十五年「冬十月庚午朔，……以鎮冀深趙等觀察度支使、朝議郎、試金吾左衛冑曹參軍、兼監察御史王承元可銀青光祿大夫、檢校工部尚書、使持節滑州諸軍事、守滑州刺史、御史大夫，充義成軍節度、鄭滑等州觀察等使。」

＊白景受　監察御史　元和中

白邦翰《唐故太原白府君墓誌並序》：「君諱邦彥，其先太原人也。王父諱行簡，皇任尚書膳部郎中。考諱景受，皇任監察御史。……白氏門閥業文，進身□初，□□□□□□□□□欲裨儒風不□，七歲學詩，每賦詠必問□□□於□□□，才慧天縱也。」白景受爲白行簡子，白居易之侄，過繼白居易爲嗣。景受生二子：邦翰、邦彥。見《文獻》二〇〇八年第二期胡可先《新出石刻與白居易研究》。

＊孫公乂　御史臺主簿

《墓誌彙編》大中〇五四《唐故銀青光祿大夫工部尚書致仕上柱國樂安縣開國男食邑五百戶孫府君墓誌銘》：「公諱公乂，……時元和末歲，相國蕭公俛始持國政，方汲引時彥，特敕拜公爲憲臺主簿。」

唐憲宗元和元年至元和十五年待考證御史

＊盧則　監察御史　元和六年（811）前

《會要》卷六二「出使」：「（元和）六年九月，以前湖南觀察使李衆爲恩王傅，初，衆舉按屬內刺史崔簡罪，御史盧則就鞫得實。使還，而衆以貨遺所推令史，至京，有告者，令史決流，盧則停官，故衆亦坐焉。」

＊崔玄亮　侍御史　元和年初

《舊書》卷一六五本傳：「玄亮貞元十一年登進士第，……至元和初，……再遷監察御史，轉侍御史。」

＊薛平　御史中丞　元和七年（812）前

《舊書》卷一二四《薛嵩傳子平附傳》：「嵩子平，年十二，爲磁州刺史。……在南衙凡三十年。宰相杜黃裳深器之，薦爲汝州刺史、兼御史中丞，理有能名。元和七年，淮西用兵，自左龍武大將軍授兼御史大夫、滑州刺史、鄭滑節度觀察等使，累有戰功。」

＊段文昌　監察御史　元和十一年（816）前

《舊書》卷一六七本傳：「俄拜監察御史，遷左補闕，改祠部員外郎。元

和十一年，守本官，充翰林學士。……文宗即位，遷御史大夫，尋檢校尙書右僕射、揚州大都督府長史、同平章事、淮南節度使。」

*劉悟　監察御史　元和十五年前

《舊書》卷一六一本傳：「悟少有勇力，……累署衙門右職，奏授淄青節度都知兵馬使、兼監察御史。……元和末，……擢拜悟檢校工部尙書、兼御史大夫、義成軍節度使，封彭城郡王。」劉悟元和末兼御史大夫，其任監察御史應在元和十五年前，待考。

*張仲方　侍御史　元和中

《舊書》卷一七一本傳：「仲方伯祖始興文獻公張九齡，開元名相。仲方，貞元中進士擢第，宏辭登科。……出爲邠州從事，入朝歷侍御史、倉部員外郎。……出爲金州刺史。……吉甫卒，入爲度支郎中。時太常定諡爲『恭懿』，……仲方駁議曰……憲宗方用兵，惡仲方深言其事。」

*張仲孚　監察御史　元和中

《舊書》卷一七一《張仲方傳》：「仲方弟仲孚，登進士第，爲監察御史。」

*權璩　監察御史　元和中

《新書》卷一六五《權德輿傳》：「權德輿子璩，字大圭，元和初，擢進士。歷監察御史，有美稱。」

*王璠　監察御史　元和中

《舊書》卷一六九本傳：「元和中，入朝爲監察御史，再遷起居舍人，副鄭覃宣慰於鎭州。」《全詩》卷三〇七鮑防《秋暮憶中秋夜與王璠侍御賞月，因愴遠離聊以奉寄》：「前月月明夜，美人同遠光。清塵一以間，今夕坐相忘。風落芙蓉露，疑余繡被香。」

獨孤朗　監察御史　元和前

《舊書》卷一六八《獨孤鬱傳・弟朗附傳》：「入爲監察御史，轉殿中。……寶曆元年十一月，拜御史中丞。」《李文公集》卷一四李翱《獨孤常侍墓誌》：「自興元府倉曹參軍，三年復徵入爲監察御史，改京兆府司錄參軍，遷殿中，尋加史館修撰，入省爲都官員外郎。」又見《題名考》「碑額題名」條。

獨孤朗　殿中侍御史　元和前

《舊書》卷一六八《獨孤鬱傳‧弟朗附傳》:「入爲監察御史,轉殿中。
……寶曆元年十一月,拜御史中丞。」元稹《元微之文集》卷四七《獨孤朗
授尚書都官員外郎制》:「殿中侍御史充史館修撰獨孤朗,可尚書都官員外
郎,依前史館修撰,餘如故。」又見《題名考》「碑額題名」條。

＊羅讓　御史中丞　元和十二年（817）後

《舊書》卷一八八《孝友傳‧羅讓傳》:「讓少以文學知名,舉進士,應
詔對策高第,爲咸陽尉。……李墉爲淮南節都使,就其所居,請爲從事。除
監察御史,轉殿中,歷尚書郎、給事中,累遷至福建觀察使、兼御史中丞,
甚著仁惠。……未幾,除江西都團練觀察使、兼御史大夫。」羅讓於元和五
年至元和十二年期間任監察御史,其任御史中丞當在此之後,具體任職年份
待考。

＊陸澧　殿中侍御史　元和中

《舊書》卷一七九《陸扆傳》:「陸扆字祥文,本名允迪,吳郡人。……
曾祖澧,位終殿中侍御史。」《全文》卷六九〇符載《江陵陸侍御宅宴集觀
張員外畫松石圖》:「荊州從事監察御史陸澧字深源,洎令弟曰灞、曰潤、曰
淮,皆以文行穎耀當世。」《唐方鎮文職僚佐考》考陸澧貞元十九年至元和
三年在裴均幕任監察御史,其任殿中侍御史應在元和年間,具體任職年份待
考。

＊廖有方　殿中侍御史　元和十三年（818）～大和六年（832）

西安碑林博物館藏《唐故京兆府雲陽縣令廖君墓銘前監察（以下缺）》:「君
諱遊卿,字秦都。本諱有方,字遊卿。……元和十一年歲,歲次景申,今太
師李公掌貢,果登名天子,爲進士及第……自十三年以降,歷同泗二州從事、
試太子正字、太常寺協律郎,後爲夏州節度掌書記,改判官。……佐邠州幕。
罷府,調太子義學,遷殿中御史、充滄州佐,府移鄆州,仍其本役。無何,
除雲陽令。大和六年十月三日卒於官。」

具體任職年份待考。

＊侯紹宗　御史中丞（兼）　元和中?

《墓誌彙編》大中〇九八《大唐涿州范陽縣主簿蘭陵蕭公夫人侯氏墓誌

銘》：「夫人侯氏，……皇曾祖諱惟謙，寧武軍使、金紫光祿大夫、檢校國子祭酒、侍御史。皇祖諱紹宗，使持節瀛洲諸軍事守瀛洲刺史，充本州營田防禦等使，太子左贊善大夫兼御史中丞。……其蕭公……皇祖諱仲堪，蔡州郾城縣鎮遏兵馬使、金紫光祿大夫、檢校太子賓客兼殿中侍御史。皇考諱德源，河東節度押衙野牧使、左右廂軍使、銀青光祿大夫、檢校太子賓客兼殿中侍御史。」夫人卒大中九年，享年二十四。

＊蕭仲堪　殿中侍御史（兼）　元和中？

《墓誌彙編》大中○九八《大唐涿州范陽縣主簿蘭陵蕭公夫人侯氏墓誌銘》：「夫人侯氏，……皇曾祖諱惟謙，寧武軍使、金紫光祿大夫、檢校國子祭酒、侍御史。皇祖諱紹宗，使持節瀛洲諸軍事守瀛洲刺史，充本州營田防禦等使，太子左贊善大夫兼御史中丞。……其蕭公……皇祖諱仲堪，蔡州郾城縣鎮遏兵馬使、金紫光祿大夫、檢校太子賓客兼殿中侍御史。」夫人卒大中九年，享年二十四。

＊鄭珤　監察御史裏行、殿中侍御史內供奉　元和後期

《墓誌彙編》大中一三五《唐故邵州鄭使君墓誌有銘》：「使君貞元辛未年生，大中景子年歿。……交馬北平燧、李中書泌、張徐州建豐，掌北平書記十年，……得兼御史丞、副守北都，入為司業少僕，亦刺絳州，諱叔規。……使君即淄州之長子，諱珤，字君岩。少以干蠱聞，亦慕義氣然諾。始佐齊棣二州軍事，人謂忠於所奉，後為汜水丞、……得監察裏行、殿中內供奉。府移盟津，遷侍御史，為營田副使，知懷州事。」據《墓誌》，鄭珤貞元辛未年生，即貞元七年（791），其任監察御史裏行、殿中侍御史內供奉約在元和後期。遷侍御史約在元和末、或長慶年間。

後記

　　中國古代監察制度，早在夏商時期就已產生，「秦王朝是御史制度的搖籃期，兩漢是它的成長期，唐朝則是它的成熟期。」〔註1〕在留存至今的甲骨文中，已經出現「朕御史」、「我御史」、「北御史」等記載。春秋戰國時期，有關行政、司法、監察等系統已經有了初步的劃分。秦統一中國後，設置了御史府，雖然它尚不是一個獨立的監察機構，但畢竟肩負相當多的監察職能。漢代御史臺有「憲臺」、「蘭臺」之譽。隋代御史臺設官完備，但尚未形成系統的三院組織。唐代御史制度體系嚴密完備、職能清晰，選任制度規範，監察方式多樣，監察機構獨立、實行垂直領導。御史臺在監察百僚、澄清吏治、維護統治秩序、保證國家機器正常運轉等許多方面，發揮了積極而重要的作用。同時，唐代御史制度對宋、元、明、清諸朝監察制度有深遠的影響，甚至還影響到日本、朝鮮、安南諸國的法制設計。「以銅爲鏡，可以正衣冠；以古爲鏡，可以知興替；以人爲鏡，可以明得失。」〔註2〕唐代御史制度以其成熟的監察理念、完善的運行機制，「資治」著當代，又貽鑒於未來。科學、歷史地考察唐代御史制度的發展變化，分析其利弊得失，不但爲研究唐代監察制度所必須，也可爲我國當前的廉政建設提供有益借鑒。

　　唐代中央至地方的重要官員，自清代以來，有許多學者進行過專門考證，頗有助於唐代文史的研究。至今尚未系統、全面考證的唐代官員中，御史臺官員是其中重要方面之一。在《唐御史臺精舍題名考》基礎上，利用學界考證成果，對有唐一代御史臺官員作全面的補充考證，無疑便於學人翻檢，有

〔註1〕胡寶華《唐代監察制度研究》，商務印書館 2005 年版，第 18 頁。
〔註2〕（唐）劉餗撰、程毅中點校：《隋唐嘉話》上，中華書局 1979 年版，第 7 頁。

利於唐代文史研究的深入。需要說明的是，本書尚有不少問題有待解決。唐代御史臺官員除授制度複雜，除御史臺之外，還有東都留臺御史。御史的授官中，不僅有「知雜事」、「內供奉」、「裏行」等，還有虛位加官時的「兼」、「檢校」、「試」等字樣。如《舊書》卷九三《婁師德傳》：「萬歲通天二年，兼檢校右肅政御史大夫，仍知左肅政臺事。」特別是「安史之亂」後，諸道方鎮節度常兼御史大夫、御史中丞，方鎮幕府僚佐及度支、鹽鐵巡院官員亦常帶御史銜，可以行使部份糾彈之職。因此，本報告對不同情況作不同處理：對於純粹的加官、虛職一般不收，有些考慮到有時會行使一定監察職責，故予以收錄。在撰寫中，我力求準確，然唐代御史制度本身是一個非常複雜的問題，各種不同的史料記載亦存在訛謬散亂之處，研究中稍有不慎便會造成一些新的錯誤。平心而言，像清人勞格、趙鉞如此淵博的學者從事唐代御史研究尚不免有疏漏，況余天資愚陋，學力不能窺前人之萬一，雖竭盡心力，其中錯誤肯定不少，有待今後補充和修改。

天水師範學院地處偏僻邊遠的隴右，然此種偏僻的地理環境反而容易使人寧心靜氣，長期專注於一個專題的研究，受市場經濟的衝擊、影響相對較少。在此，我要感恩隴上天水這一方寧靜的土地，感謝天水師範學院給我提供的工作、科研條件！臺灣花木蘭文化出版社長期致力於海峽兩岸學術著作的出版，爲海內外漢學界提供了一個學術交流的良好平臺，實在是功在當代利千秋的善舉！古典文獻研究叢刊主編潘美月、杜潔祥兩位先生是國際漢學界卓有成就的學者、出版家，他們獨具慧眼，將本書納入出版計劃；責任編輯許郁翎、王筑諸先生，花木蘭文化出版社北京聯絡處主任楊嘉樂女士爲本書出版付出了大量精力，志軍謹以虔誠之心，感謝諸位先生的辛勤工作！

霍志軍

2016 年 12 月 25 日子夜於古秦州心遠齋

參考文獻

一、基本古籍文獻

1. 〔唐〕杜佑：《通典》，中華書局 1984 年版。
2. 〔五代〕劉昫等：《舊唐書》，中華書局 1975 年版。
3. 〔宋〕歐陽修等：《新唐書》，中華書局 1975 年版。
4. 〔宋〕王溥：《唐會要》，上海古籍出版社 2006 年版。
5. 〔宋〕司馬光等：《資治通鑒》，中華書局 1999 年版。
6. 〔宋〕李昉等：《文苑英華》，中華書局 1996 年版。
7. 〔宋〕王欽若：《冊府元龜》，中華書局 1960 年版。
8. 〔宋〕李昉等：《太平廣記》，中華書局 1960 年版。
9. 〔宋〕計有功：《唐詩紀事》，上海古籍出版社 2008 年版。
10. 〔宋〕薛居正：《舊五代史》，中華書局 1976 年版。
11. 〔宋〕晁公武：《郡齋讀書志》，上海古籍出版社 1990 年版。
12. 〔清〕陸增祥：《八瓊室金石補正》，文物出版社 1985 年版。
13. 〔清〕趙鉞、勞格：《唐御史臺精舍題名考》，中華書局 1997 年版。
14. 〔清〕趙鉞、勞格：《唐尚書省郎官石柱題名考》，中華書局 1992 年版。
15. 〔清〕王昶：《金石萃編》，中國書店 1985 年版。
16. 〔清〕吳廷燮：《唐方鎮年表》，中華書局 1980 年版。
17. 〔清〕徐松撰、孟二冬補正：《登科記考補正》，北京燕山山版社 2003 年版。
18. 《千唐誌齋藏志》影印本，文物出版社 1983 年版。
19. 張維：《隴右金石錄》，影印民國三十二年版。
20. 周紹良、趙超主編：《唐代墓誌彙編》，上海古籍出版社 1997 年版。

21. 周紹良、趙超主編：《唐代墓誌彙編續集》，上海古籍出版社 2001 年版。

二、筆記史料

1. 〔唐〕劉肅撰，許德楠、李鼎霞點校《大唐新語》，中華書局 1984 年版。
2. 〔唐〕劉餗撰、程毅中點校：《隋唐嘉話》，中華書局 1979 年版。
3. 〔唐〕張鷟撰、趙守儼點校：《朝野僉載》，中華書局 1979 年版。
4. 〔唐〕封演撰，趙貞信校注《封氏聞見記校注》，中華書局 1985 年版。
5. 〔五代〕孫光憲撰、賈二強點校：《北夢瑣言》，中華書局 2002 年版。
6. 〔宋〕王讜撰、周勳初校正《唐語林校正》，中華書局 1987 年版。
7. 〔宋〕贊寧纂、范祥雍點校：《宋高僧傳》，中華書局 1987 年版。
8. 丁如明、李宗爲、李學穎等校點：《唐五代筆記小說大觀》，上海古籍出版社 2000 年版。

三、詩文總集、作家別集

1. 〔清〕董誥等、孫映逵點校：《全唐文》，山西教育出版社 2003 年版。
2. 〔清〕彭定求等：《全唐詩》，中華書局 1960 年版。
3. 〔清〕王琦輯注：《李太白全集》，中華書局 1977 年版
4. 〔清〕仇兆鰲：《杜詩詳注》，中華書局 1979 年版。
5. 陳尚君輯校：《全唐文補編》，中華書局 2005 年版。
6. 陳尚君輯校：《全唐詩補編》，中華書局 1992 年版。
7. 陳鐵民：《王維集校注》，中華書局 1997 年版。
8. 陳鐵民、侯忠義校注：《岑參集校注》，上海古籍出版社 1981 年版。
9. 陳鐵民、侯忠義校注：《高適詩集編年箋注》，中華書局 1981 年版。
10. 孫望：《韋應物詩集繫年校箋》，中華書局 2002 年版。
11. 錢仲聯集釋：《韓昌黎詩繫年集釋》，上海古籍出版社 1984 年版。
12. 〔唐〕劉禹錫撰、卞孝萱校訂：《劉禹錫集》，中華書局 1990 年版。
13. 〔唐〕柳宗元：《柳河東集》，上海人民出版社 1974 年版。
14. 〔唐〕元稹：《元稹集》，中華書局 1982 年版。
15. 〔唐〕獨孤及：《毗陵集》，四庫全書本，上海古籍出版社 1987 年版。
16. 〔唐〕李華：《李遐叔文集》，四庫全書本，上海古籍出版社 1987 年版。
17. 〔唐〕李翱：《李文公集》，四庫全書本，上海古籍出版社 1987 年版。
18. 〔唐〕陸贄：《陸贄集》，中華書局 2006 年版。
19. 霍旭東校點：《權德輿文集》，甘肅人民出版社 1999 年版。
20. 尹占華、楊曉靄校箋：《令狐楚集》，甘肅人民出版社 1998 年版。

21. 謝思煒校注：《白居易詩集校注》，中華書局 2006 年版。

22. 吳在慶撰：《杜牧集繫年校注》，中華書局 2008 年版。

23. 儲仲君箋注：《劉長卿詩編年箋注》，中華書局 1996 年版。

24. 劉學鍇、余恕誠：《李商隱文編年校注》，中華書局 2002 年版。

四、近、今人著作

1. 岑仲勉：《唐人行第錄》，上海古籍出版社 1978 年版。

2. 嚴耕望：《唐僕尚丞郎表》，上海古籍出版社 2007 年版。

3. 章士釗：《柳文指要》，文匯出版社 2000 年版。

4. 孫望：《元次山年譜》，古典文學出版社 1957 年版。

5. 施子愉：《柳宗元年譜》，湖北人民出版社 1958 年版。

6. 夏承燾：《唐宋詞人年譜》，上海古籍出版社 1979 版。

7. 繆鉞：《杜牧年譜》，河北教育出版社 1999 年版。

8. 黃永年：《唐史史料學》，上海書店出版社 2002 年版。

9. 傅璇琮主編：《唐五代文學編年史》，遼海出版社 1998 年版。

10. 傅璇琮：《唐翰林學士傳論》，遼海出版社 2005 年版。

11. 傅璇琮、張忱石、許逸民：《唐五代人物傳記資料綜合索引》，中華書局
    1982 年版。

12. 傅璇琮主編：《唐才子傳校箋》，中華書局 1987 年版。

13. 傅璇琮：《唐代詩人叢考》，中華書局 1980 年版。

14. 傅璇琮：《李德裕年譜》，中華書局 2013 年版。

15. 郁賢皓、胡可先：《唐九卿考》，中國社會科學出版社 2003 年版。

16. 郁賢皓：《唐刺史考全編》，安徽大學出版社 2000 年版。

17. 卞孝萱：《劉禹錫年譜》，中華書局 1963 年版。

18. 胡戟、榮新江主編：《大唐西市博物館藏墓誌》，北京大學出版社 2012 年
    版。

19. 孫映逵：《唐才子傳校注》，中國社會科學出版社 2013 年重印本。

20. 陶敏：《全詩人名考證》，陝西人民教育出版社 1996 年版。

21. 陳尚君：《舊五代史新輯會證》，復旦大學出版社 2005 年版。

22. 吳汝煜、胡可先：《全詩人名考》，江蘇教育出版社 1990 年版。

23. 董乃斌：《李商隱傳》，陝西人民出版社 1985 年版。

24. 戴偉華：《唐方鎮文職僚佐考》，廣西師範大學 2007 年版。

25. 胡可先：《杜牧研究叢稿》，人民文學出版社 1993 年版。

26. 朱關田：《顏真卿年譜》，西泠印社出版社 2008 年版。

27. 韓理洲：《新增千家唐文作者考》，三秦出版社 1995 年版。

28. 陳尚君：《陳尚君自選集》，廣西師範大學出版社 2000 年版。

29. 李潤強：《牛僧孺研究》，甘肅人民出版社 2002 年版。

30. 傅紹良：《唐代諫議制度與文人》，中國社會科學出版社 2003 年版。

31. 邱永明：《中國監察制度史》，華東師範大學出版社 1992 年版。

32. 胡滄澤：《唐代御史制度研究》，福建教育出版社 2000 年版。

33. 胡寶華：《唐代監察制度研究》，商務印書館 2005 年版。

34. 霍志軍：《唐代御史制度與文人》，中國社會科學出版社 2013 年版。

35. 霍志軍：《唐代御史與文學》，臺灣花木蘭文化出版社 2015 年版。

人名索引

說明：

一、為方便讀者查閱，特編製本索引。

二、本索引僅收本書中的歷任唐御史臺職官的人名。

三、本索引所收各御史臺職官人名按姓氏筆畫多少為排列次序。凡姓氏
　　筆畫相同者，按起筆 一 丨 、丿 ㄱ 為序。

四、凡闕姓者，以名字筆畫排列。

五、本索引先列人名，人名後數字為本書的頁碼。